퇴
사하기
전에
나도 책 한 권
써볼까?

소설로 쓴 직장인의 책 쓰기 비법서

서태공 지음

퇴사하기 전에 나도 책 한 권 써볼까?

소설로 쓴 직장인의 책 쓰기 비법서

서태공 지음

달아실

차례

2장. 공 대리, 본격적으로 책 쓰기 수업을 받다

3장. '책 쓰기 비법서'를 펼치는 공 대리

4장. 책 한 권 쓰고 1억 원을 번 공 대리

프롤로그

직장인이라면 반드시 책을 써야 한다. 글을 잘 쓰는 것이 경쟁력이고 삶을 풍요롭게 해주는 시대에 살고 있기 때문이다. 단순히 글을 잘 썼을 때의 효용도 적지 않지만, 책을 한 권 잘 썼을 때 얻게 되는 효용과 이익은 상상 이상으로 크기 때문이다.

회사원이라면 누구나 출근해서 퇴근할 때까지 각종 기획안을 작성하고 이메일을 보내고 협조전이나 품의서를 작성하기 마련이다. 이 모든 행위가 글쓰기 범주 안에 속해 있고 글이 아닌 게 없다. 더구나 주 52시간 근무제가 시행되면서 회사에서 무한정 오래 있을 수만은 없다는 환경이 회사원을 한 단계 더 진화하도록 주문하고 있다. 이런 변화된 환경에서는 주어진 한정된 시간 안에 말이나 글을 통해 전달해야 할 내용을 얼마나 명확하게 상대방에게 전달하느냐가 그 직원의 핵심적인 업무 역량이 된다. 문제는 업무와 관련된 모든 관련자들을 직접 만나서 말로 소통할 수 없다는 데 있다. 물리적 시간적 한계 때문에 그렇다. 결국 글이다. 글로써 능력을 평가받고, 글로써 업무의 효율성과 생산성을 입증해야 하는 시대라 할 수 있다.

인간은 원래 능동적인 동물이다. 신이 인간을 그렇게 만들었다. 누군가의 지시나 억압 속에서 평생을 살아가야 하는 노예 제도가 역사 속으로 자연스럽게 사라진 것도 속박이라는 수동적인 굴레를 벗어던지고 능동적으로 살아가려는 인간의 본성이 작용했기 때문이라 본다. 한때 독서 자체가 열풍이 되었던 때가 있었다. 독서 관련 도서가 베스트셀러에 오르고 어떤 책을 읽고 어떤 방법으로 독서를 해야 하는지가 초미(焦眉)의 관심사였다. 독서를 통해 지혜와 통찰력을 얻어 여러 복잡한 문제를 지혜롭게 풀어나가기 위함이었을 것이다. 물론 독서하는 생활 습관이 크게는 인생을 살아가는 데 있어, 작게는 가정생활이나 직장 생활을 하는 데 있어 큰 혜안(慧眼)을 가져다준다는 점에는 이견이 없다. 하지만 독자의 입장에서 보면 독서는 결국 수동적인 행위에 지나지 않는다. 타인이 가지고 있는 지식이나 정보를 책을 통해 받아들이고 수렴하기 때문에 그렇다. 그 행위 자체만으로 능동적이라고 할 수 없고 온전히 내 것이 되기 어렵다.

이런 시기가 지나고 이제 글쓰기 열풍이 불고 있다. 前대통령비서실 연설비서관이었던 강원국 작가의 『대통령의 글쓰기』를 비롯해, 사람사는세상 노무현재단 이사장을 맡고 있는 유시민 작가가 쓴 『유시민의 글쓰기 특강』이 그 대표적인 예다. 글쓰기는 능동적인 행위다. 인간 본성을 자극하며 육체와 정신 여기저기에 분포돼 있는 인간 본연의 세포를 활성화시키고 각성시킨다. 독자들이 이런 종류의 도서에 관심을 가지고 글쓰기를 직접 실천하는 이유가 바로 여기에 있다. 좋은 변화라 할 수 있다.

이쯤해서 수준을 한 단계 더 높이면 어떨까? 서강대 철학과 명예 교수인 최진석 교수가 말하는 사유(思惟)의 시선을 한층 더 높이는 것처럼 말이다. 글쓰기에 익숙해지면 책 쓰기에 도전할 수 있다. 책을 쓰는 행위가 더 이상 전업 작가나 특정인의 전유물이 결코 아니기 때문이다. 일반인도 콘셉트만 가지고 있으면 충분히 책을 쓸 수 있다. 특히 직장인이라면 자기 계발을 위해 외국어를 공부하거나 피트니스센터에서 몸을 만드는 것도 중요하지만 이왕 시간과 노력을 투자할 거라면 과감히 책을 한 권 써보라 권하고 싶다. 단언컨대 과실은 여러분이 상상하는 그 이상일 것이다.

우리 대부분이 익히 알고 있는 문장이 있다. "사람은 책을 만들고, 책은 사람을 만든다." 정말 그렇다. 책을 써본 사람만이 안다. 일단 책을 쓰고 나면 책이 저자를 올바른 방향으로 인도하며 온전한 인간으로 만들어간다. 필자는 서른여덟 살에 첫 책 『세상은 불공평하다』를 출간하고 심적으로 많은 변화를 겪었다. 물론 인생의 첫 책인 만큼 그 과정이 결코 순탄치만은 않았다. 하루에 원고 한 장을 쓰지 못할 때도 있었고 어떨 때는 한 문장조차 진도를 나가지 못해 괴로워할 때도 많았다. 더구나 직장 생활을 병행하면서 책을 쓴다는 건 정말 쉽지만은 않은 일이었다. 하지만 이런 일련의 노력이 더해지면서 글을 쓰는 잔근육이 조금씩 발달하기 시작했고 일정한 요령이 생겨 하루에 몇 십장을 써 내려가는 기적과도 같은 일이 일어났다. 그리고 그 책이 필자를 성장시켰다. 필자가 할 수 있으면 여러분도 할 수 있다.

글쓰기는 크게 두 종류로 나뉜다. 하나는 시나 소설과 같은 문학적인 글쓰기이고, 다른 하나는 신문 기사나 에세이와 같은 실용적이고 논리적인 글쓰기다. 문학적인 글쓰기는 노력한다고 단기간에 완성되지 않는다. 평생 쓰지 못할 수도 있다. 타고나는 것도 있다고 본다. 하지만 실용적이고 논리적인 글쓰기는 평범한 일반인도 노력하면 충분히 해낼 수 있다.

첫 책을 내면서 많은 고통이 있었다. 도서관이나 서점에서 책쓰기와 관련된 도서를 사전에 읽어보고 참고했으면 좋으련만 무작정 시도하다보니 많은 시행착오가 있었다. 지금 생각하면 글쓰기를 제대로 배우지 않고 겁도 없이 덤벼들었다. 체계가 없고 표현도 빈약하고 허술했다. 글의 기초가 부족하고 단락마다의 의미전달도 매끄럽지 못했다. 그런 이유로 그 책을 지금 다시 읽을 때면 부끄러운 마음에 얼굴이 발개진다. 하지만 그 책으로 인해 필자는 많이 성장했다. 기교가 아닌 태도와 의지로 썼기에 가능했으리라 본다. 그 책을 읽고 여수에 살고 계시는 어느 독자 한 분이 크게 감동 받았다고 연락이 왔으니 더 이상 바랄 게 없다.

두 번째 책 『홀로서기』는 좀 더 수월하게 나왔다. 첫 책의 개정판이라 부족한 점을 보완하고 추가할 것은 추가했다. 아마도 첫 아이가 열리지 않을 것만 같던 자궁의 좁은 길을 힘들게 열어놨으니 그 통로를 따라 둘째는 세상 밖으로 쉽게 나온 듯하다. 덕분에 이 책은 〈CBS 세상을 바꾸는 시간〉 양정숙 강사의 추천을 받으며 출판 시장에 나와 있다.

지금 필자의 모습은 어떨까? 첫 책을 내기 전보다 연봉이 약 1억 원이 올라 직장인 연봉 기준 대한민국 상위 1%안에 들었다. 더불어 책을 출간하기 위해 글을 계속해서 쓰다보니 많은 노하우가 생기면서 덩달아 글쓰기에 자신감도 붙었다. 이런 연유로 지금 이 세 번째 책을 내놓는다. 직장인으로서 책을 출간하기 위해 전반적인 과정을 기획하고 원고를 작성해서 출판하기까지의 전 과정을 이 책에 고스란히 담았다. 직장인으로서 책을 내고자 할 때 이 책을 참고하면 훨씬 수월하게 윤곽을 잡고 불필요한 시행착오를 줄일 수 있을 것이다. 특히 이 책은 비슷한 콘셉트의 기존 도서와는 달리 소설 형식을 빌려 재미있는 이야기로 엮었기에 독자의 가독성을 높이고 표현의 차별화를 꾀했다고 자부한다.

평범한 직장인의 아바타인 공 대리를 중심으로 이 셋째 아이(도서)와 잘 놀아줬으면 좋겠다. 마지막으로 이 책을 집필하기까지 묵묵히 기다려준 아내와 눈에 넣어도 안 아플 두 딸 서하연과 서하진에게 사랑한다는 말을 하고 싶다.

2020년 벽두, 푸른빛의 도시 청라에서

서태공 씀

등장
인물

공석철 대리

상상기업 영업팀에 다니고 있는 평범한 샐러리맨이다. 상사한테 혼나기도 하고 업무에 치여 야근을 밥 먹듯이 하면서도 책을 쓰겠다는 꿈을 잃지 않고 좌충우돌 노력하는 친구다. 어떤 사람과도 잘 어울리는 게 최대 장점이고 글쓰기에 관심이 많다. 최근에는 힘든 회사 생활에 지쳐 이를 극복하려고 돌파구를 찾고 있는 중이다. 이 책의 주인공이다.

신근태 도사

평범한 직장인으로 회사를 다니다 출간한 몇 권의 책이 베스트셀러가 되면서 상당한 재산을 모았다. 회사를 그만두고 전국을 돌며 강의하고 책도 쓰면서 20년을 유유자적하게 인생을 보냈다. 직장인들의 선망의 대상으로 일명 신 도사라 불린다. 길게 자란 턱수염이 남다른 70세 노인으로 공석철 대리의 끈질긴 구애(求愛) 끝에 책 쓰기 비법을 전수해주며 공 대리의 스승이 된다.

최만중

공석철 대리와는 불알친구로 남향기업에 다니다 5년 전에 상사와 다툰 뒤 회사를 나왔다. 지금은 공 대리가 살고 있는 동네에서 작은 돈가스 식당을 운영하는 자영업 사장으로 공 대리와는 허물없이 지내는 사이이다. 공 대리가 터놓고 얘기할 수 있는 몇 안 되는 친구 중 한 명으로 회사를 박차고 나온 것을 후회하지만 하루하루를 열심히 살고 있는 한 집안의 가장이기도 하다. 공 대리에게 현실적인 조언을 아끼지 않는 절친한 친구다.

김지연 과장

공석철 대리와 같은 영업팀에 근무하는 과장으로 공 대리에게 신도사의 주소를 알려준 장본인이다. 여성이면서도 직설적이며 호탕한 성격이 특징이다. 공 대리에게는 직속 선배로서 업무뿐만 아니라 인생에 대한 조언도 아끼지 않는다. 커피를 좋아하고 화끈한 성격 탓에 회사에서는 김 여사라 불린다.

김광일 선생

한때 출판사를 운영했다. 출판 시장에서 독보적인 위치에까지 오른 해당 분야의 전문가였으나 출판업계에 염증을 느낀 후 출판사를 그만뒀다. 지금은 학원에서 고등학생들에게 국어를 가르치는 선생님으로 일하고 있다. 투박한 외모와는 달리 아이들을 좋아하며 순수하고 맑은 감성을 지녔다. 정글과도 같은 출판 시장에서 살아남으려고 발버둥치며 각박하게 살아왔던 인생을 뒤로하고 지금은 소소한 일상에서 행복을 찾으며 살고 있다.

이호현 부장

공석철 대리가 일하고 있는 영업팀 팀장으로 성격이 다혈질이다. 키가 크고 체격이 좋다. 때로는 부하 직원을 심하게 꾸짖으면서도 퇴근 후에는 소주 한잔 사주며 다독거리는 인간적인 면모도 함께 지니고 있다. 자존심이 강하고 괄괄한 성격이지만 한편으로는 감성적인 휴머니스트다.

남성우 대리

공석철 대리와 입사 동기다. 기획팀에서 근무하고 있으며 이해타산이 빠르고 머리 회전도 상당히 빠르다. 철저한 현실주의자로 걸어 다니는 계산기라 불린다. 손해 보는 것을 극히 싫어하며 재산을 불리는 데 관심이 아주 많다. 주식과 부동산 등 재테크에 상당한 지식을 보유하고 있다.

유성식 차장

유연하고 부드러운 성격의 소유자다. 공석철 대리와 같은 영업팀에 근무하면서 직원들과 이호현 부장 사이에 윤활유와 같은 역할을 한다. 직원들이 힘들 때 위로하고 다독거려주는 따뜻한 품성을 지니고 있다. 술 한 잔 못 하면서도 회식 자리에는 빠짐없이 참석하며 끝까지 동료들을 챙기는 맏형 역할을 하고 있다.

1장. 직장생활로 괴로워하는 공대리

공 대리, 신 도사를 만나다

> 사람들은 본명 대신 그를 신 도사라 불렀다. 이렇게 힘든 직장 생활을 하면서 책까지 쓴다는 게 도사나 가능할 법한 일이기에 그렇게 불린다는 얘기가 있는가 하면, 한편에서는 무조건 그의 가르침을 믿고 따르면 영험을 본다고 해서 붙여진 이름이라는 소문도 있었다.

한 남자가 주택가 골목에 들어서더니 손에 거머쥔 쪽지와 대문 옆에 걸려 있는 검은색 명패를 번갈아 보고는 잠시 머뭇거렸다. 회사에 다니면서 책을 써 베스트셀러 작가가 됐다는 신 도사의 집 앞이었다. 이번이 벌써 다섯 번째다. 신 도사라는 고수에 대해서는 그 어떤 확실한 정보도 없었다. 그저 지금은 나이가 들어 집에서 쉬고 있다는 소문만 어렴풋이 나돌 뿐, 직장인들 사이에는 현실적으로 만나기 어려운 전설적인 고수로만 남아 있을 뿐이었다. 얼핏 듣기로 작년까지만 해도 전국을 순회하며 강의를 했다는데 지금은 완전히 자취를 감춰 그 누구도 신 도사의 행방을 알지 못했다. 돈이라는 경제적 굴레에서 벗어나 강태공처럼 유유자적 살고 있다는 신 도사. 사실, 남자가 발길을 멈춘 이 집의 주소가 정확히 신 도사의 자택인지도 확실치 않았다. 남자가 몇 번을 찾아왔지만 인기척조차 없었고, 결국 번번이 시무룩하게 발길을 돌려야 했다. 하지만 남자는 포기하지 않았다. 한낱 실오라기 같은 희망일지라도 그는 절박했기 때문이었다.

'제발 오늘은 만날 수 있었으면….'

혼잣말을 중얼거리며 초인종을 꾹 눌렀다. 흰색 페인트칠이 벗겨지고 색이 바랜 낡은 초인종이었다. 대답이 없었다.

'이런 허름한 집에 정말 고수가 살고 있는 걸까?'

남자는 미심쩍은 듯 다시 한 번 초인종을 눌렀다.

"누구요?"

이번엔 인기척이 있었다. 남자는 스피커폰에 급히 한 발짝 다가서며 입을 열었다.

"네. 여기가 신 도사님 집 아닌가요?"

잠시 정적이 흐르더니 스피커폰을 통해 투박하고 거친 음성이 들려왔다.

"신 도사? 요즘 별의별 사람이 초인종을 계속 누르는데 그 신 도사란 사람이 도대체 누구요? 여기가 아니라고 도대체 몇 번을 말해야 하는 건지. 이거 참!"

투박한 목소리는 버럭 화를 내더니 스피커폰 속으로 이내 사라져버렸다.

'여기가 분명 맞는데….'

남자는 잘게 구겨진 쪽지를 힘없이 만지작거리고는 고개를 들어 명패를 힐긋거렸다.

힘든 직장 생활. 양복 호주머니에 사표를 품고 다니며 얼마나 많이 참아왔는지. 매월 받는 월급이 남자의 유일한 소득원이라 영업팀 팀장이 호통치고 야단쳐도 벙어리 냉가슴만 앓을 뿐이었다. 남자는 최근에 대리로 진급한 상상기업의 공석철 대리였다. 어린 시절, 공 대리에게도 꿈이 있었다. 경제적으로 어렵지만 않았다면 공 대리는 분명 글을 쓰고 그림을 그리는 작가가 되었을 것이다. 목구멍이 포도청이라는 이유로 매정하고 삭막한 현실과 타협하며 그동안 잘도 버텨왔다. 이런 와중에 회사에 다니면서 책도 쓰고 인세도 받으며 강연을 다니는 신 도사가 있다는 소문은 공 대리에게 눈이 번뜩이는 오아시스와도 같은 희소식이었다. 신 도사는 신근태라는 본명이 따로 있었지만 사람들은 본명 대신 그를 신 도사라 불렀다. 이렇게 힘든 직장 생활을 하면서 책까지 쓴다는 게 도사나 가능할 법한 일이기에 그렇게 불린다는 얘기가 있는가 하면, 한편에서는 무조건 그의 가르침을 믿고 따르면 영험을 본다고 해서 붙여진 이름이라는 소문도 있었다.

공 대리는 장맛비 맞은 허수아비처럼 축 처진 어깨를 겨우 추스르며 저벅저벅 골목을 걸어 지하철역으로 되돌아갔다.
'분명 여기 남수라는 동네가 맞다고 했는데.'

다음 날 아침, 공 대리는 사무실에 출근하자마자 김지연 과장에게 달려가 1층 커피숍에서 산 시원한 아이스 아메리카노를 불쑥 내밀었다. 신 도사의 주소가 담긴 쪽지는 김 과장을 설득하고 설득해서 어렵게 받아낸 소중한 정보였다. 김 과장은 공 대리가 회사에 입사했을 때 세부적인 업무부터 회사 돌아가는 사정까지 자세히 얘기해주며 허물없이 지내고 있는 직장 선배로 사무실에서는 김 여사라 불렸다.

"선배, 어제 저녁에도 가봤는데, 글쎄 거기가 아니래. 벌써 다섯 번째에요. 다섯 번째!"

김 과장은 공 대리의 말을 들은 체도 하지 않고 열심히 모니터만 들여다보며 기획안을 타이핑했다.

"선배, 제발~ 전 정말 절박하다고요."

공 대리의 얼굴이 울상이었다. 공 대리는 아메리카노가 담긴 종이컵을 김 과장에게 가까이 내밀며 한 걸음 다가갔다. 옆에서 보고 있던 유성식 차장이 공 대리가 딱해 보였는지 말을 거들었다.

"어이! 김 여사. 무슨 일인지 모르겠지만 우리 막내 좀 도와줘."

그제야 김 과장은 모니터에서 눈을 돌려 공 대리를 째려보며 입을 열었다.

"공 대리! 네가 절박하다고? 하하, 이거 참. 지나가는 개가 웃겠네. 절박하다는 사람이 겨우 다섯 번 찾아가보고 그래. 고수를 만나기가 그렇게 쉬웠으면 누구나 찾아가서 노하우를 배우고 고수가 됐겠다, 안 그래? 그렇게 절박하면 공을 좀 더 들여봐!"

"정말 그 주소가 맞긴 맞는 거예요?"

공 대리는 그동안 김 과장에게 퍼부었던 선물 꾸러미들과 저녁마다 기울인 소주잔을 생각하며 주머니 속에 구겨진 천 원짜리를 만지작거렸다.

'이젠 더 이상 투자할 돈도 없는데….'

공 대리는 이번이 정말 마지막이라는 생각을 하고, 저녁 퇴근길에 다시 한 번 회기역으로 향했다. 회기동 전철역에서 내려 남수로 가는 마을버스를 타고 가파른 산비탈을 오른 뒤 마지막 정거장에서 내렸다. 부자가 됐다는 고수가 사는 동네라기에는 참 허름한 동네다 싶은 생각이 들었다. 어제처럼 또 백여 미터를 걸어 굽은 골목을 지나고 그 집 대문 앞에 다다랐다. 손가락을 들어 초인종을 누르려다 무슨 생각에서인지 대문에 등을 기댄 채 털썩 주저앉았다. 언덕배기 아래로 펼쳐진 도시 숲 빌딩 사이로 발갛게 저무는 석양이 아름다웠다. 당장이라도 그만두고 싶은 회사생활에 조그마한 위안이라도 될 것 같아 수차례 찾아왔지만 매번 헛수고였다. 잡히지도 않는 파랑새를 찾아 헤매고 있는 건 아닌지 하는 생각에 공 대리는 석양에 길게 드리운 자신의 그림자가 무척이나 처량해 보였다.

'그래. 이번이 정말 마지막이야.'

바로 그 순간, 초록색 대문이 '삐거덕' 소리를 내며 열리더니 길고 흰 턱수염이 눈에 띄는 한 노인이 걸어 나왔다. 노인은 대문을 나서자마자 오른쪽에 웅크리고 앉아 있는 공 대리를 보고는 흠칫하며 뒤로 한 걸음 물러섰다.

"어제 다녀갔던 젊은이구만."

공 대리는 다리 사이로 구겨 넣었던 고개를 천천히 들어 노인을 올려다봤다. 그러고는 번뜩 흰 수염의 이 노인이 신 도사임을 알아차렸다.

"도사님! 제게 한 수 가르쳐주십시오. 회사 생활하면서 정말 힘들고 절망적이었는데 신 도사님 얘기를 듣고 귀가 번쩍 띄었습니다. 이제 도사님이 제 유일한 희망이 돼버렸어요. 한때 저처럼 평범하셨는데 책을 쓰고 한순간에 직장 생활에서 자유로워지셨다고 들었습니다. 제발 제게 가르침을 주십시오!"

공 대리는 길바닥에 털썩 무릎을 꿇고서는 간절한 눈빛을 보냈다. 노인은 공 대리를 측은하게 내려다보더니 말문을 열었다.

"그동안 줄곧 2층에서 초인종을 누르고는 머뭇거리던 자네를 지켜보았네. 다른 사람들처럼 포기할 때도 됐는데 계속 찾아오는 게 대견하더구먼. 허허허. 지금 자네 눈을 보니 금방이라도 울음이 쏟아질 것만 같구먼그래. 젊은 사람이 그렇게 기운이 없어가지고 뭘 하겠어! 마침 저녁 겸해서 라면을 끓이려던 참인데, 들어가서 라면 좀 먹고 가려나? 요기를 해야 기운을 차려서 뭐라도 할 게 아닌가."

암묵적인 승낙이었다. 공 대리는 그제야 함박웃음을 짓고는 몸을 일으켜 신 도사를 따라 들어갔다.

'책 쓰기 비법서'를 갖게 된 공 대리

> "이 비법서는 반드시 자네가 마음의 준비가 되었을 때 열어봐야 하네. 자네가 충분히 준비가 되어 있을 때 이 비법서를 열어봐야 신통함이 통할 거란 말이지."

책 쓰기를 통해 큰 부자가 되었다는 세간의 소문과는 달리 신 도사가 살고 있는 집은 허름하고 평범한 2층 주택이었다. 마당이라고 부르기에도 궁색할 정도로 작고 초라한 텃밭에는 초록 빛깔을 띤 고추가 붉게 변하려고 옷을 막 갈아입으려던 참이었다. 그 옆 검은 화분에는 빨갛게 잘 익은 방울토마토가 여러 갈래로 나뉘어 심어져 있었고 지지대로 삼은 반쪽짜리 대나무는 색이 바랜 채 토마토 줄기를 단단히 지지하고 있었다. 벽은 곳곳에 금이 가 있어 비가 오면 물이 새는 건 아닌지 걱정이 될 정도였고 마루는 닳고 닳아 페인트칠이 여기 저기 벗겨져 있었다.

"내가 고수같이 보이는가?"
문지방을 넘으려는데 신 도사가 느닷없이 질문을 던졌다.

"아, 네. 고수라고 들었습니다. 직장인에게는 선망의 대상이라고요."

공 대리는 집 안 분위기가 기대했던 것과는 너무도 달라 고개를 돌려 주변을 두리번거렸다.

"고수란 어떤 사람이라고 생각하나?"

연이은 신 도사의 질문에 공 대리는 당황해하며 말을 더듬었다.

"뭔가를 뛰어나게 잘해서 남이 감히 따라 할 수 없는, 뭐 그런 사람이 아닐까요?"

공 대리는 말꼬리를 흐리며 신 도사가 만족해할 만한 답이 아닐 것이라는 생각에 멋쩍게 웃었다.

"고수는 그 분야에 있어 자유로운 사람이라고 생각하네. 사업이나 장사로 돈을 많이 번 고수라면 돈에 있어 자유로운 사람, 글쓰기의 고수라면 글을 쓸 때 형식에 얽매이지 않고 자유롭게 글을 써 내려가는 사람. 한마디로 그 분야에 있어 자유로워진다는 거지. 그렇게 생각하지 않나? 허허, 내 말이 길어졌구먼. 누추하지만 어서 앉게. 라면은 금방 준비가 되니 말이야."

공 대리는 자리에 앉으며 거실 창 너머로 뉘엿뉘엿 지는 석양을 다시 한 번 바라봤다. 오늘 하루도 아무런 탈 없이 무사히 지나고 있다는 안도감에 긴장을 풀며 벽에 등을 기대고는 오른손을 무릎에 살포시 내려놓았다.

신 도사가 주방으로 들어간 지 얼마 되지 않아 유리 그릇 부딪히는 소리가 요란하게 들리더니 곧이어 라면 봉지 뜯는 소리가 들렸다.

"꼬들꼬들한 걸 좋아하나? 아니면 푹 퍼진 걸 좋아하나?"

주방에서 들려오는 소리였다.

"아, 네. 저는 퍼진 걸 좋아합니다."

공 대리는 주방까지 소리가 안 들릴까봐 목을 길게 빼고는 평소보다 높은 목소리로 대꾸를 했다.

"젊은이 치고는 특이하구먼. 보통 젊은 친구들을 꼬들꼬들한 걸 좋아하는데 말이야. 애늙은이처럼 퍼진 걸 다 좋아하고. 어쨌든 나와 취향이 같아서 그건 좋네. 허허허."

몇 분이 지났을까? 신 도사는 뜨거운 냄비를 하얀 행주로 감싸 들고는 안방으로 서둘러 들어오며 공 대리를 재촉했다.

"그 구석에 있는 작은 상 좀 펴봐. 그리고 옆에 있는 책도 상 위에 좀 올려놓고. 빨리 빨리!"

공 대리는 주변을 재빨리 두리번거리다 왼쪽 구석에 있는 자반 상을 발견하고는 서둘러 펼쳤다. 그러고는 신 도사가 말한 정체불명의 책을 상 한가운데 올려놓으며 냄비 받침대로 만들었다. 눈을 가늘게 떠서 책을 자세히 보니 '책 쓰기 비법서'라는 제목이 보였고 오랜 시절부터 전해 내려오는 고서(古書)처럼 수 갈래로 갈라진 주름들이 책의 비상함을 느끼게 했다. 공 대리는 좀 더 자세히 보려고 고개를 숙였으나 신 도사가 급히 라면 냄비를 책 위에 올려놓는 바람에 타이밍을 놓치고 말았다. 신 도사는 손이

뜨겁다는 듯 양손을 재빨리 귀로 가져다 댔다. 빨간 라면 국물이 출렁이다 틈새로 삐져나와 냄비를 타고는 고서 위에 흘러내렸다.

“자, 다 됐어. 어서 들자고.”

신 도사는 자주 빛깔의 나무젓가락 한 쌍을 공 대리 앞에 놓으며 얼굴을 냄비 안으로 가져다 댔다.

“음~ 냄새가 좋네. 라면 냄새는 언제 맡아도 좋단 말이야.”

“후루룩~ 쩝쩝. 후루룩~.”

신 도사와 공 대리는 마치 몇 달은 서로 알고 지냈던 사이처럼 이런저런 얘기를 나누며 라면을 눈 깜짝할 사이에 해치웠다. 이제 침묵의 시간마저도 자연스러웠다. 마치 아버지와 아들처럼.

한참 게걸스럽게 먹고 고개를 들어보니 신 도사의 하얀 런닝에 수묵화의 뿌리기 기법을 사용한 것처럼 빨간 라면 국물이 여기저기 튀어 있었다.

“꺼~억. 잘 먹었다. 이렇게 또 한 끼 해결했네. 흐흐흐.”

신 도사가 한바탕 트림을 크게 하더니 반대편 벽에 등을 기댄 채 오른손으로 발가락을 만지작거렸다.

“이놈의 무좀은 잘 낫지도 않는단 말이야. 나이가 드니 면역력이 약해져서 그런가.”

심드렁한 목소리였다.

툭!

신 도사는 말이 끝나기가 무섭게 냄비 밑의 고서를 빼서는 공 대리 앞에 툭 던졌다.

"책을 써!"

공 대리는 무슨 영문인지 몰라 신 도사를 물끄러미 바라봤다.

"책을 쓰라고! 이게 도움이 많이 될 거야. 읽다보면 깨우치는 것도 있을 거고 말이야. 깨우치다보면 자네도 고수가 될 수 있을지 누가 알아? 차림을 보아하니 회사원 같은데 책을 쓰라고! 그래야 회사 생활에서 자유로워질 수 있어."

신 도사는 상을 집어 들며 허리를 힘들게 펴고는 주방으로 들어가려다 말고 공 대리를 뒤돌아봤다.

"대신, 나와 약속 한 가지만 하게나."

"약속이라뇨?

공 대리는 뜬금없는 약속이라는 말에 두 눈을 동그랗게 떴다.

"이 비법서는 반드시 자네가 마음의 준비가 되었을 때 열어보겠다는 약속 말이야. 자네, 그거 아나? 서로 얘기할 때는 한쪽이 아무리 좋은 말을 해줘도 상대편이 받아들일 준비가 돼 있지 않으면 아무 소용없다는 거. 조언도 그렇고 충고도 마찬가지야. 그런 면에서 보자면 자네가 충분히 준비가 되어 있을 때 이 비법서를 열어봐야 신통함이 통할 거란 말이지. 다른 궁금한 거 있으면 그때마다 들러도 좋아. 내가 항상 집에 있는 건 아니지만 말이야. 여하튼 라면을 같이 먹었다는 인연으로 자네한테만 주는 특권이야. 그렇게 알라고. 허허허."

공 대리는 머뭇거리면서 '책 쓰기 비법서'라고 적힌 고서를 천천히 집어 들었다.

'반드시 마음의 준비가 되어 있을 때 열어보라고?'

그렇게 대문을 나와 골목을 지나고는 다시 마을버스를 타고 회기역에 도착해 전철을 탔다. 늦은 시간이라 승객이 적어 다행히 앉아 갈 수 있었다. 공 대리는 재빨리 전철 안을 두리번거린 뒤 뭉치처럼 돌돌 말았던 고서를 양손에 조심히 펼치고는 제목을 다시 한 번 응시했다.

'책 쓰기 비법서'

그렇게 운명적 만남은 시작되었다.

끓는 냄비 속에 던져진 개구리

> "남이 주는 스트레스는 자네가 컨트롤할 수 없지만, 그 스트레스를 어떻게 풀지는 자네가 컨트롤할 수 있지 않은가."

회사 6층 계단에 공 대리가 쭈그리고 앉아 있다. 아침 일찍 이호현 팀장과 함께 본부장실에 기획안을 들고 갔다가 심하게 한 소리를 듣고 나니 회사 다닐 맛이 뚝 떨어진 탓이다. 갈수록 인간관계가 힘들어지는 건 둘째 치고, 어디 조용한 곳으로 혼자 훌쩍 떠나 그곳에서 글을 쓰면서 유유자적 살고 싶은 마음이 굴뚝같았다. 더구나 어제 저녁 신 도사에게서 『책 쓰기 비법서』까지 얻은 마당이니 마음속에서 두 마리 늑대가 서로 으르렁거리며 크게 짖어대기 시작했다.

'현실과의 타협 아니면 이상으로의 탈피.'

직장인이라면 항상 만지작거리는 두 장의 카드였고 공 대리도 예외가 아니었다.

이렇게 회사 생활에 지칠 때면 공 대리는 6층 계단을 찾았다.

직원 대부분은 엘리베이터를 이용했다. 가끔 4층 정도까지는 계단을 통해 걸어서 오르내리는 직원이 있었지만 그 이상을 걸어서 올라오는 직원은 없었기에 6층 계단은 공 대리가 혼자 보낼 수 있는 유일한 퀘렌시아였다. 더구나 초록색 비상구 유도등에서 흘러나오는 작은 불빛을 제외하고는 온통 어두컴컴했기에 아무도 만나고 싶지 않은 공 대리에게는 대피 장소로 제격이었다. 요즘처럼 회사 다니기가 싫은 적이 없었는데, 온통 시꺼멓고 복잡한 마음에 공 대리는 앞으로 어떻게 해야 할지 갈피를 잡지 못했다. 회사를 박차고 나갈까? 장사를 해볼까? 매일 반복되는 식상한 생활과 점점 무능력해져만 가는 자신을 보고 있으면 울화통이 터져 미쳐버릴 것만 같았다. 양손으로 머리를 부여잡고 고개를 숙였다.

"어, 공 대리 아니야? 여기서 뭐하고 있어?"

같은 팀의 유성식 차장이었다. 항상 친형처럼 자상하게 대해주는 선배였지만 나이 차이가 꽤 나기에 한편으로는 어렵기도 했다.

"아, 예. 그냥 머리 좀 식히려고요."

"머리를 식혀? 이 어두컴컴한 계단에서? 허허. 우리 공 대리가 근심이 많구먼. 어찌 보면 그럴 만한 직급도 됐지 뭐. 공 대리가 입사 몇 년차지?"

"예. 5년이 넘어서 올해 6년차예요."

"그래. 허허허. 딱 그때야 그때. 나도 자네 직급 때 홍역처럼 속앓이를 했었지. 뭔가 불안하고 벗어나고도 싶고, 판에 박혀 돌아가는 일상에서 막무가내로 버티고 있는 건 아닌지 고민도 되고 말이야. 자! 이럴 게 아니라. 옥상으로 가자고. 아무래도 사람은 공간의 제약을 받게 돼 있어. 이렇게 좁고 어두컴컴한 곳에 있으면 괜히 마음도 우울해지고 그러거든. 넓고 탁 트인 옥상에 가면 한결 더 나아질 거야. 어서!"

유 차장은 고개를 위로 까닥거리며 공 대리에게 올라가자는 신호를 보냈다.

공 대리는 유 차장과 함께 옥상으로 올라갔다. 탁 트인 시야에 저 멀리 국회의사당이 한눈에 들어왔다. 저절로 깊은 한숨이 새어 나왔다. 마치 가슴 깊은 곳에 꽉 막혀 있던 고무마개가 뻥하고 뚫리는 느낌이었다.

'역시 사람은 공간의 제약을 받는 건가? 공간의 넓고 좁음에 따라 생각하는 폭도 달라지는 건가?'

공 대리는 혼잣말을 중얼거리며 먼 곳을 응시했다.

"공 대리, '삶은 개구리 증후군(Boiled frog syndrome)'이라고 들어봤어? 아마도 직장인이라면 들어보지 않은 사람이 없을 거야. 물이 팔팔 끓고 있는 냄비 속에 개구리를 집어넣으면 바로 뛰쳐나와 살지만, 냄비 속에 찬물과 개구리를 동시에 집어넣고 서서히 데우면 개구리는 바로 있을 위험을 인지하지 못한 채 뛰쳐나가지 못하고 결국 냄비 속에서 죽게 된다는 얘기지. 개구리가 변온 동물이기 때문에 냄비 속의 온도 변화에 순화되어 서서히 끓고 있다는 것을 알아차리지 못하고 죽어간다는 거야. 즉, '서서히 바뀌는 환경에 대응하지 못하는 사람은 곧 큰 화를 입는다.' 뭐 이런 메시지를 은연중에 전달하는 비유법으로 사용해왔지. 특히나 실적이 중요한 보험업계나 세일즈 회사에서 변화의 중요성을 강조하면서 직원들을 일깨우는 데 사용했었어. 아침 조회 때 이 이야기를 다룬 동영상도 틀어주면서 말이야."

공 대리도 얼핏 그 동영상을 봤던 기억이 떠올랐다. 유 차장은 담배 한 개비를 입에 물더니 담뱃불을 붙이며 말을 이어갔다.

"이 '삶은 개구리 증후군' 동영상 때문에 많은 회사원이 현재 자기 상황을 서서히 끓고 있는 냄비 속에 비유하면서 다른 곳으로 과감히 이직하거나, 부서를 바꾸거나, 사표를 쓰고 사업에 뛰어들었지. 프리랜서도 되고 말이야. 10년 전에 유행처럼 번졌어. 마치 자신이 변화하지 않고 도태되고 있다고 느끼면서 말이야. 그때 딱 자네 같은 대리 직급들이 많았지. 물론 그렇게 과감히 변화를 줄 수 있는 사람이 대단하기는 하지. 우리 같은 평범한 샐러리맨은 항상 고민만 하다가 그치고 마니까 말이야. 하지만 십 년의 세월이 지난 지금 어떻게 됐는지 알아? 이직을 했거나 직장생활을 접고 사업하는 사람 중에 잘됐다는 사람을 한 명도 못 봤어. 대부분 후회하고 상황이 더 열악해진 경우도 허다했지. 그런데 마침 어떤 뉴스가 나왔냐면 말이야. 해외에서 이 냄비 속 개구리 이야기가 거짓말이라는 실험 결과가 쏟아져 나온 거야."

"개구리 얘기가 거짓이었다는 말이에요?"

공 대리는 호기심 어린 눈으로 유 차장의 다음 말을 기다렸다.

"시드니대학교의 칼 크루젤니키 교수가 호주 ABC 뉴스의 한 칼럼에서 단백질로 된 달걀을 뜨거운 물에 넣었을 때를 상상해보라고 했어. 끓는 물에 달걀을 넣으면 바로 하얀색으로 굳어버리듯이 개구리 뒷다리에서도 이와 동일한 현상이 일어난다는 거야. 즉, 개구리가 끓는 물에 갑자기 들어가면 뒷다리가 하얗게 굳어지면서 점프를 할 수 없다는 거지."

유 차장은 담배 연기를 깊게 들이마시더니 내뿜으며 말을 이어갔다.

"일생 동안 파충류를 연구해온 오클라호마 대학교의 빅터 허친슨 박사라고 있어. 그 박사도 실험을 통해 기존에 떠도는 미신 같은 이야기를 비판한 적이 있지. 허친슨 박사는 1분에 1도씩 정도로 온도를 올리면서 냄비 속 개구리를 실제 관찰했거든. 그랬더니 개구리는 점점 활발하게 움직이다가 더 이상 참지 못할 때가 되니 펄쩍 뛰면서 탈출했다고 해. 실제 이 실험을 촬영한 동영상이 유튜브에 돌아다니기도 하고 말이야."

공 대리는 처음 듣는 얘기에 입을 벌리고는 멍하니 서 있었다. 유 차장은 빨갛게 타 들어가는 담배를 손가락으로 털더니 짓눌러 끄면서 공 대리를 지긋이 바라봤다.

"이제 '삶은 개구리 증후군'의 실체를 알았지? 지금 공 대리가 직장 생활하면서 권태기가 왔다고 해서 그리고 불만이 있다고 해서 바로 행동에 옮기지 말라는 거야. 개구리가 물이 점점 끓어오르는 것을 느낄 수 있듯이 자네도 주변의 변화를 충분히 감지할 수 있어. 지레짐작해서 뛰쳐나가지 말고 기다리면서 충분히 고민해봐. 자의든 타의든 언젠가는 그날이 오겠지만 결정은 그때 해도 늦지 않거든. 그런 불필요한 걱정으로 잠 못 이루는 대신 생각의 차원을 바꿔서 다른 즐거움을 찾으란 말이지. 자네! 글을 쓰거나 책 쓰는 걸 좋아한다며? 직장인의 최대 장점은 퇴근 후에는 사생활을 마음껏 즐길 수 있다는 거야. 그렇지 않아? 장사를 한다면 어림없는 소리지. 여하튼 회사에서는 열심히 일하고, 퇴근 후에는 자네가 좋아하는 일을 찾아서 하라고! 무슨 말인지 알겠어? 남이 주는 스트레스는 자네가 컨트롤할 수 없지만, 그 스트레스를 어떻게 풀지는 자네가 컨트롤할 수 있지 않은가."

눈 돌리지 마라

> 직장 다닐 때가 책을 쓸 수 있는 최적의 조건이라고! 나처럼 장사를 하게 되면 언감생심 꿈도 못 꾼다니까! 무슨 말인지 알겠어?

찌뿌드드한 몸을 겨우 일으켜 기지개를 폈다. 몸이 천근만근이다. 맞은편 벽의 괘종시계가 오전 11시를 가리켰다. 토요일이고 해서 늦잠을 잘 요량으로 어제 저녁 늦게 공원을 산책하고 돌아와 라디오를 밤늦게까지 듣고 잤더니 피곤했던 모양이다. 공 대리는 머릿속이 복잡했다. 어제 유 차장이 들려준 개구리 이야기도 그렇고 도대체 뭐가 맞는 건지 헷갈리기 시작했다. 결혼도 안 했고 자식도 없는 터라 냅다 회사를 때려치우고 무작정 좋아하는 일을 하려던 참인데 뭔지 모를 망설임이 밀려왔다. 순간 만중이 생각났다.

만중은 공 대리가 회사에 취직하고 한 달 뒤쯤 남향기업에 취직했고 아무 탈 없이 회사를 잘 다니는가 싶더니 상사와 다투고는 과감히 사표를 던졌다. 그러고는 회사는 자신의 성미와 맞지 않는다며 돈가스 가게를 차렸다. 가게 개업식 때 만중과 새벽 늦게까지 술을 기울였던 기억이 마치 어제 일처럼 생생한데 벌써 3년이라는 세월이 지났다니, 시간은 정말 시위를 떠난 화살과도 같다는 생각이 들었다.

공 대리는 침대 옆 탁자 위를 이리저리 만지작거리며 휴대폰을 찾았다. 잘 떠지지도 않는 눈을 게슴츠레 뜨고는 만중에게 전화를 걸어 저녁 약속을 잡았다. 장사를 하는 입장이라 다른 곳에 갈 수는 없고 그냥 자기 가게로 놀러오라고 했다. 만중이라면 자기에게 툭 터놓고 진솔하고 뼈있는 얘기를 다 해줄 수 있는 유일한 친구라는 생각이 들었고 회사도 다녀봤고 장사도 해봤기에 자기보다 세상을 보는 시야가 더 넓을 거라는 확신이 들었기 때문이다. 같은 동네에 살고 있지만 회사일이 바쁘다는 핑계로 자주 가보지 못해 만중에게는 정말 미안한 마음이 가득했다.

밤 9시. 아디다스 삼색선 슬리퍼를 끌고 파란색 츄리닝 바람으로 만중이 운영하는 식당으로 걸어갔다. 같은 초등학교와 중학교 그리고 고등학교까지 졸업한 불알친구인데 불쑥 던지는 녀석의 유머는 유치한 듯하면서도 재치가 넘쳐 듣는 재미가 쏠쏠했다. 일을 하다가도 가끔씩 녀석의 유머를 떠올리곤 했다. 누구보다도 끝까지 회사에 남아 정년까지 갈 것만 같았던 친구였는데 인생은 참 모를 일이다 싶었다.

식당 문을 열었다. 만중은 방금 막 영업을 끝냈는지 플라스틱 빗자루로 홀을 쓸고 있었다.

"어서 와. 잘 살았냐?"

늘 그렇듯 녀석은 반가운 건지 아닌지 헷갈릴 정도로 공 대리를 무덤덤하게 대했다.

"나야 늘 똑같지 뭐. 장사는 잘돼?"

"잔소리 말고 저쪽 구석 테이블에 얼른 앉아. 너 온다고 술상은 다 차려놨다. 술 한잔하면서 사는 얘기 좀 해야지. 안 그러냐? 금방 끝나니까 조금만 기다려."

"그래. 서두르지 말고. 천천히 해"

공 대리는 구석 테이블로 가서 의자에 앉았다. 역시 돈가스 집이라 돈가스는 기본으로 세팅되어 있었고 오징어와 쥐포 안줏거리도 소주병 옆에 나란히 놓여 있었다.

"자! 닭볶음탕이 나가신다. 얼른 중간에 있는 것 좀 치워봐."

만중이 김이 모락모락 나는 냄비를 들고 테이블로 성큼성큼 걸어왔다.

"소주 안주에는 이만 한 게 없지. 안 그러냐? 정말 간만이네, 간만이야. 어디 한번 보자. 우리 석철이! 어라. 얼굴이 삭았네, 삭았어. 회사 생활한다고 고생이 너무 많은 거 아니냐?"

만중은 소주 뚜껑을 냅다 돌려 따더니 술잔에 술을 가득 따랐다. 만중은 오랜만에 친구를 만나서 흥에 겨웠는지 연거푸 술잔을 부딪치자마자 소주를 입안에 털어 넣었다. 공 대리도 오랜만에 불알친구를 만나 기분이 좋았는지 술잔을 꺾지 않고 한입에 쪽 털어 넣고는 히죽거렸다.

빈 소주병 여덟 개가 테이블에 순식간에 쌓였다. 만중은 술이 떨어진 걸 알고는 냉큼 일어나 냉장고에서 소주 두 병을 더 꺼내 왔다. 공 대리에게 술을 따라주며 입을 열었다.

"너 회사 생활 힘들다고 눈 돌리지 마라! 회사 그만두지 말라고. 자영업할 생각은 꿈도 꾸지 말고."

만중이 기선 제압을 했다. 복잡한 속내를 꺼내지도 않았는데 술 한 모금을 머금더니 얼큰하게 취한 목소리로 일장 연설을 시작할 요량이었다.

"일단 직장인이 되었다면 자영업에는 눈 돌리지 않는 게 좋아. 처음부터 자영업을 시작했거나 부모가 자영업을 해서 기반을 다져놓은 경우가 아니라면 말이야. 직장을 다닐 수 있을 때까지는 다니라고! 물론 자영업에서 성공한다면야 직장인이 꿈도 꾸지 못할 수십 억 원을 만질 수도 있지. 하지만 그 반대의 경우가 더 많잖아. 왜 그런지 알아? 첫째, 대한민국에는 이미 650만 명의 자영업자가 영업을 하고 있어. 직장인이라면 인간관계 때문에 힘들고 상사 때문에 스트레스를 받더라도 어쨌든 매달 월급은 나오잖아. 하지만 자영업자는 달라. 매일 매일이 전쟁터라고! 아니 지옥이지 지옥! 웬만큼 큰 가게가 아닌 이상 사장이 직접 움직이지 않으면 매출이 줄어들고 당장 이번 달 식구들 생활비를 걱정해야 해. 그래서 하루를 임하는 자세가 전투적이고 치열하지. 이런 정글 속에서 얻어낸 노하우와 전투력을 가진 자영업자에게 직장을 박차고 나온 너 같은 풋덩어리는 손쉬운 먹잇감이 되고 말아. 경쟁 자체가 되지 않는다고."

만중은 빈 술잔에 술을 따르며 오른손을 위로 추켜올리고는 손가락 두 개를 폈다.

"둘째, 아파도 쉴 수가 없어. 직장인이라면 연차도 있고 정기 휴가도 있고 아프면 쉴 수 있는 병가 제도가 있잖아. 하지만 자영업자는 달라. 식당을 예로 들어볼까? 영업시간 외에도 식재료를 사고 다듬고 밑반찬도 준비해야 해. 식기류도 매일같이 씻어야 하고 청소도 해야 하고 아르바이트생도 관리해야 하지. 하루가 바빠 아파도 쉴 수가 없단 말이야. 네 월급이 300만 원이라고 가정하면 넌 아파서 하루 쉬어도 일당으로 10만원은 버는 셈이지. 하지만 자영업은 달라. 임대료를 내고 장사를 하니까 말이야. 상가 임대료를 월 150만 원만 잡아도 하루에 5만 원씩 손해가 나는 거야. 거기다 하루 매출도 날렸으니 적어도 50만 원은 적자라고 봐야지. 셋째, 넓은 인간관계에 한계가 있어. 직장에 다니면 부서도 이동하고 본사나 지점을 이동하면서 많은 동료와 만나고 헤어지면서 이런저런 인적 네트워크가 생기잖아. 다른 팀 직원과 소통도 하고 업무적으로 관련된 직원과 메신저도 주고받고 많은 고객과 상담도 하지. 고민이 있으면 술잔을 기울이며 털어놓을 수 있는 동기도 있고 말이야. 직장 생활이 힘들 때 면담할 수 있는 상사가 있고 내 무용담을 들려줄 수 있는 후배도 있지. 하지만 자영업은 달라. 손님을 제외하고는 만나는 사람이 극히 적고 움직이는 반경도 짧지. 중요한 건 내 고민을 솔직하게 털어놓을 수 있는 사람이 가족 말고는 없다는 거야. 직장인보다 훨씬 외롭지."

공 대리에게 반문할 기회도 주지 않으려는 요량이었다.

"넷째, 인생에 있어 다채로운 삶을 살 수가 없어. 장사를 하면 어제도 매출! 오늘도 매출! 온통 매출 얘기뿐이라고. 매출이 잘 나와야 30~40% 되는 마진을 가져가서 가족들을 먹여 살리지. 절대적이야. 오늘 매출이 떨어지면 어디서 잘못됐나 고민에 빠지고, 반대로 매출이 기대 이상으로 좋을 때면 얼굴이 온통 함박웃음이지. 매출 때문에 하루는 희망에 부풀었다가 하루는 절망에 빠진다는 얘기야. 모든 이야깃거리가 매출로 연결돼. 하지만 직장인은 다르잖아. 상사 뒷담화, 승진, 월급, 연봉, 평가 등 이야깃거리가 넘치잖아. 한마디로 다채로운 삶을 살 수가 있지. 다섯째, 일하는 공간의 범위 자체가 달라. 자영업의 경우 좁디좁은 네모난 상가 안에서 밖을 바라보며 하루하루를 보내야 해. 이 조그만 공간 속에 살면서 넓은 공간을 해바라기처럼 바라봐야 한다고. 가게 문을 열고 들어와야 내 고객이고 그러다보니 그 문만 바라보게 된단 말이야. 하지만 직장인은 다르잖아. 일하는 장소도 넓고 퇴근 후에는 확 트인 거리를 걸으며 작은 상가 안을 바라보는 여유도 가지고 말이야. 큰 공간에서 작은 공간을 바라본단 말이지. 서로 마주 보는 상황은 같지만 위치해 있는 공간은 차이가 커. 이왕이면 넓은 공간에서 인생을 사는 게 더 낫지 않겠어?"

"안주 좀 먹고 얘기해."

공 대리가 젓가락으로 김치를 집어 만중의 입에 넣었다.

"하여튼, 이것 말고도 자영업자보다 직장인이 누리는 혜택이

크니까 눈 돌리지 말고 업무나 잘해! 그리고 가끔씩 여행 다니고 맛있는 음식도 먹고 산책하고 독서도 하라고. 그리고 네가 좋아하는 책도 쓰고 말이야. 직장 다닐 때가 책을 쓸 수 있는 최적의 조건이라고! 나처럼 장사를 하게 되면 언감생심 꿈도 못 꾼다니까! 무슨 말인지 알겠어?"

만중은 이미 술이 얼큰하게 취해 있었다. 술이 한 번 들어가면 일장 연설을 늘어놓는 버릇은 여전하다 싶었다.

'오늘의 일장 연설은 오로지 날 위한 연설이었구나. 멋진 놈. 내가 친구 하나는 잘 뒀네.'

집으로 돌아오는 새벽길. 별이 유난히 반짝이는 밤하늘을 올려다보며 공 대리는 멋쩍게 웃고 있었다.

솔개 발톱 뽑는 이야기는 이제 그만하자

> “지금 내 자신이 소중한 것처럼 과거의 내 자신 또한 변화를 시켜야 할 존재로만 여기지 말고, 포옹하고 따뜻하게 안아줘야 할 존재로 여기란 말이야. 무슨 말인지 알겠어?”

공 대리는 검암역에서 전철을 기다렸다. 아직도 머리가 깨질 듯이 아팠다. 오랜만에 만중과 술 한잔한다는 핑계로 둘이서 소주 열 병을 넘게 마셨으니 평소 주량을 훌쩍 넘긴 탓이었다. 어제 일요일 내내 침대에서 뒹굴다 가끔씩 화장실로 달려가 오바이트를 해댔더니 속도 쓰라렸다.

출근하는 월요일 아침. 무작정 하루 휴가를 쓰려다 도끼눈을 뜰 이 팀장을 생각하니 선뜻 내키지 않아 부랴부랴 고양이 세수만 하고 전철역으로 뛰어온 것이다.

“지금 서울역행, 서울역행 전철이 들어오고 있습니다. 승객 분들은 노란 안전선 밖으로 물러나주시기 바랍니다.”

스피커에서 안내 방송이 흘러나왔고 곧이어 전철이 도착하면서 문이 열렸다.

'으~ 콩나물시루 같은….'

공 대리는 문이 열리자마자 전철 안으로 떠밀려 들어가는 빼곡한 인파 속에 몸을 맡겼다. 고개를 쏙 빼 들고는 양손을 가슴 위에 가져다 댔다. 요즘 전철 안에서 성희롱 사건이 부지기수로 발생하고 있다는데 애당초 빌미를 주고 싶지 않은 마음에서였다.

"어? 공 대리 아니야? 이쪽으로 얼른 들어와."

사무실 김 여사였다. 우연도 이런 우연이 없었다. 아침 출근길, 이 많은 인파 속에서 같은 사무실에 근무하는 직원을 만난다는 건 로또는 아니더라도 적어도 스포츠 토토에는 당첨될 확률이기 때문이었다.

"여사님도 공항철도를 타나요?"

"그래. 가끔씩은. 너 남성우 대리 알지? 네 동기 말이야? 기획팀에서 일하는…."

"예. 알죠. 최근에 운서역 근처로 이사 갔다는 소식만 들었어요."

"그래. 남 대리 와이프가 스튜어디스잖아. 인천공항에서 근무하는데 평소에 출퇴근 시간이 너무 길다고 내 집 근처로 이사 왔지 뭐야. 그래서 매일 카풀(Car pool)을 하는데 오늘 아침에 남 대리 차가 턱하니 말썽이 나버렸다고 전화가 왔어. 하는 수 없이 오늘은 전철이지 뭐. 그나저나 공 대리는 평소보다 출근 시간이 늦은 거 아니야? 매일 빨리 오는 모범생이잖아?"

"그게, 주말에 친한 친구하고 술 한잔했는데 오랜만에 마셔서 그런지 속이 안 좋아서요. 오늘 하루 휴가 쓰려다 마음 고쳐먹고 출근하다보니 좀 늦었네요."

공 대리는 다시 쏠려오는 메스꺼움에 왼손을 입에다 가져다 대며 한쪽 눈을 찡그렸다.

"요즘 우리 공 대리가 고민이 많나봐. 신 도사를 찾지 않나, 오랜 친구하고 술을 하지 않나. 아참! 유성식 차장님이 엊그제는 공 대리한테 도움이 될 만한 얘기를 해줬다며? 끓는 냄비 속 개구리 이야기 말이야?"

"유 차장님이 말씀하시던가요?"

"그래. 우리 공 대리가 요즘 고민이 많은 거 같다며 나보고도 케어 좀 해주라던데. 참 자상한 분이야. 내가 대리였을 때도 좋은 말씀 많이 해주셨지. 그때 힘이 많이 됐어. 이제 부장을 다셔야 할 텐데 벌써 10년째 차장이시니…."

김 여사는 유성식 차장을 잠시 생각하는 듯 고개를 숙이고는 침묵에 잠겼다. 입사 초기에 김 여사는 유 차장을 많이 따랐고 함께 사귄다는 소문이 회사에서 파다했는데 결국 맺어지지 못한 사이였다. 하지만 말 못 할 아픔이 있는 사이인 것만은 분명했다.

"내가 대리였을 때는 솔개 얘기를 해주셨거든."

김 여사는 상념이 가신 듯 다시 입을 뗐다.

"솔개 얘기요?

"응. 솔개 얘기. 내가 공 대리처럼 고민이 많았을 때 그 얘기를 듣고 도움이 많이 됐거든. 개구리 얘기하고 비슷한데 유 차장님이 그 얘긴 안 해주셨나봐?"

"예. 그 얘긴 아직… 어떤 얘기죠?"

공 대리는 좌우로 쏠리는 인파 속에서 밀리지 않으려고 안간힘을 쓰며 손잡이를 꽉 잡았다. 김 여사도 까치발을 하며 안간힘을 썼다.

"80년 정도를 살아가는 솔개는 절반인 40년쯤 살면 부리가 구부러지고 발톱이 무뎌진대. 날개도 무거워져 생존 위기에 처한다는 거야. 그때 솔개는 그대로 생을 마감할지 아니면 새로운 변화를 위해 도전할지 선택해야만 한대. 결국 도전을 선택한 솔개는 스스로 부리와 발톱, 털을 뽑는 130일간의 극한 고통을 겪은 뒤에 새로운 부리와 발톱, 털로 40년이라는 새로운 수명을 받고 거듭나게 된다는 얘기지. 너무나 감동적인 이야기이지 않아? 유 차장님이 얘기해주고 얼마 지나지 않아 인터넷에서 그 동영상을 찾아봤거든. 솔개가 이리저리 날아다니며 고민하는 모습을 클로즈업하다가, 마침내 절벽 위로 힘차게 날아올라 홀연히 솟은 돌부리에 앉아서는 스스로 발톱과 털을 뽑고 그리고 마지막으로 돌부리에 자신의 낡은 부리를 내리치며 고통스러워하는 모습을 담은 영상이었는데, 결국 이 모든 아픔을 견뎌내고 양날개를 힘껏 펼치며 하늘 높이 비상하는 솔개의 모습으로 동영상이 끝나더라고. 음향 효과도 끝내주고 말이야."

"결국 변화해야 살아남는다 뭐 이런 얘기인가요?"

공 대리는 김 여사의 입을 응시했다.

"정확히 맞아. 그런데 공 대리! 반전이 뭔지 알아? 동영상은 그런 메시지를 전달하고 있는데 유 차장님이 마지막에 이런 말씀을 해주셨어."

"무슨 말씀을요?"

"실제 솔개의 평균 수명은 약 24년에 불과하대. 그리고 자신의 부리와 발톱과 털을 스스로 뽑는 솔개는 세상 어디에도 없다는 거야. 역시 냄비 속 개구리 이야기처럼 극적인 감동을 이끌어내기 위한 이솝우화 같은 허구였던 거지. 뭔가 빨리 변화해야 하고 변해야만 살아남을 수 있을 것만 같은 메시지를 주면서 이 사회가 사람들을 압박했던 거야. 나도 처음엔 뭐가 맞는 건지 도통 헷갈렸는데 네이버 백과사전에 '솔개의 수명'이라고 입력하고 조회키를 눌러보니 바로 나오더라고. '매목 수리과의 종류로 수명은 평균 24년이다'라고 말이야."

시간 가는 줄 모르게 김 여사 얘기를 듣다보니 어느새 국회의사당역에 도착했다. 김 여사도 내릴 준비를 하면서 공 대리를 보며 한마디를 더 보탰다.

"요즘 공 대리 고민 많은 건 알겠는데, 그렇다고 해서 너무 급하게 변하려고 하지는 마. 지금 내 자신이 소중한 것처럼 과거의 내 자신 또한 변화를 시켜야 할 존재로만 여기지 말고, 포옹하고 따뜻하게 안아줘야 할 존재로 여기란 말이야. 무슨 말인지 알겠어?"

취업했다면 5년 뒤 반드시 책을 써라!

> "입사 5년이 넘었다면 일단 써! 본인이 좋아하는 분야든 관심 있는 분야든 상관없어. 콘텐츠만 명확히 잡히면 바로 시작하는 게 좋아."

"비법서는 열어봤나?"

"아니요. 아직…."

신 도사의 집이다. 도움이 필요하면 언제든지 들르라는 신 도사의 말이 기억나 공 대리는 토요일 아침 일찍 남수로 찾아왔다. 어찌 알았는지 초인종을 누르기도 전에 대문이 철컥 열리더니 신 도사가 공 대리를 반갑게 맞아준 것이었다.

"아직 준비가 되지 않은 모양이로군."

신 도사는 정성스레 준비한 차를 공 대리 앞 찻잔에 따라 부으며 말을 이어갔다.

"중국 윈난성에 여행 갔을 때 어렵게 구해 온 보이차야. 향이 그윽한 게 머리가 복잡할 때 마시면 이보다 더 좋은 약이 없지. 어서 들어보라고."

"아, 네. 잘 마시겠습니다."

공 대리는 입으로 차를 한 모금 들이키더니 혀를 굴리며 맛을 음미했다. 그러고는 찻잔을 조심스레 내려놓으며 신 도사를 바라봤다.

"제가 아직 준비가 되지 않은 것 같습니다. 마음이 복잡해서 친구도 만나보고 회사 선배들에게 조언도 들어봤는데 갈피를 아직 못 잡겠고요."

"자네가 좋아하는 일을 직업으로 삼았다고 진정 그 일이 계속 좋기만 할까?"

"……"

공 대리는 그저 속내를 한 움큼만 꺼내놓았을 뿐인데 신 도사는 몇 수를 앞서 공 대리 마음속을 훤히 꿰뚫어보고 있었다. 공 대리는 순간 무서운 귀신이라도 만난 것처럼 몸이 얼어붙는 듯했다. 말문이 막혔다.

"다들 자기들이 좋아하는 걸 하고 싶어 하지. 과거에는 3D업종이다 뭐다해서 힘들거나 더럽거나 위험한 직종을 기피하곤 했는데 그래도 가방 끈이 짧다보니 어쩔 수 없이 이 악물고 그런 일을 했었거든. 하지만 요즘 시대는 많이 달라졌어. 대학 진학률이 70%를 넘고 너도 나도 좀 배웠다고 생각하는지 3D업종을 떠나서 본인들이 좋아하는 일이 아니면 직업에 대해서 금방 회의감을 가지더라고. 한 번뿐인 인생을 자기가 좋아하는 일을 하면서 살아야 하지 않겠냐는 욜로(Yolo)족부터 해서, 직업이나 직장을 자기중심적으로만 해석하고 이해하려고 하지. 그래서 쉽게 그만두고 말이야."

"……"

"세간에는 내가 회사에 다니다가 책을 내고 베스트셀러 작가가 되자마자 회사를 박차고 나왔다는 소문이 도는 것 같은데 그건 순 거짓말이야. 회사는 회사고 책은 책이지. 난 사원부터 대리, 과장, 차장, 부장까지 회사에서 날 필요로 할 때까지는 회사에 다녔다네. 내게 있어 글쓰기는 남들이 골프를 치거나 마라톤을 하거나 등산을 하거나 요리를 해서 얻는 그런 쾌감과도 같은 거였어. 그래서 회사에서 받는 스트레스를 글로 풀었지. 그러다 보니 결국 책을 내게 되었고 그게 내 인생에 큰 전환점이 됐던 거야. 참! 공 대리, 자네가 회사에 다닌 지 몇 년 정도 됐지?"

"만 5년이 넘었습니다."

"음. 그래. 때가 됐구먼. 공 대리 자네가 글쓰기와 책 출간에 관심이 많다고 하니 자세히 설명해주지. 글쓰기는 이제 이 시대에 살아남기 위한 필수 능력이 됐어. 회사는 수익 창출을 위해 임직원이 글을 잘 써야 한다고 강조하고는 하지. 주 52시간 근무제가 도입되고 회사에서 일할 수 있는 시간이 제약되기 시작한 건 알지? 앞으로 더욱더 일의 능률을 중시하는 방향으로 흐르고 회사에 머무를 수 있는 시간은 갈수록 줄어들 거야. 이런 환경에서 일과 관련된 모든 직원을 만나서 대화로 일을 풀어나갈 수는 없지 않은가? 그럴 시간이 허락되지도 않고 말이야. 이런 회사 생활 속에서 일과 관련된 메일이나 보고서를 작성하는 데 명확하지 않고 모호한 표현을 사용한다면 어떤 일이 일어날까? 아마도

10분이면 될 일을 20분이 넘게 걸릴 테고 이는 본인뿐만 아니라 상대방에게도 비효율을 가져와 결국 회사 전체의 효율성을 떨어트릴 게 분명하다네. 시간은 금이라는데 금 같은 시간을 낭비하게 두는 회사는 없거든. 반대로 명료한 글로 빠른 의사소통을 가능하게 하고 이에 따른 구체적인 실행을 신속하게 처리할 수 있는 직장인이라면 그 직원은 상대적으로 좋은 평가를 받을 수 있다는 반증이 성립되는 거지. 비단 업적 평가나 역량 평가를 떠나서라도 관련 업무를 하는 상대 직원들에게 소위 일 좀 하는 직원으로 평가받게 되고 회사 생활을 멋지게 할 수 있다네. 회사를 다니는 것과 멋지게 다니는 것은 엄연히 다르거든."

신 도사는 목이 마른지 보이차를 한 모금 들이키며 말을 이어나갔다.

"시간의 흐름 순으로 생각해보자고! 고등학교나 대학교를 졸업하면 졸업생들은 취업이라는 바늘구멍을 통과하기 위해서는 먼저 이력서를 잘 써야 해. 글을 잘 써야 취업이 가능하다는 얘기지. 진정성을 다해 작성만 하면 되는 것 아니냐 반문할 수도 있겠지만 아무리 좋은 상품도 볼품없는 포장지로 포장되어 있으면 거들떠보는 손님이 없듯이 적어도 현실에서는 글로써 자신을 제대로 포장하지 못하면 그 진정성을 알아봐줄 인사팀 직원은 거의 없다고 봐도 무방해. 자연스러운 현상이지. 그렇다고 상품보다 포장지에 치우치라는 말은 결코 아니야. 상품이 좋다면 포장지에도 그만큼 아니 그 이상 신경을 써야 한다는 말이지. 일단 선택을 받아야 심사가 가능하지 않겠어? 입사 후에는 어떤가? 사무실내 동료 직원과 메신저로 주고받는 메시지부터 상위 부서로 올리는 각종 협조전과 품의서 그리고 기획안까지, 모든 형식이 결국 본질은 글쓰기로부터 출발하는 법이지. 아래 직원을 평가하는 역량 평가에서부터 상급자를 평가하는 다면 평가에 이르기까지 도처에 글쓰기 아닌 것이 없어. 글로써 평가받고 글로써 평가하는 거지. 이런 면에서 보자면 글은 결국 상대방이 읽어보기 때문에 잘 쓰는 편이 상당히 유리하다는 결론이 나오는 거야. 앞으로는 더욱 제한된 시간 안에 명확한 글쓰기로 상대 직원에게 메시지를 전달해야 하고 스스로의 생산성을 높여야 할 거야. 이제 직장인에게 글쓰기는 생존을 위한 필수 능력이 돼버렸지."

공 대리는 어수룩하게 보이는 신 도사 입에서 회사 생활에 대한 생리를 완벽하게 꿰뚫는 표현들이 구구절절 나오니 입을 다물지 못하고 감탄에 젖은 눈으로 멍하니 바라만 보고 있었다. 게다가 일반인이 쓰지 않는 어휘를 자유자재로 구사하는 모습을 보며 공 대리는 신 도사의 내공이 보통이 아님을 짐작할 수 있었다.

"어렵게 취업해서 일정 분야에서 3년의 경력이 넘으면 일머리가 어느 정도 잡히고 그 분야에서 나름 입지를 구축하게 되지. 3년이면 그 분야의 정보와 지식은 이미 차곡차곡 머릿속에 저장된 상태이기 때문에 3년을 넘어서는 시점부터의 승패는 그 지식과 결합된 본연의 기질과 본성이 결정하는 거야. 업무 지식에서는 차이가 나지 않지만 어느 시점부터 성과에서 차이가 나는 것은 직원마다 본연의 기질이 다르기 때문이지. 이렇게 3년을 넘어 5년까지는 기질로 승부를 걸 수 있어. 아니 어쩌면 퇴사할 때까지 기댈 것은 기질밖에 없다 해도 틀린 말은 아니지. 하지만 입사 5년이 넘으면 반드시 책을 써야 해. 기질도 좋고 본성도 좋지만 언제까지 수동적인 자세만 취할 셈인가? 정신과 의사이면서 정신 분석학자인 프로이트에 따르면 기질은 이미 12세 때 결정난다고 해. 18세까지는 경험과 교육으로 약간의 변동이 있을 수 있지만 대부분 12세까지 확립된다는 얘기야. 이렇게 이른 나이에 결정된 기질과 정체성을 가지고 평생 살아간다는 것이 별도의 노력 없이 살겠다는 것과 무엇이 다른가 말이야! 그러니 책을 써야 해. 회사에서 5년 정도의 시간이면 다양한 형식을 빌려 글쓰기의 완성도는 어느 정도 궤도에 올랐을 것이고, 회사에서 자리도 잡혀 퇴근 후에 여유도 분명히 있을 것이야. 이때 책을 써야 해! 시기를 놓치면 안 된다고."

신 도사는 말을 잠시 멈추고는 찻잔을 들어 보이차의 향을 맡으며 지그시 눈을 감았다. 그러고는 다시 말을 이어갔다.

"물론 책을 출간하는 과정은 결코 쉬운 여정이 아니지. 조금 과하게 말하면 산고(産苦)만큼이나 괴롭고 고통스럽지. 책을 출간하는 여정은 마라톤과 같아. 하지만 일단 시작해봐! 입사 5년이면 충분히 도전이 가능한 시기야. 5년이 넘지 않았다면 익지 않은 감을 따는 것과 같아서 색깔만 그럴싸하지 먹으면 떫거든. 책을 써도 내공이 없고 깊이가 얕아 읽히지도 않아. 하지만 입사 5년이 넘었다면 일단 써! 본인이 좋아하는 분야든 관심 있는 분야든 상관없어. 콘텐츠만 명확히 잡히면 바로 시작하는 게 좋아. 대신 업무와 관련된 내용이면 입사 10년 정도는 넘어서 쓰는 게 좋고, 그때는 회사 자체 보안 규정을 위반하지는 않았는지 살펴보는 과정도 필요하지. 성장하려다 오히려 발목이 잡히거든. 현실이야! 책이 출간되면 회사에서는 첫 페이지부터 마지막 페이지까지 저자 모르게 검수를 한다고 보면 돼. 이런 고된 과정을 겪고 책이 출간되면 스스로 성장하게 되지. 주변의 이목도 달라지고 책을 낸 분야의 전문가가 되어 외부로도 성장할 수 있게 되거든. 힘든 고통을 겪은 뒤 얻는 과실은 그 무엇과도 바꿀 수 없지 않은가? 그 기쁨을 어떻게 말로 표현할 수가 있겠어? 뙤약볕 아래 사하라 사막에서 기진맥진할 때쯤 만난 오아시스 정도라고 해두자고. 분명 지식을 넘어 기질을 넘어 그 이상을 맛볼 수 있을 거야."

공 대리의 심란했던 마음이 어느 정도 안정이 됐다. 주변에서 왜 이 노인네를 신 도사라 부르는지, 웬만한 사람은 찾아와도 만날 수 없다는 고수의 내공이 어느 경지인지를 새삼 느낄 수 있었다. 공 대리는 숙연해졌다.

"아, 자네가 어느 정도 마음의 준비가 돼가는 것 같으니 소개해줄 사람이 한 명 있네. 김광일 사장이라고 지금은 학원에서 아이들을 가르치고 있지만 예전에는 출판업계를 주름잡았던 출판사 사장이었어. 그쪽 분야에 있어 고수였지. 지금은 은둔 고수가 됐지만 말이야. 나도 그 사장에게서 많은 도움을 받았으니 분명 자네에게도 도움을 줄 걸세."

신 도사는 옷 깊숙이 손을 집어넣어 명함 한 장을 꺼내 공 대리에게 건넸다.

"자! 어서 받고, 오늘은 한 가지만 더 조언해주지. 이리 따라오게!"
신 도사는 뒤뜰로 공 대리를 이끌었다.

속도가 중요할까, 방향이 중요할까?

"자네가 원하는 시기에 책을 쓰고 원하는 방향대로 흘러가면 그뿐인 거지. 우리 모두는 각자의 속도로, 각자의 방향대로 살아가면 되는 인생이라네."

뒤뜰에는 흰 토끼 한 마리가 토끼장에서 이리저리 뛰어노는 모습이 보였다. 그 앞에는 조그맣고 앙증맞게 돌담을 둘러 만든 작은 연못이 보였고 거북이 두 마리가 물가로 나와 일광욕을 즐기는 듯 엉금엉금 기어가고 있었다.

"멍! 멍!"

갑자기 털이 샛노란 똥개 한 마리가 저쪽에서 펄쩍 뛰어오더니 신 도사 주변을 빙빙 돌며 재롱을 떨었다.

"인사하지. 우리 집 누렁이라네. 얘가 없었다면 난 정말 외로웠을 거야. 항상 이렇게 내 옆에서 나와 함께해주니 정말 고마운 친구지."

신 도사는 무릎을 꿇어 누렁이와 눈높이를 맞추더니 털을 사랑스럽게 쓰다듬었다.

"아참. 이런 말을 하려고 여기로 자네를 데려온 건 아닌데 말이야. 자네는 속도가 중요하다고 생각하나, 방향이 중요하다고 생각하나?"

뜬금없는 신 도사의 질문이었다.

"네?"

"속도와 방향 중에 어느 것이 더 중요하냐고?"

"아, 네. 방향이 중요하다고 생각합니다. 요즘 속도보다는 방향이라는 화두가 대세잖아요."

신 도사는 답을 예상했다는 듯 오른손으로 수염을 매만지며 고개를 흔들었다.

"젊은이들 대부분이 그렇게 생각하지. 나만 빼고 모두가 빨리 가는 것 같고, 난 대학을 졸업하고 취업이 안 돼 놀고 있는데 친구는 벌써 유명한 대기업에 취직해 월급을 타지 않나. 난 겨우 취업해서 대리 직급을 달고 오늘 하루도 힘든 격무에 시달리고 있는데, 내 동기는 벌써 차장을 달고 월급이 내 두 배를 넘어서질 않나. 나는 걷고 있는데 다른 사람들은 달리고 있는 것만 같은 그런 느낌으로 조급해하지. 왠지 사회에서 나만 도태되고 있는 느낌이랄까? 그래서 에라 모르겠다 하고 소파에 누워 핸드폰으로 재미있는 유튜브 강의를 클릭했는데, 마침 저명한 자기 계발 강사가 출현해 속도보다는 방향이라고, 방향만 올바르다면 조금 늦는다고 문제될 건 없다고 위로해주는 게 아닌가! 듣고 보니 참 훌륭한 명언 같기도 하고 지친 내 마음을 달래주는 말 같아서 그 글귀를 수첩에 적어놓고 힘들 때마다 꺼내 보면서 마음의 위로도 찾고 말이야."

"아. 맞습니다."

마음을 꿰뚫는 신 도사의 독심술에 공 대리는 머리를 긁적이며 기어 들어가는 목소리로 대답을 했다.

"여기서 한 가지 고민해봐야 할 게 있어. 방향이 맞다는 건 도대체 무엇을 기준으로 삼았느냐는 거지? 어떤 방향이 맞았는지 틀렸는지를 이 세상에서 도대체 누가 결정할 수 있지? 그리고 방향만 맞으면 정말 속도는 문제가 되지 않는 걸까? 남이 가는 속도와 내가 가는 속도까지도 특정 목적지를 미리 정해놓고 하는 얘기가 아닐까? 하는 고민 말일세. 획일적이고 강압적인 주입식 교육이 갖는 문제점은 없는 것일까? 난 진짜 모르겠네. 어느 방향이 맞는 방향이고 어떤 방향이 틀린 방향인지 말이야."

신 도사는 토끼와 거북이를 손가락으로 가리키며 말을 이어갔다.

"내가 저 거북이고 그리고 내 목적지가 산이라고 치세. 내 딴에는 목적지를 향해 달린다고 엉금엉금 기어가고 있는데, 저 빠른 토끼가 나를 휙 지나가는 게 아닌가. 토끼의 목적지도 산이라면 분명 나보다 빨리 도착하는 토끼를 부러워해야 하는 게 아닐까? 방향이 같으니 속도를 부러워하는 게 당연한 거잖아. 그런데 말이야. 나보다 앞서간 토끼가 먼저 가보더니 거기가 산이 아니란 걸 알아챈 거야. 거긴 바다였던 거지. 그러고는 방향을 틀어 내 쪽으로 뛰어오더니, 나를 다시 휙 하고 지나쳐 반대 방향으로 뛰어가는 거야. 그럼 나는 어떻게 생각해야 하나? 나를 스쳐 반대

방향으로 뛰고 있는 토끼를 보며 나는 올바른 방향으로 가고 있으니 속도는 문제될 게 없다고 해야 할까? 빨리 갔다가 목적지가 아니라는 걸 먼저 알아차리고 다른 길로 빨리 뛸 수 있는 토끼의 속도를 부러워해야 하는 게 맞지 않을까? 그런데 난 애초부터 토끼의 속도를 낼 수 없는데 어떡해야 하지? 이런 상황에서도 무작정 속도보다는 방향이라고 호언장담할 수 있을까?"

공 대리는 신 도사의 통찰력에 다시 한 번 깊은 감동을 받은 듯 입을 다물지 못했다. 그의 입에서 무심코 튀어 나오는 주옥같은 한 마디 한 마디가 화살이 되어 공 대리의 심장에 깊숙이 박혔다.

"그렇다네! 중요한 것은 속도도 방향도 아니라네. 저마다 낼 수 있는 속도가 다르고, 가야 할 방향도 각기 다르기 때문이지. 거북이가 토끼가 될 수 없고 토끼가 거북이가 될 수 없는데 모두가 이를 망각하고 있어. 마치 우리 모두가 토끼고 아니면 우리 모두가 거북이인 것처럼 생각한다는 말이야. '속도보다는 방향'이라는 말은 잠시 내려두고, 난 나만의 속도로 나만의 길을 걸어가고 싶을 뿐이네. 공 대리 자네도 자네만의 속도로 자네가 가고 싶은 길을 가면 그뿐 아니겠는가! 회사를 다니고 얼마 되지 않아 책을 냈던 내 속도를 부러워하지도 말고 내가 흘러갔던 방향대로 가지 않아도 좋네. 자네가 원하는 시기에 책을 쓰고 원하는 방향대로 흘러가면 그뿐인 거지. 우리 모두는 각자의 속도로, 각자의 방향대로 살아가면 되는 인생이라네."

작가와 저자의 차이

> “작가는 모두 저자라고 보면 되지만, 반대로 저자라고 해서 모두 작가는 아니지.”

공 대리는 신 도사를 만난 지 얼마 되지는 않았지만 그와 함께 있으면 그만의 통찰력과 책 쓰기에 대한 남다른 열정이 자신에게도 전이되는 것만 같아 들뜨기 시작했다. 책을 쓸 수 있겠다는 자신감에 점점 어깨에 힘이 들어갔고, 『책 쓰기 비법서』를 열어 볼 수 있는 시점도 멀지 않았음을 직감할 수 있었다.

어느덧 이번 주도 훌쩍 지나가고 직장인이라면 누구나 기다리는 금요일 아침이었다. 공 대리는 들뜬 마음에 휘파람을 불며 출근을 했다.

“잠깐만요. 같이 갑시다!”

1층 회사 로비에서 닫히려는 엘리베이터 버튼을 급히 누르며 공 대리가 뛰어 들어갔다.

"이게 누구야? 우리 공 작가님 아니신가?"

헐떡거리는 숨을 달래며 뒤를 돌아보니 입사 동기인 남성우 대리였다. 성격처럼 옷매무새도 빈틈이 없었다. 깔끔하고 세련된 이미지. 회사 입사 때부터 그랬다. 렉싱턴호텔 사장인 아버지를 닮아서인지 명석한 데다 성격도 깐깐해서 동기들 사이에서도 호불호가 극명하게 갈렸다.

"어. 성우야. 오랜만이네. 같은 건물에 있으면서도 얼굴 한번 제대로 못 본다야."

"팀이 다르니까 당연하지 뭐. 더구나 우리 공 작가님이 책을 쓴다고 바쁘니 얼굴 볼 틈이 있어야 말이지."

깐죽거리며 놀리는 어투였다.

"쉿! 모른 척해줘. 괜히 회사에 소문만 많아지면 좀 그렇잖아."

"괜찮아. 여기 우리 둘뿐인데 뭘. 나도 같은 동네에 사는 김 여사님한테 들었어. 같이 카풀하잖아. 너 요즘 신 도사를 찾아서 헤매더니 결국 만났다며?"

"응. 가까스로 만났는데 정말 대단한 사람이더라고."

"아이구야! 우리 공 작가님이 푹 빠지셨구먼, 빠지셨어. 나도 한때 책 쓰기에 관심이 있어서 신 도사라는 사람을 몇 번 찾아갔는데. 결국 못 만났지. 나하고는 인연이 아니었나봐."

"너도 찾아갔었다고? 네가 책 쓰기에 관심이 있었어?"

"야, 인마! 내가 할 일이 많다보니 신 도사란 사람에게만 매달릴 수 없어서 그렇지, 나도 다방면에 능력이 많잖아. 사실 책 출간과 관련해서 공부를 많이 했었어. 못 믿겠다면 내가 문제하나

내볼까? 너 저자와 작가의 차이점이 뭔지 알아?"

"어? 그게 서로 다른 거였어?"

"이런 무식한 우리 석철이. 책을 쓴다는 애가 기본이 안 돼 있구나. 헤헤. 내가 한 수 가르쳐줄게. 일반인들이 헷갈려하는 단어가 있어. 바로 '틀리다'와 '다르다'야. 예를 들면 '내 아이들은 쌍둥이 여자아이들인데 얼굴은 비슷해서 헷갈리지만 성격은 서로 틀려서 누가 누군지 구분할 수 있어'라고 많은 사람이 얘기하는데 잘못된 표현이야. 대신에 '내 아이들은 쌍둥이 여자아이들인데 얼굴은 비슷해서 헷갈리지만 성격은 서로 달라서 누가 누군지 구분할 수 있어'라고 해야 맞는 표현이지. '틀리다'는 '셈이나 사실 따위가 그르게 되거나 어긋나다'라는 뜻이고, '다르다'는 '비교가 되는 두 대상이 서로 같지 아니하다'라는 뜻이거든. 서로 의견이 분분할 때도 '나는 너와 의견이 달라'라고 해야지 '나는 너와 의견이 틀려'라고 말하면 안 되는 거야. 이처럼 쉽게 혼동하는 말 가운데 일반 사람들이 출판과 관련해서 헷갈려하는 용어가 있어. 바로 '작가'와 '저자'의 차이점이지. 관심 있는 사람 아니고서야 이 둘의 차이점을 명확히 구분하지 못하거든. '저자'란 말 그대로 '글을 써서 책을 지어낸 사람'을 뜻하는 말이야. 현재 전업 작가로서 활동하지 않는 일반인들이 책을 썼을 때 '저자'라는 말을 사용하지. 즉, 책이란 영역에만 국한되는 지칭어이고 더 쉽게 말하자면 책을 낸 사람을 가리킨다고 보면 돼. 반면에 '작가'란 '문학 작품, 사진, 그림 조각 따위의 예술품을 창작하는 사람'을 뜻하고 영역이 책에만 국한되지 않고 전방위적인 스펙

트럼을 가지고 있지. 출판업계에서 보자면 책을 써서 업으로 삼고 있는 직업인을 지칭한다고 보면 돼. 결국 작가는 모두 저자라고 보면 되지만, 반대로 저자라고 해서 모두 작가는 아니지. 이제 '저자'와 '작가'의 차이점을 알겠어?"

공 대리는 평소에 성우가 똑똑한 건 알았지만 이렇게 출판업에 대해서 자세히 알고 있다는 점에 다시 한 번 놀라지 않을 수 없었다.

"나도 너를 공 작가님, 공 작가님 이렇게 부르지만, 정말 네가 책을 낸다면 공 저자님이라고 불러야 하는 게 맞는 거지. 헤헤. 잘 가고."

엘리베이터가 6층에 멈춰 섰고 남성우 대리는 또 보자는 듯 오른손을 들어 간단히 손짓을 하고는 유유히 사라졌다.

'아, 난 좀 더 공부해야겠구나. 비법서를 보기에는 아직 일러.'

공 대리는 고개를 숙이며 자책하듯 넥타이를 매만졌다. 방금 전까지만 해도 지금 당장이라도 비법서를 열어볼 수 있겠다는 기세등등한 자신감은 저 멀리 안드로메다로 사라진 지 오래였다.

'좀 더 내공을 쌓아야 하는 건가?'

메시지가 메신저를 결정하는 시대가 왔다

> “세상이 점점 변하고 있고, 우연찮게 또 다른 가능성의 문이 열리고 있어요. 바로 메시지가 메신저를 결정하는 시대로의 전환이죠. 독자들과 공유할 수 있는 취미나 특기가 있으면 돼요. 지금 당장 시작해봐요. 석철 씨만의 차별화된 메시지가 석철 씨를 강한 메신저로 만들어줄 겁니다.”

고개를 들어 2층에 걸려 있는 학원 간판을 올려다봤다.

‘김광일 국어 논술 학원’

건물 1층 출입구에는 고등학생으로 보이는 학원생 두 명이 재잘거리며 계단을 내려오더니 밖으로 뛰어나가는 모습이 보였다. 손을 잡고 달려가는 여학생들의 모습이 무척이나 순수해 보였다. 공 대리는 엊그제 신 도사에게서 건네받은 명함 한 장을 가지고 출판계 고수였다는 김광일 사장을 만나러 월하라는 동네로 찾아온 것이다. 퇴근하자마자 회사 앞 정거장에서 시외버스를 잡아타고 이곳에 도착하니 약 40분 정도가 걸리는 곳이었다. 공 대리는 김 선생이라는 사람에게 미리 전화를 하고 올까도 생각해봤지만 자초지정을 전화로 설명한다는 게 엄두가 나지 않아 무작정 명함에 적힌 주소로 찾아온 것이다. 일단 부딪혀보자는 계산이었다.

'출판계의 고수가 학생들에게 국어를 가르치고 있다니, 분명히 무슨 사연이 있을 것 같은데.'

공 대리는 혼잣말을 하고는 1층 출입구로 들어가 계단을 밟고 위로 올라갔다. 나선형 모양의 계단 양쪽 벽에 붙어 있는, 시인 윤동주를 비롯해 서정주의 시까지 짧고 간결한 여러 편의 시가 공 대리를 자연스럽게 2층으로 이끌었다. 학원생들의 솜씨임이 분명했다. 여느 입시 학원이라면 학생들의 중간고사나 기말고사 점수가 걸려 있을 텐데 그런 학원과는 분위기가 사뭇 달랐다. 2층에 도착해 출입문을 열고 들어가니 왼쪽으로 원장실이 보였고 기다랗게 뻗은 복도를 중심으로 양쪽으로 강의실이 나뉘어 있었다. 다행히 밤 9시가 넘은 시간이라 학생들은 보이지 않았고 원장실 바로 옆 강의실 유리창 너머로 칠판을 닦고 있는 중년의 한 남자가 보였다. 공 대리는 노크를 하고 강의실 문을 살며시 열었다.

"저기, 김광일 선생님 계실까요?"

남자가 칠판을 닦다 말고 뒤돌아봤다.

"예. 접니다만. 어떻게 오셨죠?"

"아, 잘 찾아왔네요. 신근태 도사님 소개로 왔습니다. 말씀 드리자면 얘기가 좀 길지만 제가 책을 쓰는 데 관심이 많다고 말씀드리니 도사님께서 김광일 선생님이 그 분야에 도움을 주실 거라며 이렇게 연락처를 주셨거든요."

공 대리는 정중하게 인사를 하며 명함을 내밀었다.

"제가 아는 그 신 도사님이요? 그분도 참. 허허허. 바쁘다는 핑계로 그분을 뵈지 못한 지도 벌써 3년 정도가 됐네요. 예전에는 하루가 멀다 하고 둘이서 좋은 책 한 권 내보겠다며 회의하고 씨름하느라 정신이 없었는데 말이죠. 이제 다 옛날이야기가 돼버렸어요. 어쨌거나 도사님 소개로 왔다면 여기 좀 앉아요. 커피 한잔 타가지고 금방 올 테니까요."

김 선생은 문을 열고 밖으로 나가더니 몇 분 뒤에 종이컵 두 잔을 양손에 들고 들어왔다.

"예전에는 선생님이 출판계 고수셨다고 하시던데요?"

공 대리가 어색한 분위기를 깨려는 듯 일어나서 종이컵을 받아 들고는 입을 열었다.

"출판계 고수라? 허허. 고수라고 하기에는 좀 뭐하고, 그때는 온종일 책에만 매달린다고 하루 4시간 정도밖에 자지 못하면서도 피곤한 줄 몰랐죠. 베스트셀러 한 권을 내보겠다고 작가들을 만나고 기획하고 미팅하고 편집 및 인쇄, 유통까지. 정말 그때는 제 눈에 뭐가 씌웠는지 온 열정을 불태웠어요. 지금에야 그 지옥 같은 속세에서 벗어나 이렇게 순수한 학생들과 함께 있으니 천국이 따로 없는데 말이죠. 그나저나 통성명이나 합시다! 전 김광일입니다."

김 선생이 불쑥 손을 내밀며 악수를 청했다.

"아, 네. 전 공석철이라고 합니다. 그냥 공 대리라고 부르셔도 됩니다."

공 대리는 김 선생의 손을 잡고 다시 한 번 허리를 굽혔다. 김 선생은 지긋이 눈인사를 하고는 아련한 과거가 떠오르는지 입가에 잔잔한 미소를 머금었다. 구릿빛 피부에 각진 얼굴을 한 김 선생은 무뚝뚝해 보이는 첫 인상과는 달리 상당히 친절했고 보통 사람에게서는 찾아보기 힘든 맑은 눈을 가지고 있어 공 대리의 경계심을 내려놓게 했다.

"자, 본론으로 들어갑시다."

김 선생은 커피를 한 모금 마시더니 종이컵을 책상에 내려놓고는 공 대리를 진지하게 바라봤다.

"책을 쓰고 싶다고 해서 신 도사님이 아무나 만나주지도 않는 분이거니와 이렇게 저를 소개시켜준 적도 없었는데 우리 공석철 씨는 참 특별한 분인가 보네요. 신 도사님이 직접 제 주소를 알려주신 걸 보면요. 사실 저도 신 도사님께 신세를 많이 졌답니다. 그분이 아니었다면 저는 벌써 한강에서 뛰어내렸고 이 세상 사람이 아니었겠죠."

김 선생은 말 못 할 사연이라도 있는 듯 잠시 침묵하는가 싶더니 다시 입을 뗐다.

"그분이 소개시켜주셨다니 다른 긴말은 필요 없고, 제가 아는 노하우를 다 알려줄 테니 나중에 삼겹살에 소주 한잔만 사 주구려. 그때는 책 얘기 말고 서로 살아온 인생 얘기나 한번 해봅시다. 어쨌든 책을 쓰겠다는 결정은 참 잘한 거예요. 지금은 시대가 많이 바뀌었거든요."

"시대가 바뀌었다니요?"

공 대리는 신 도사의 소개로 왔다는 말 한마디가 김 선생의 마음을 이렇게도 쉽게 움직일 수 있다는 사실에 놀랐다. 둘 사이의 관계가 예사롭지 않다는 것을 느끼면서 모든 노하우를 알려주겠다는 김 선생의 말에 공 대리는 귀를 기울였다.

"과거엔 이랬죠. 거리를 걷고 있는 평범한 직장인에게 리포터가 마이크를 가져다 대고는 요즘 경제에 대해 물어보죠. '최근 경기가 어떻다고 생각하시죠?' 그 직장인은 소신 있게 답을 합니다. '위기라고 생각합니다.' 그날 저녁 뉴스에 그 방송은 어떻게 됐을까요? 예. 맞아요. 바로 편집됐습니다. 이번엔 같은 거리에서 흰 와이셔츠에 검은 정장을 차려입고 지팡이를 짚고 조심히 걸어가고 있는 삼성 이건희 회장에게 리포터가 동일한 질문을 합니다. 그러자 이건희 회장은 카메라를 응시하며 잠시 멈칫하다가 이렇게 말을 하죠. '위기입니다.' 이 기사는 저녁 9시 뉴스 경제면 하이라이트를 장식하며 시청률을 끌어 올리더니, 그 다음 날에는 조간지 앞면에 그의 신중함이 묻어나는 얼굴 사진과 함께 국가 경제의 위기를 알리는 각종 경고의 메시지가 실리게 되죠. 거기다 국내외 경제 분야의 각 전문가들이 패널로 출현해 악화되고 있는 각종 경제 지표를 거론하며 지원 사격을 해댑니다. 리포터가 물어본 질문도 같고 그에 대한 답변도 같았는데 왜 이런 차이가 났을까요? 바로 메시지의 퀄리티(Quality)를 메신저가 결정하는 사회였기 때문에 그랬습니다. 같은 말이라도 누가 했느냐에 따라 울리는 파장이 상당히 달랐단 얘기죠. 지금도 물론 그렇긴 하지만 과거엔 불변의 진리였다 이 말입니다. 출판시장도 마찬가지였어요. 내용물인 콘텐츠가 아무리 좋아도 메신저가 누구냐에 따라 책의 출간 여부가 결정됐어요. 책을 내고 싶다면 내용도 물론 중요하지만 출판사에서 관심을 가질 만한 메신저가 되는 게 무엇보다도 중요했죠. 물론 책의 내용으로만 승부해서 소위 말하는 대박을 치는 수도 있었지만 평범한 일반인이 그렇게 되려면 행운의 여신이 그 사람의 손을 잡고 하늘의 별을 딴 다음 그 별로 공깃돌 놀이를 하자고 졸라야 하는 상황쯤은 됐어야 했어요. 하하하."

김 선생은 크게 한 번 웃더니 다시금 커피를 한 모금 했다.

"물론 지금의 현실도 크게 다르지는 않아요. 2018년 기준 300만 부를 돌파한 『멈추면 비로소 보이는 것들』을 펴낸 혜민 스님은 캘리포니아대학교에서 종교학 학사를, 하버드 대학교 대학원에서 종교학 석사를, 프린스턴대학원에서 종교학 박사를 받으신 분이죠. 거기다 이분은 일반인들이 쉽게 결정할 수 없는 중대한 결심을 했어요. 바로 출가하겠다는 결심 말이죠. 그래서 2000년에는 해인사에서 사미계를 받으며 조계종 승려가 됐어요. 이처럼 일반인들의 평범한 생각을 뛰어넘는 깊은 내공이 있기에 그분의 메시지는 더욱더 강한 빛을 발하는 겁니다. 소설로 넘어가면 최근 2018년 11월 기준 100만 부 이상 판매된 『82년생 김지영』을 쓴 소설가 조남주 씨를 들 수 있죠. 이분은 이화여대를 졸업하고 'PD수첩 불만제로' '생방송 오늘 아침' 등 시사교양 프로그램에서 작가로만 10년간 일했어요. 2011년 장편소설 『귀를 기울이면』으로 제17회 문학동네 소설상을 수상하고, 2016년에는 『고마네치를 위하여』로 제2회 황산벌 청년 문학상을 수상했죠. 이 정도의 메신저는 돼야 소설이라는 메시지가 읽힙니다. 마지막으로 한 분을 더 살펴볼까요. 『국가란 무엇인가』 『어떻게 살 것인가』로 유명한 유시민 작가 있죠? 이분은 서울대학교에서 경제학을 전공했고, 같은 대학에서 총학생회 대의원회 의장을 지냈으며 이름도 부르기 어려운 마인요츠하네스 구텐베르크대학교 대학원에서 경제학 석사 과정을 마쳤어요. 거기다 16, 17대 국회의원을 지냈고 제44대 보건복지부 장관을 역임했죠. 이분이 쓴 책은 실제로 많은 독자에게 실용적이고 합리적인 혜안을 가져다줬습니다. 이런 분들이 소위 말하는 베스트셀러 작가예요. 일반인이 범접하기 어렵죠. 이분들이 분명 책을 잘 쓴 것도 사실이지만 메신저가 메시지를 결정하는 효과도 톡톡히 봤을 겁니다."

공 대리는 막힘없이 쏟아지는 김 선생의 언변은 둘째 치고서라도, 정확한 연도와 그 사람들의 세부적인 정보까지도 자세히 기억하고 있다는 사실에 놀라지 않을 수 없었다. 마치 또 한 명의 고수를 만난 듯 넋을 잃고 말았다.

"하지만 세상이 점점 변하고 있고, 우연찮게 또 다른 가능성의 문이 열리고 있어요. 바로 메시지가 메신저를 결정하는 시대로의 전환이죠. 전 이 부분을 강조하고 싶어요. 유명인이나 권위 있는 메신저가 아니더라도 이제 좋은 메시지로 독자들을 리드하거나 감동시킬 수 있는 시대가 왔다는 겁니다. '페이스북' '인스타그램' '트위터' 그리고 '유튜브' 등 다양한 채널을 통해 유익한 메시지를 전달할 수 있는 시대 말입니다. 비록 일반인이라도 독자들의 마음을 파고드는 다채롭고 멋진 글이나 문장들을 전달할 수 있는 능력만 가지고 있다면 기대 이상의 수많은 독자들의 인기를 독차지하면서 두터운 팬덤층을 만들어낼 수 있죠. 또한, 평범한 일반인지만 그만의 독특한 콘텐츠가 있거나 사람들의 마음을 움직일 수 있는 호소력 짙은 메시지가 있다면 그것을 잘 활용해서 베스트셀러 작가 반열에 오르는 사람들도 생겨나고 있어요. 투명 인간에 가까웠던 메신저들이 자기만의 독특하고 기발한 메시지 덕분에 강한 메신저로 거듭난 거죠. 번데기가 허물을 벗고 아름답고 찬란한 나비가 되어 높은 하늘을 이리저리 자유롭게 날아다니는 겁니다. 예를 들어볼까요? 『역설의 역설』 『인생에 한번은 고수를 만나라』의 저자로 유명한 한근태 베스트셀러 작가는 과거 40세 이전에 대우자동차에서 임원까지 지내다 퇴직을 한 직장인이었는데 회사 생활 이후의 공백기를 잘 활용해서 성공적인 강사로 거듭났습니다. 40대를 넘어서 퇴사한 대부분의 직장인이 프랜차이즈 치킨집이나 커피숍을 운영하는 것과 비교하면 아주 이색적이고 과감한 도전이 아닐 수 없었어요. 이분은 직장에서의 오랜 경험에 그만의 노하우를 잘 접목시켜서 여러 권의 책을 출간했고 그 책 속의 메시지들이 결국 그를 강한 메신저로 거듭나게 했죠. 그분뿐만이 아니라 『생각정리스킬』 『생각정리스피치』 그리고 『생각정리기획력』이라는 베스트셀러 작가로 유명한 복주환 저자는 '생각정리'라는 그만의 독특한 아이템으로 승부수를 띄워 성공한 경우죠. 평소 생각을 잘 정리하지 못하고 스피치를 잘하지 못했던 본인의 문제점을 해결하기 위해 10년이라는 긴 시간 동안 연구하는 과정에서 '생각정리' 솔루션을 개발했던 거예요. 지금은 '생각정리' '말하기' '글쓰기' '기획력'을 주제로 삼성, 현대, 포스코, 연세대, 고려대 등에서 초정받아 연 200회 이상의 강의와 컨설팅을 하고 있죠. 이 저자는 예술 고등학교에서 연극영화를 공부했고, 대학에서는 뮤지컬을 전공했기 때문에 글쓰기나 책 쓰기와는 전혀 무관한 교육 커리어(Career)를 가지고 있었음에도 본인만의 콘텐츠를 발견하고 확장시켜 베스트셀러 작가가 된 경우예요. 마지막으로 『바보아저씨의 경제 이야기』로 베스트셀러 작가가 된 장창훈 저자는 대기업과 은행에서 근무한 경력을 바탕으로 사회 초년생과 일반인들에게 경제에 대해서, 그리고 돈을 모으는 방법에 대해서 쉬운 단어와 문장으로 솔직 담백하게 글을 써서 기대치 않은 대박을 터트린 경우죠. 브런치 기고 30일 만에 구독자 1,100명, 40일 만에 브런치 누적 조회 수 100만을 돌파한 저력에서부터 시작했고, 은행 창구에 가도 쉽게 알려주지 않는 생활 경제와 최신 경제 정책을 읽기 쉽게 풀어 쓴 실속 있는 내용이 그만의 콘텐츠이자 강점이었답니다. 대기업과 은행을 모두 경험한 직장인 특유의 시선으로 사회 초년생부터 은퇴 시점의 직장인까지 그리고 은퇴 후 자영업의 시기까지, 인생 주기라는 시간의 흐름에 맞춰서 써 내려간 글의 구성이 다른 저자들과 다른 차별화된 콘텐츠가 되었지요. 결국 돈을 절약하고 모으기를 원하는 일반 대중의 욕구를 저자의 유익한 메시지가 만족시켰고 저자를 강한 메신저로 성장시킨 것이죠."

김 선생은 말을 멈추더니 종이컵에 남은 마지막 커피 한 모금을 입에 털어 넣고는 공 대리를 빤히 쳐다봤다.

"석철 씨도 가능해요. 앞서 예를 든 일반인들이 어떻게 베스트셀러 작가가 됐는지 그 경로와 과정을 살펴보고 이해한다면 석철 씨도 충분히 가능하다는 얘기예요. 회사원이라면 잘 살펴보세요. 본인만의 강점 중에 어떤 내용이 콘텐츠로 가능한지, 어떻게 이것을 확장하면 책 쓰기로 연결시킬 수 있을지를 말이에요. 영업에 있어서 상당한 성과를 내는 비결을 가지고 있어 항상 매출 1위를 기록하고 있거나, 연봉 상위 몇 % 안에 들어 돈을 많이 벌고 싶은 직장인들의 관심을 이끌어낼 수 있는 정보를 가지고 있거나, 회사 임원을 지내봐서 직장인들에게 차별화된 성공의 노하우를 알려줄 수 있는 경우이거나, 아니면 특정 분야의 전문가로 특수한 기술을 가지고 있다면 충분히 책 쓰기에 도전해볼 만하죠. 그렇지 않더라도 독자들과 공유할 수 있는 취미나 특기가 있으면 돼요. 지금 당장 시작해봐요. 석철 씨만의 차별화된 메시지가 석철 씨를 강한 메신저로 만들어줄 겁니다."

이 세상 이대로 떠날 것인가!

> 이 지구라는 행성에 놓고 갈 수 있는 그대가 만든 책 한 권, 순수한 영혼으로 빚어낸 소멸하지 않는 당신만의 유일한 창작물, 생각만 해도 뿌듯하지 않나요?

"어이쿠, 얘기하다보니 벌써 10시가 넘었네요."

김 선생은 강의실 뒤쪽 중앙에 걸린 동그란 벽시계를 힐긋 보더니 의자에서 일어나며 공 대리에게 말을 건넸다.

"혹시 저녁 먹었어요? 안 먹었으면 같이 저녁이나 먹으러 갑시다. 학원 생활이라는 게 이래요. 제때 식사를 못해요. 특히 저녁은 더 그렇죠. 학생들 가르치고 정리하고 나면 이 시간이 된단 말이에요. 하기야 이것도 적응하면 할 만하답니다. 요 앞 김치찌갯집이 끝내주는데 가서 식사라도 좀 할래요?"

"아, 그러실까요."

공 대리도 퇴근 후에 곧장 김 선생의 학원을 찾아온 터라 배가 출출하던 참이었다.

"석철 씨, 아래 1층에서 기다리고 있을래요? 교무실에서 간단히 정리 좀 하고 내려갈게요."

김 선생은 의자를 책상 밑에 반듯하게 넣고서는 일어서서 문 쪽으로 걸어갔다. 뒤에서 보니 김 선생의 검은색 바지 이곳저곳이 하얀 분필 가루로 지저분했다. 요즘 같은 시대에 분필로 판서를 하는 선생님이 있나 하는 생각이 들면서도 한편으로는 저런 아날로그적 감성이 김 선생이 가지고 있는 남다른 매력이 아닐까 하는 생각에 공 대리는 입가에 미소를 머금었다.

"이모! 여기 늘 먹던 김치찌개에 계란말이는 좀 두둑하게 말아서 줘요. 그리고 소주 한 병하고."

김 선생의 어투로 봐서는 퇴근 후에 항상 빼놓지 않고 들르는 단골집이 분명했다.

"이 양반은 술 좀 적당히 드시라니까. 늘 식사할 때마다 한 병씩이면 한 달이면 30병이에요. 30병. 여기 있어요!"

이모라고 불리는 뽀글뽀글한 파마머리에 빨간색 앞치마를 두른 아주머니가 소주 한 병과 밑반찬을 내려놓으며 김 선생에게 핀잔을 줬다. 한두 번 시비를 걸어본 말투가 아니었다. 김 선생은 들은 체도 하지 않고 서둘러 소주병 마개를 따고는 술잔을 가득 채우더니 한 잔 쭉 들이켰다.

"카! 이 맛이야. 이 맛. 석철 씨! 아니 공 대리라고 했죠. 그냥 편하게 공 대리라고 부를게요. 아이들 가르치다보면 흰색, 노란색 분필 가루를 얼마나 마셔대는지 이놈의 소주로 칼칼한 목을 시원하게 헹궈주지 않으면 안 돼요. 오늘은 초면이고 밤도 늦었으니 공 대리에게 술을 권하지는 않겠지만 나중에는 꼭 같이 한 잔합시다.”

김 선생은 말이 끝나기가 무섭게 또 한 잔을 입에 털어 넣고는 쓰디쓴 소주 맛을 음미하려는 듯 눈을 찡긋 감았다. 퇴근 후에 마시는 소주 한 병이 김 선생의 유일한 낙처럼 보였다. 잠시 뒤 아주머니가 김치찌개를 내오더니 테이블 중앙에 내려놓으며 이번에는 핀잔이 아닌 김 선생을 두둔하는 말투로 입을 열었다.

“그래도 우리 김 선생님은 늘 딱 한 병만 마시고 가니 술주정이 없어서 좋아. 이놈의 식당을 하다보면 술주정하는 놈들 때문에 장사를 접고 싶은 게 한두 번이 아니라니까. 미칠 노릇이 따로 없지. 추근거리는 새끼들은 또 얼마나 많은지. 혼자 사는 여자라고 우습게들 보는 건지.”

“아이고. 우리 이모가 예뻐서 그러는 걸 어찌하우. 나야 돌부처가 다 돼서 그렇지만, 사내들이야 그저 이모 미모에 반해서 그러는 거지. 여하튼 거기서 잘 골라서 팔자 한번 제대로 고쳐봐요. 허구한 날 이렇게 지지리 궁상으로 남의 밥상만 차리지 말고. 허허허.”

뒤돌아 가는 아주머니에게 장난기 어린 말을 던지며 김 선생은 또 한 잔을 털어냈다. 소주 반병이 순식간에 비워졌다.

“석철 씨, 아니 우리 공 대리님. 호랑이는 죽으면 가죽을 남기고 사람은 죽어서 이름을 남긴다고 했죠? 하기야 요즘 세상에는 호랑이도 찾아보기 어렵고 그놈이 남긴 가죽은 더 찾아보기 힘드니 다 옛말이 돼버렸지만 말이죠. 사람 이름도 마찬가지 아닌가요? TV나 신문에 나오는 유명 인사나 연예인을 제외하고는 일반인이 세상에 이름을 남긴다는 게 도대체 가능하기는 하냐 말이죠? 더구나 공 대리님과 같은 평범한 직장인에게는 어림도 없는 소리죠."

공 대리는 갑작스런 화제 전환에 씹고 있던 밥을 서둘러 목구멍으로 삼키고는 물끄러미 김 선생을 바라봤다. 김 선생은 술 한 잔을 입에 가져다 대더니 잠시 멈추고는 공 대리를 노려보듯 쳐다봤다.

"이 세상 이대로 떠날 건가요?"

"예? 무슨 말씀이신지?"

김 선생은 대답 대신 소주를 벌컥 들이키고는 얼마 남지 않은 소주병을 들어 빈 술잔에 술을 따랐다.

"이왕 나를 찾아왔으니 내 진지하게 알려주리다. 자! 다른 차원에서 우리 한번 살펴봅시다. 보건복지부에서 발표한 'OECD 보건 통계 2019'의 주요 지표별 현황을 보면 우리나라 국민의 평균 기대 수명은 83세예요. 그 나이까지 대한민국 아니 이 지구라는 행성에 와서 공 대리는 무엇을 남기고 갈 수 있죠? 83세까지 산다면 그 기간 동안 공 대리가 순수하게 창작하거나 만들어낼 수 있는 물건은 뭘까요? 현실적으로 남이 만든 물건을 쓰고 남의 생각을 배워 전달하고 그렇게 살다가 결국은 생을 마감하지 않나요? 우리 대부분이 그렇게 살아가고 있어요. 그 무엇 하나 온전히 내 스스로 처음부터 끝까지 만들어본 게 없어요. 물건도 생각도 말이죠. 창작물이 없다는 얘기죠. 돌이켜보면 그래요. 혹자는 이렇게 애기할 수 있어요. 결혼을 해서 자식을 낳았다면 그 자식이야말로 이 지구상에서 만든 순수 창작물이 아니냐고요? 물론 틀린 말은 아니죠. 기존의 세상에 없던, 정말 무에서 유를 창조해낸 결과물인 데다가 더욱이 생명체이다보니 그보다 더 값진 창작물은 없는 거죠. 하지만 결국 생명체란 끝이 있고 소멸됩니다. 이 세상에서 사라진다는 말이에요. 모든 사람한테 적용되는 자연의 순리죠. 그 창작물도 결국은 사라진단 말이에요."

김 선생의 한 마디 한 마디에 짙은 사유(思惟)가 묻어났다. 학원 선생으로서의 고뇌가 아닌 한때 출판 시장에서 발버둥쳤던 출판사 사장으로서의 인생에 대한 고뇌임이 분명했다. 김 선생의 눈빛이 더욱 강렬해졌다.

"하나님의 아들로 이 세상에 나신 예수님은 무엇을 남기셨나요? 맞아요. 성경이에요. 부처님 또한 그 제자들을 통해 불경을 남기셨죠. 무소유를 말씀하셨던 법정 스님도 여러 권의 책을 남기셨어요. 그밖에는 남길 필요도 없거니와 남길 이유도 없었을 것 같아요. 왜일까요? 책은 책으로서 끝나지 않기 때문이에요. 바로 사고의 전달이에요. 가치의 전달이죠. 책은 내 생각과 신념과 지식을 담은 온전한 창작물로서 후대에 전할 수 있어요. 소멸하지 않죠. 나는 죽어도 나의 모든 생각과 신념과 지식은 책이라는 매개체를 통해 이 세상에 온전히 그리고 영원히 남아 있을 수 있어요. 거기다 운 좋게도 요즘은 세상이 바뀌었어요. 예수님이나 부처님처럼 위대한 스승이 아니더라도 평범한 우리 같은 사람들도 우리의 생각이 담긴 책을 낼 수 있단 말이에요. 책을 통해 우리의 메시지를 영원히 우리 후손들에게 전달할 수 있죠. 그거 하나면 충분하지 않나요? 이 지구라는 행성에 놓고 갈 수 있는 그대가 만든 책 한 권, 순수한 영혼으로 빚어낸 소멸하지 않는 당신만의 유일한 창작물, 생각만 해도 뿌듯하지 않나요?"

일로 인한 스트레스는 더 큰 스트레스로 덮어라

> "우리 뇌는 수없이 많은 다른 차원으로 들어갈 수 있는 능력을 가지고 있어. 자면서 꾸게 되는 꿈도 어찌 보면 그런 많은 차원 중 한 곳에 지나지 않아. 책을 쓰면 들어갈 수 있는 그 차원에서는 지금의 내가 아닌 다른 모습의 나를 만날 수 있을 거야. 현실 세계의 내가 아닌 또 다른 나 말일세."

"자, 이제 그만 일어날까요?"

소주 딱 한 병이었다. 김 선생은 김치찌개로 허기를 채우고 소주로 시름을 채우는 것만 같았다. 소주를 마시다 말고 입에 가져다 대고는 잠시 우수(憂愁)에 잠긴 김 선생의 얼굴을 보고 있으면 출판 시장에 몸담고 있었을 때 무슨 말 못 할 사연이라도 있는 듯 보였다. 하지만 공 대리는 선뜻 물어보지 못했다. 술이라도 마셔서 얼큰하게 취했다면 용기를 내어 물어보기라도 했을 텐데 이렇게 직장 생활에 치여 자기 앞가림도 못 하는 상황이니 그 이상은 신경 쓸 겨를이 없었다. 한편으로는 책 쓰기와 관련해서 김 선생의 도움을 받고자 이렇게 불쑥 찾아온 것도 미안한데 그것과 상관없는 일을 물어본다는 건 왠지 주제 넘는 일이라는 생각도 들었다.

김 선생은 빡빡해서 잘 열리지도 않는 식당 미닫이문을 힘들게 열고는 밖으로 나와 공 대리에게 어깨동무를 했다.

"어때? 이제 좀 편한 사이가 되고 싶은데, 말을 좀 놓아도 될까?"

"예. 당연하죠. 사실 저도 좀 불편했거든요. 나이 차이도 좀 나는 것 같은데요."

"나이 차이? 뭐 얼마나 난다고 그래? 난 항상 사춘기인데. 하하하."

공 대리는 멋쩍은 웃음을 지으며 뒷목을 쓸어내렸고, 김 선생도 호탕한 웃음으로 대꾸를 했다. 공 대리는 어디로 가야 할지 몰라 어깨동무한 김 선생의 팔에 몸을 맡겼다.

"아참, 공 대리, 여기가 초행길일 텐데 내가 버스 정거장까지 데려다줄게. 자네 집이 어디지?"

"예. 평여동이에요."

"아! 평여 신도시 말이지? 여기서 버스로 한 시간이면 넉넉하지. 이쪽으로 오라고!"

김 선생은 공 대리를 리드하며 플라타너스가 즐비한 대로변을 경쾌하게 걸었다. 만난 지 얼마 되지 않았지만 마치 나이 차이가 좀 나는 친형제처럼 서로에게 건네는 말과 행동이 너무나 자연스러웠다.

"공 대리, 힘들지?"

"네? 아니요. 힘들기는요."

"힘들잖아. 속이지 말고."

"아, 네."

대답을 하는 공 대리의 목소리가 기어 들어갔다.

"내가 비법 하나 알려줄까?"

"비법이요?"

"응. 스트레스를 확실히 날려버리는 비법 말이야. 직장인이라면 누구나 회사에서 받는 스트레스가 어마어마하잖아. 그래서 모두들 회사를 때려치우고 어디론가 훌쩍 떠나고 싶은 욕망이 있지. 회사에 출근하려고 아침에 눈을 떴을 때를 생각해보라고. 출근은 해야겠는데 몸은 천근만근이고 일을 시작도 안 했는데 벌써부터 지치고 말이야. 회사원이라면 매일 아침마다 무한 반복되는 풀리지 않는 굴레와도 같지. 마치 채워지지 않는 갈증처럼 말이야. 그런 피로감은 사실 인간관계에서부터 오는 경우가 대부분이거든. 시어머니와 며느리 사이가 그렇게 썩 좋은 가족이 흔치 않듯, 회사에서도 상사와 부하 직원 사이가 궁합이 잘 맞아서 좋은 경우가 극히 드물어. 직장인들이 다른 회사로 이직을 하거나 사표를 쓰고 자영업을 하는 경우도 사실 따지고 보면 업무가 벅차서가 아니라 상사가 싫어서인 경우가 대부분이지. 직장 상사를 포함해서 사람으로 인한 스트레스는 겪어본 사람만이 안다고. 상대방이 내 맘 같지 않고, 마음을 줬는데 배신도 당하고 말이야. 사람이란 동물하고 상종하는 것 자체가 싫어지거든. 그런데 말이야! 직장인이 한 가지 착각하는 게 있어. 바로 스트레스를 덜 받으려고 노력한다는 거야. 남이 주는 스트레스를 덜 받으려고 마음공부도 하면서 말이야. 그런데 곰곰이 생각해보라고. 남이 주는 스트레스를 어떤 수로 줄일 수 있겠냐는 말이야. 내가 아닌데 말이지. 그건 엄연히 남의 영역이라고. 그래서 말인데 난 스트레스를 관리하는 방법은 크게 두 가지라고 생각하네. 첫째, 남이 주는 스트레스는 내가 조절하지 못한다는 것을 순순히 인정하는 거야. 일단 인정해야 해. 그러고 나서 그 스트레스를 어떻게 풀 것인가는 순전히 내가 컨트롤할 수 있다고 믿는 거지. 즉 남이 주는 스트레스에 집중하지 말고 그 스트레스를 어떻게 풀 것인가에 집중하라는 얘기야. 이 영역은 엄연한 내 영역이니까 순전히 내가 어떻게 할 수 있는가에 달려 있거든. 그렇지 않아?"

공 대리는 문득 같은 팀에서 일하는 유성식 차장이 생각났다. 회사 옥상에서 유 차장도 이와 비슷한 얘기를 얼핏 했는데 지금의 이 상황이 그때와 데자뷔(Deja vu)처럼 겹쳤다.

"둘째, 이건 좀 과격하게 들릴 수도 있지만, 직장에서 받는 스트레스보다 더 큰 스트레스를 받으면 된다네. 지금 내가 두 손으로 갑자기 자네의 목을 힘껏 조이면 자네는 어떻게 하겠나? 온 힘을 다해 날 밀어내거나 주먹으로 나를 치면서 빠져나가려고 발버둥을 칠 거네. 사력을 다해서 말이지. 살려고 말이야. 다른 건 아예 생각도 나지 않을 걸. 바로 그거야. 죽느냐 사느냐 하는 문제는 스트레스 중에서도 제일 강도가 높은 스트레스라네. 그런 큰 스트레스와 맞닥뜨리면 그보다 작은 스트레스는 일순간에 사라지게 되지. 이런 이치를 이용하는 거야. 작은 스트레스를 더 큰 스트레스로 덮는 것 말이야. 직장인에게는 책 쓰기가 그런 비법이 될 수 있어. 내 이름으로 책 한 권 내보려는 들뜬 꿈에 어떻게 써야 할 지 생각은 많지만 막상 PC를 켜고 자세를 잡은 뒤에 글을 쓰려고 하면 그렇게 괴로울 수가 없는 거야. 두 손으로 머리를 부여잡고 스스로의 열등감에 깊은 한숨만 뿜어대지. 그러고는 고민 끝에 한 단락이나, 한 페이지를 몇 시간에 걸쳐 작성한 다음에 읽어보면 또 이건 아니다 싶은 거야. 그래서 결국 Delete Key를 누르고는 다시 하얀 종이로 돌아오게 되지. 책을 쓴다면 이런 일이 한두 번이 아닐 거야. 원고가 완성되기 전까지 이 과정을 수없이 반복해야 하는데, 이런 스트레스는 정말 강도가 상당히 높거든. 일필휘지로 순식간에 글을 써 내려갈 수 있는 능력이 있으면 좋겠지만 대부분의 직장인은 그러지 못하기 때문에 그래. 그래서 역설적이게도 스트레스를 날려버리는 방법으로 직장인들에게 책 쓰기를 권하는 거야. 책을 써보면 알아. 그 시간만큼은 직장에서 받는 스트레스는 아예 생각조차도 나지 않는다는 것을 말이야. 직장에서 받았던 스트레스보다 더 큰 스트레스와 마주하고 있어서 그런 거야. 생각은 있는데 행동이 따라주지 못하거든. 인간은 원래 자신이 자신을 컨트롤하지 못한다고 느낄 때 엄청난 스트레스를 받게 되어 있어. 생각은 있는데 능력이 받쳐주질 못하거나, 마음은 있는데 육체가 따로 놀 때 극심한 스트레스를 받게 되지. 인간은 태어날 때부터 그렇게 설계되어 있거든. 이번에는 다른 측면에서 얘기해볼까? 회사에서 스트레스를 받을 때 왜 책을 써야 하는지 말이야. 책을 쓰면 현실과는 다른 차원으로 들어가게 되어 있어. 일단 그 차원으로 들어가게 되면 다른 차원의 문은 잠시 닫히게 되지. 현실과 동떨어져 있는 그곳은 모든 게 고요하고 평온해서 온전히 내 자신과 마주할 수 있는 곳이야. 우리는 그곳을 4차원이라고 부르지. 사실 우리 뇌는 수없이 많은 다른 차원으로 들어갈 수 있는 능력을 가지고 있어. 자면서 꾸게 되는 꿈도 어찌 보면 그런 많은 차원 중 한 곳에 지나지 않아. 책을 쓰면 들어갈 수 있는 그 차원에서는 지금의 내가 아닌 다른 모습의 나를 만날 수 있을 거야. 현실 세계의 내가 아닌 또 다른 나 말일세. 그 녀석은 나보다 영적이고 나보다 다방면에서 능력이 많다네. 가끔씩은 그 녀석이 책을 써주기도 하지. 참 묘한 일이지 않은가? 여하튼 직장인이라면 그런 차원을 경험해봤으면 해. 어! 저기 평여동에 가는 버스 아니야?"

"아, 네. 맞네요. 52번."

"그래. 얼른 들어가라고. 많이 늦었잖아. 다음에는 미리 전화를 하고 와! 본격적인 책 쓰기 수업은 그때부터 시작하자고!"

"책 쓰기 수업이요?"

"아이들 수업 끝나면 어차피 빈 강의실이야. 이왕 마음먹었으면 제대로 해야지 않겠어. 사실 자네가 오기 전에 도사님께 전화를 받았다네. 제대로 한번 가르쳐보라고 하더군."

김 선생은 오른쪽 눈을 깜빡이며 윙크를 하고는 손을 힘차게 흔들었다.

공 대리는 대답할 겨를도 없이 급히 인사를 하고는 버스가 서 있는 정거장으로 급히 뛰어갔다. 공 대리가 올라타자마자 버스는 출발을 했다. 공 대리는 숨을 돌리고는 버스 맨 뒤칸에 앉아 먼지가 낀 창문을 소매로 닦고 김 선생을 바라봤다. 김 선생은 버스가 희미하게 사라질 때까지 손을 흔들고 있었다.

'참 따뜻한 분이구나.'

리더의 자격 중 으뜸은 '책 쓰기'

> 옛말에도 '펜은 칼보다 강하다'라고 했지 '말이 칼보다 강하다'라고는 하지 않았어. 물론 상황마다 표현 전달의 수단이야 다르겠지만 말보다는 글의 유익함을 강조하고 싶네. 이런 이유로 훌륭한 리더가 되고 싶다면 글쓰기에 능해야 한다고 말하고 싶은 거야.

"공 대리!"

이호현 팀장이 사무실로 들어오자마자 공 대리를 급히 찾았다. 유성식 차장과 김지연 과장은 공 대리가 또 무슨 사고를 친 건 아닌지 불안한 마음에 서로의 얼굴을 번갈아 쳐다보고는 비어 있는 공 대리 자리로 시선을 옮겼다.

"예. 팀장님."

이때 화장실에 갔다가 사무실로 들어오는 공 대리가 이 팀장 앞으로 서둘러 뛰어갔다. 잔뜩 주눅이 든 얼굴이었다. 모두 숨을 죽인 채 긴장된 순간 이 팀장의 얼굴이 함박웃음으로 바뀌었다.

"공 대리, 됐어! 됐다고! 이번에 올린 기획안 말이야. 장 실장님이 너무 좋아하시는 거야. 취지도 좋고 투자 비용 대비 기대 수익도 좋아서 올해 도전 과제로 밀어붙이자는 거야. 그리고 아참!

점심 먹고 오후에 골프 접대하러 가자고 하시니, 어서 공 대리도 준비해!"

"예? 저도요?"

"그래. 기획안 올린 실무자하고 나하고 같이 참석하라고 하셔. 오후에 바이어(buyer) 접대가 있는데 겸사겸사 얼굴 좀 보자고 하시는 것 같아."

"아. 제가 골프를 잘 못 치는데요. 그냥 초보 수준이거든요."

"괜찮아. 들어보니 그 바이어도 초보 수준이래. 같이 야외에 나가서 바람 쏘이면서 좋은 얘기를 나누는 것도 영업의 일환이니 어서 준비하라고."

머뭇거리는 공 대리에게 유성식 차장이 거들었다.

"잘됐네. 공 대리, 어서 준비 해. 이런 기회도 자주 없다고. 답답한 사무실에만 있지 말고, 안 그래? 김 여사?"

"그래요. 당연하죠. 저라면 벌써 필드로 뛰어갔겠어요. 어서 가 봐. 공 대리!"

김지연 과장도 미소 띤 얼굴로 공 대리에게 눈짓하며 빨리 가 보라는 신호를 보냈다.

새소리가 멀리서 재잘거리고 하늘은 온통 파랗고 주변은 조용했다. 하얀 뭉게구름과 눈앞에 펼쳐진 진녹색의 필드(field)를 보고 있으니 사무실에서 느꼈던 답답한 체증이 한 순간에 씻겨 내려가는 듯했다.

"어때? 오랜만에 필드에 나오니 좋지?"

장 실장이 이 팀장과 공 대리에게 말을 건네며 드라이브 샷을 날렸다. 공이 멀리 날아갔다. 보통 솜씨가 아니었다.

"굿~샷입니다."

이 팀장과 공 대리가 동시에 입을 열었다. 골프 초보인 공 대리는 멀리 날아가는 공에 시선을 떼지 못하고 부러운 듯 자신도 모르게 입이 벌어졌다.

"좀 걷지. 바이어가 좀 늦는다고 하니 우리 셋이서 오붓하게 얘기 좀 나누자고. 나도 이렇게 사무실 밖으로 나오니 좋구먼. 자네들도 스트레스가 많겠지만 나 또한 마찬가지일세. 위로 올라갈수록 스트레스가 이만저만이 아니거든. 그때마다 이렇게 탁 트인 공간에 나와 녹색 잔디를 보고 있으면 마음이 안정된다고나 할까? 골프는 둘째 치고 말이야."

"맞습니다. 실장님. 사람은 녹색을 보면 마음이 차분해진다고 합니다. 그래서 등산을 많이 하는 거고요. 또 핑크색을 보면 악한 감정이 사그라든다고 합니다. 그래서 어느 나라에서는 감옥을 핑크색으로 칠해놓는다고 하네요. 그랬더니 거칠었던 죄수들이 온순해졌다고 합니다. 색깔이 가지고 있는 힘이란 정말 대단한 것 같아요."

이 팀장이 장 실장의 말에 호흡을 맞췄다.

"그래. 이 팀장. 자네 말이 맞네. 우리 인간은 완전하지 않아. 불완전한 존재야. 그래서 무엇인가의 도움을 얻어 그 부족함을 채우고 이겨내는 거겠지. 아참, 공 대리는 이렇게 필드에 나온 게 처음이지?"

"예. 그렇습니다. 저야 아직 실무자라서요."

"그래. 실무자일 때는 이런 기회가 별로 없지. 여하튼 이렇게 걸으니 좋구먼. 이 팀장은 지금 팀장이니 리더의 자리에 있지만 그보다 높은 자리로 올라갈 기회가 있을 테고, 공 대리도 차세대 리더로 성장할 텐데 항상 본인의 부족함을 잘 채워서 훌륭한 리더가 되길 바라네. 그런 면에서 도움이 될지 모르겠지만 지나고 보니 나도 깨달은 게 있어서 몇 가지 얘기 좀 해줄게. 좋은 리더가 되라는 뜻에서 말이야."

하늘 위로 새 두 마리가 자유롭게 날아오더니 세 사람의 머리 위를 한 바퀴 돌고는 저만치 점이 되어 사라졌다. 평화로운 오후였다.

"리더의 자격으로 여러 가지 재능과 자질이 입에 오르내리던 시절이 있었네. 예를 들면 '진솔함' '겸손' '통찰력' '결단력' '실행력' '지속력' 뭐 이런 것들이었지. 모두 훌륭한 리더가 되기 위해 갖춰야 할 덕목이고 자질임이 분명해. 그런 덕목과 자질들은 불조심 캠페인 구호처럼 아무리 강조해도 지나치지 않네. 하지만 최근 들어 더욱더 중요해지고 있는 리더로서 필요한 재능이 하나 더 있어. 바로 글쓰기라네. 조직을 이끄는 위치에 올랐다고 모두가 훌륭한 리더가 되는 것은 아니야. 자칫 잘못하면 스스로도 힘들고 부하 직원도 꺼려하는 꼰대가 될 수 있거든. 리더가 갖춰야 할 자질을 갖추지 못한 채 그 자리에 올랐기 때문에 그렇지. 그중에서도 글을 잘 쓰는 능력은 최근에 각광받고 있는 리더의 중요한 자격이라네. 아마 이에 동의하지 않을 사람이 없을 거야. 물론 글쓰기를 잘한다고 해서 모두 훌륭한 리더가 되는 것은 아니지만, 훌륭한 리더는 자세히 보면 글쓰기에 능한 사람이라네. 말을 하는 것과 글을 쓰는 것은 그 행위가 표출되어 밖으로 'output' 되는 과정의 길이에서부터 상당히 차이가 나는 거야. 일정한 정보나 지식은 이미 우리 머릿속에 'input' 되어 있지 않은가. 리더는 이 정보나 지식을 부하 직원에게 'output' 해야 하고 또 그래야 할 의무가 있어. 말이라고 하는 것은 글에 비해 정제되지 않은 날 것(raw things)에 가깝네. 익히지 않은 고기와도 같지. 이심전심이라고 빨리 전달하고 나면 상대방이 알아서 움직일 것만 같은데 이와 반대로 역효과가 나거나 부작용이 생기는 경우가 허다하지. 그것은 정제되지 않고 바로 튀어나오기 때문에 그렇다네. 연설문이나 발표문이 아닌 이상 말이 입 밖으로 나오기까지는 채 몇 초가 걸리지 않잖아. 물론 말을 능숙하게 잘하거나 짧은 시간에 요점 정리를 잘해서 간결한 어구로 상대방에게 호소력 있게 전달하는 리더라면 두말할 나위 없겠지만 대부분은 그렇지 않다는 데 문제가 있네. '아'라고 했는데 '어'로 알아듣고, '어'라고 했는데 '아'로 알아듣는다는 말이지. 왜냐하면 말에는 말하는 사람의 악센트와 강세 그리고 그 당시 상황이 복합적으로 연결되어 있기 때문에 그렇다네. 즉 여러 가지로 해석될 여지가 있다는 얘기야. 더구나 말하는 사람의 감정까지 섞이게 되니 말을 잘한다면야 12척으로 대군의 적 133척을 격파할 수 있을 정도로 부하 직원들의 사기를 끌어올릴 수 있겠지만, 반대로 말을 잘못하면 싸워보지도 못하고 부하 직원의 사기를 꺾어 백기 투항하게 만들 수도 있지. 그만큼 말의 'output'이 어떤 결과로 이어질지 가늠하기 어렵다는 말일세. 어느 리더가 사기를 꺾는 말을 하고 싶어 하겠는가? 말을 하고 보니 결과가 그렇게 나오는 것일 뿐. 그만큼 말의 예측 가능성이 불안정하다는 방증이지. 이에 비해 글은 정제된 것이네. 날 것을 익히고 데워서 먹는 음식과도 같지. 식재료가 원래부터 상하지 않았다면 그 익힌 음식을 먹고 웬만한 사람은 먹고 탈이 나지 않아. 그래서 리더에게 더욱더 필요한 자질이지. 오해의 소지가 적다는 말일세. 물론 팀원을 강력한 호소력으로 강하게 육성하고 감성적으로 하나로 똘똘 뭉치게 하기 위해 날 것(말)을 팀원들에게 주는 것도 나쁘다고 할 수는 없지. 강하게 키우려면 그것도 하나의 방편이 될 수 있으니까. 하지만 시대가 변했네. 가급적 익혀서 주는 것이 모두에게도 좋지 않은가? 요즘 트렌드에는 적어도 그렇지. 옛말에도 '펜은 칼보다 강하다'라고 했지 '말이 칼보다 강하다'라고는 하지 않았어. 물론 상황마다 표현 전달의 수단이야 다르겠지만 말보다는 글의 유익함을 강조하고 싶네. 이런 이유로 훌륭한 리더가 되고 싶다면 글쓰기에 능해야 한다고 말하고 싶은 거야."

이번엔 이 팀장이 드라이브 샷을 날렸다. 공이 높이 허공으로 솟구치며 멀리 날아갔다. 장 실장이 박수를 치며 굿 샷을 외쳤다. 페어웨이로 발을 옮기던 장 실장은 공 대리의 어깨를 토닥거리며 말을 이어갔다.

"'말'이라는 자갈을 망치로 부수고 체에 곱게 걸러 가루로 만들면 아주 부드러운 모래가 된다네. 이 부드러운 모래를 또 구멍이 더 작은 체에 거르고 거르는 거야. 이 과정을 수십 번 반복하게 되면 그야말로 실바람에도 흩날리는 신비스러운 가는 모래가 되지. 글이 그렇다네. 신경을 쓰면 쓸수록, 시간을 더하면 더할수록 아주 고운 표현이 나오는 거야. 그래서 어쩌면 완벽한 글이란 애초부터 존재하지 않는 건지도 몰라. 시간을 더하고 고민의 깊이를 더하면 더 좋은 표현이 나올 수 있기 때문이라네. 글쓰기가 이러한데, 책 쓰기는 어느 정도의 파괴력을 가지고 있겠는가? 거기다 책은 글과 달라서 콘텐츠가 있다네. 대필 작가에 의해 만들어진 책이 아니고 리더 본인 스스로가 고민하고 고심하여 출간한 책이라면 그 리더의 노력이 주변에 어떤 파장을 미치겠느냐는 말이야? 실로 막대하지. '말'이라는 자갈을 망치로 부수고 체에 걸러 글을 만들어냈다면, 그 글을 다시 더 작은 체에 거르고 시간을 더할 때에야 비로소 책이 되기 때문이라네. 그래서 더 위대한 것이지. 바로 지속성과 끈기가 더해져서 그런 거야. '지속성과 끈기'는 리더의 여러 자질 중에 최고봉이라 할 수 있겠지. 그런 이유로 훌륭한 리더라면 책을 써야 한다고 말하는 거야."

퍼스널 브랜딩으로 책만 한 게 없다

> 책을 쓰고 난 후에 자신만의 강력한 퍼스널 브랜딩을 갖게 된 직장인이 적지 않다는 말이야. 남이 할 수 있으면 나도 할 수 있다는 생각을 가슴에 품으라고. 그리고 실천하는 거야. 알았지?

"공 대리, 이번에는 자네 차례야. 왼쪽에 벙커가 있으니까 공에서 끝까지 시선을 떼지 말고 약간 우측으로 자세를 비틀어 치면 도움이 될 거야."

이 팀장이 손가락으로 오른쪽 창공을 가리킨 후 공 대리의 어깨를 잡아 우측으로 약간 틀어줬다. 공 대리는 긴장으로 경직된 목을 한 바퀴 돌리고는 심호흡을 하더니 두 손으로 클럽을 조심스레 쥐었다. 고개를 들어 멀리 왼쪽에 깊게 파인 벙커를 쳐다본 후 다시 공으로 시선을 향했다. 그러고는 숨을 잠시 멈추는가 싶더니 이내 우드를 높이 들어 힘껏 샷을 날렸다.

"굿 샷!"

우측 창공으로 쭉 뻗어나간 공은 벙커에 빠지지 않고 페어웨이에 안착했다. 장 실장과 이 팀장은 의외로 잘 쳤다는 듯 공 대리를 바라보며 박수를 쳤다.

“잘했네. 초보자들은 그렇게 주의를 줘도 이 지점에서 치면 대부분 벙커에 빠지거든. 빠지지 않으려고 애를 쓰면 쓸수록 이상하게도 오히려 벙커에 빠져버린단 말이야. 공 대리는 조금만 가다듬으면 수준급이 되겠어.”

장 실장은 공 대리를 격려하고는 앞으로 걸어 나갔다. 공 대리는 장 실장의 뒷모습에서 범접할 수 없는 아우라를 보았다. 여느 임원이라면 실무자 때는 다른 생각 같은 건 하지 말고 오직 일에 집중하라고 독려하거나, 우회적으로라도 업무의 중요성에 대해 설교를 늘어놓는 법인데 장 실장은 달랐다. 필드에 나와서는 업무에 대한 얘기는 일절 하지 않았다. 오히려 글을 쓰라거나, 책을 써서 역량을 키우라는 등 회사에서는 평소에 들을 수 없었던 다른 차원의 얘기를 들려주었다. 그리고 라운딩 내내 입가에 잔잔한 미소만을 머금을 뿐이었다. 생각하면 장 실장은 회사 내에서도 공 대리를 격의 없이 대해주었고 가끔은 본인이 겪었던 시행착오나 경험담을 얘기해주곤 했었다. 그러고 보면 공 대리에게 장 실장은 무척이나 감사하고 특별한 사람이었다. 앞서 걷던 장 실장이 뒤를 돌아보며 공 대리에게 말을 건넸다.

“아, 여름 휴가철인데 공 대리는 휴가 다녀왔어?”

“아닙니다. 다음 주부터 시작입니다.”

“그래? 해외로 가나, 국내로 가나?”

“이번 휴가 때는 멀리 가지 않고 집에서 소소하게 보내면서 제 자신을 좀 돌아보려고요.”

"허허. 우리 공 대리는 애늙은이로 컸나보구먼. 그런 답변은 그만한 나이에 나올 수 있는 게 아닌데 말이야. 아무튼 요즘에 보기 드문 친구야. 요즘 젊은이들은 휴가 때 유럽 여행 다녀오는 게 기본이던데 말이지. 여하튼 자네가 스스로를 돌아보는 시간을 갖는다고 하니 내가 도움이 될까 해서 조언 하나 해주지. 그래도 될까?"

"아, 네. 실장님. 당연하죠."

"내가 여기까지 올라오면서 얼마나 많은 시행착오를 겪었겠나. 그리고 냉정하게 들릴지 모르겠지만 치열한 경쟁을 뚫고 이 자리까지 올라올 수 있었던 것은 결국 내가 조직에 쓸모가 있었기 때문이라네. 회사는 국가나 가정이 아니야. 돈을 벌어 수익을 내야만 하는 사기업이지. 그런 측면에서 보자면 자신의 능력을 계발하고 퍼스널 브랜딩을 키워 이 사기업 시장에서 살아남는 게 곧 직장인의 숙명이라네. 쓸모가 있어야 된다는 말이야. 불편하게 들릴지도 모르겠지만 그게 현실일세. 쓸모 있는 직원을 많이 보유하고 있는 기업이 경쟁력을 가지게 되고, 그런 기업을 많이 보유한 국가가 다른 국가들보다 더 강해지는 법이지. 그림을 너무 크게 그린 건 아닌지 모르겠지만 자네 직급이 마침 대리라 내가 대리였을 때가 생각이 나서 할 말이 많은가봐. 허허허."

"아닙니다. 오히려 이렇게 말씀해주시니 저야 감사하죠. 괜찮습니다. 조금만 더 말씀해주시죠. 어떻게 하면 자신의 퍼스널 브랜딩을 높일 수 있죠?"

공 대리는 장 실장과 보조를 맞춰 걸으며 궁금한 내용을 물었다. 장 실장은 그런 공 대리가 기특했는지 눈가에 잔주름이 가득 진 채로 살갑게 웃음을 지었다.

"그래. 그렇게 받아주니 나도 고맙네. 잘 들어보게. 우리가 명함을 주변에 돌리는 이유가 뭔가? 다른 사람들에게 자기를 알리려는 것이지. 하지만 유명한 사람일수록 명함이 필요 없다네. 내가 누구라고 굳이 설명할 이유가 없거든. 대통령께서 지금 이 자리에 왔다고 가정해보세. 그분이 우리에게 자기 홍보를 할 필요가 있겠는가? 자신이 누구고 어디서 왔는지를 말이야. 전혀 불필요한 일이지. 그래서 궁극은 무(無)라고 하는 것이네. 처음에야 남들에게 자신의 존재를 알리기 위해 유(有)에 집중하지만 궁극의 경지에 오르면 결국은 유(有)는 사라지고 무(無)가 된다네. 브랜드 측면에서 보자면 회사는 처음에는 자신의 브랜드를 알리고 홍보하는 데 열중하겠지만 시간이 지나고 거의 모든 국민이 그 브랜드에 익숙해질 때쯤이면 회사는 차츰 브랜드 이미지를 지우기 시작한다네. 브랜드의 궁극은 결국 브랜드가 사라지는 것이거든. 이미 소비자들 마음속에 브랜드가 깊이 존재하는데 굳이 밖으로 들어낼 필요가 없다는 얘기지. 스타벅스가 좋은 예이지. 최근 오픈한 스타벅스 커피숍에 걸린 간판을 본 적 있나? 커피 전문점이지만 커피라는 단어를 과감히 빼버리고 있다네. 그냥 스타벅스라는 녹색 간판만을 심플하게 걸고 있을 뿐이지. 브랜드가 궁극에 올랐기 때문이야. 사람들이 멀리서 스타벅스라는 간판만 봐도 커피 전문점이란 것을 이미 알거든. 어쩌면 머지않아 스타벅스라는 글자도 사라지고 스타벅스 로고인 바다의 여신 세이

렌만 남을지도 모르지. 사람도 이와 같다네. 퍼스널 브랜딩이 강력하면 구차하게 스스로를 알릴 필요가 없어."

"직장인으로 치자면 자신의 브랜딩이 이미 확고하게 자리 잡은 고(高) 직급자일 때보다 존재감이 약한 저(低) 직급자일 때부터 자신의 브랜드 파워를 높일 필요가 있다는 말씀이네요?"

"척하면 척이구만. 허허허. 맞아. 이제부터 브랜드 파워가 약한 일반 샐러리맨들의 이야기를 해보자고. 매일 저녁 6시경에 여의도 국회의사당역에 가보면 9호선을 타고 김포공항 방향으로 퇴근하는 직장인들을 볼 수 있지. 벌떼같이 몰려드는 직장인들 말이야. 미어터지는 사람들을 뚫고 전철 입구로 돌진하는 회사원부터 전철 안으로 어렵게 진입해서 자리싸움을 시작하는 회사원들까지 그야말로 이 시대의 진풍경을 볼 수 있다네. 더구나 한여름 폭염에는 전철 천장의 통풍구에서 흘러나오는 에어컨 바람도 소용없을 만큼 체온과 땀 냄새로 눈살을 찌푸리는 모습도 심심치 않게 볼 수 있고 말이야. 어디서 이 많은 인파가 한꺼번에 쏟아져 나오는지 의아스럽기도 하지만 어찌 됐든 그 회사원들은 이 대한민국 사회에서 그토록 어렵다는 취업이라는 바늘구멍을 통과한 사람들이고, 각자 자신의 회사에서 퇴근하는 길이란 걸 생각하면 나름대로 브랜드 파워를 가진 친구들이라고 봐야지. 하지만 여기서 끝난 게 아니지. 그들에게는 2차전이 기다리고 있다네. 저마다 퍼스널 브랜딩을 키워 면접을 통과하여 입사를 했으니 칭찬을 받아야 하는 건 마땅하겠지만 거기서 끝난 건 아니라는 말이야. 회사에 입사한 이후가 오히려 더 치열한 정글이거든.

그곳에서 살아남기 위해서는 더 강력한 브랜드 파워를 키워야 한다는 얘기지."

공 대리는 저녁 6시 국회의사당역 그 지옥철을 잠시 떠올렸다. 운전기사를 두고 뒷좌석에 앉아 편안하게 출퇴근하는 임원들이 지옥철을 타고 출퇴근하는 샐러리맨들의 비애를 알기나 할까 하고 생각했던 그동안의 기업 임원에 대한 선입견이 무참히 무너지는 순간이었다.

"그렇다면 공 대리! 브랜드 파워가 약한 일반인이 어떻게 하면 자신의 퍼스널 브랜딩을 더 강력하게 키울 수 있을까? 답은 간단하네. 책을 쓰면 돼. 최근에는 일반인뿐만 아니라 청소년들도 책 쓰기 강좌에 몰리고 있다는 것을 알고 있나? 강남을 중심으로 발 빠른 학부모들이 자신의 자녀들과 함께 책 쓰기 강좌로 눈을 돌리고 있어. 그러고는 자기 자녀에게 고등학교에 다닐 때 책 한두 권은 낼 수 있도록 권유하고 있지. 왜 그런지 알아? 한국대학교육협의회 대학입학전형위원회에서 발표한 2020학년도 대학입학전형 시행 계획을 보면 수시 전형 비중이 77%야. 이 말은 대학이 정시보다 수시 전형으로 대학 신입생을 77% 이상 선발한다는 얘기고, 그 수시 전형에서 무엇이 평가되는지가 결국 대학 입학에 있어 중요한 포인트가 된다는 말이지. 그럼, 수시 전형에서는 어떤 능력이 합격의 당락을 결정지을까? 바로 자기 주도적 학습 능력과 창의력 그리고 융복합 능력이라네. 그런 면에서 책을 출간한 청소년은 상당한 이점을 얻게 되지. 왜냐하면 책을 쓸 정도의 학생이라면 자기 주도적 학습 능력과 창의력은 이미 검증

됐다고 봐도 무방하거든. 그래서 이미 해외 명문대학교에서는 학생 저자들에게 입시 어드밴티지(Advantage)를 주고 있다네. 사실이야."

"그래요? 처음 알게 된 사실이네요."

"그럴 걸세. 사실 학생이 책을 출간한다는 건 결코 쉬운 일이 아니지만 일단 출간하면 상당한 이점을 얻게 되듯이 직장인 또한 퍼스널 브랜딩을 키우는 방법 중에 책만 한 게 없어. 그럴듯한 대학이나 대학원을 나오는 것보다 자신이 관심 있는 분야를 파고들어 자신의 열정이 고스란히 담긴 책 한 권을 출간하는 편이 오히려 자신의 퍼스널 브랜딩을 높이는 데 훨씬 유리하다는 얘기야. 단편적인 예로 승무원 출신인 허지영 작가를 들 수 있지."

"허지영 작가요?"

"그래. 『나는 블로그 쇼핑몰로 월 1,000만 원 번다』『하루 10분 책쓰기 수업』 등의 책을 써서 자신의 브랜드 파워를 높인 여성 커리어 우먼이지. 그리고 다양한 방송 출연으로 자신의 이미지를 확고히 다지고 있고 말이야. 최근에는 경기도 가평 연수원에서 '성공하는 직장인은 자기 관리부터 다르다'는 주제로 동기부여와 관련한 강연을 했을 정도로 꽤나 유명해졌어. 나도 그 강연을 들어봤는데 참 유익하더군. 이 모든 게 그녀가 책을 쓰고 나서부터 이뤄진 결과물이라는 게 중요해. 이렇게 책을 쓰고 난 후에 자신만의 강력한 퍼스널 브랜딩을 갖게 된 직장인이 적지 않다는 말이야. 남이 할 수 있으면 나도 할 수 있다는 생각을 가슴에 품으라고. 그리고 실천하는 거야. 알았지? 공 대리!"

퇴직 후를 대비하라

> 글을 쓰고 책을 쓴다는 일이 이렇게나 사람마다 부푼 희망을 갖게 하고 설레게 한다는 것을 새삼 느꼈다. 공 대리는 자신 스스로를 돌아다보며 그동안의 혼란스러웠던 마음을 다잡고 굳은 결심을 했다. 그래. 본격적으로 책 쓰기를 배우고, 비법서를 열어보자! 책을 내는 거야!

"얼마만의 회식이야? 이게 다 우리 공 대리 덕분이지."

유성식 차장이 공 대리에게 술잔을 건네며 분위기를 한껏 띄웠다.

"소 뒷걸음치다가 쥐 잡는다고 맨날 사고만 치다가 어쩌다 한 건 한 거죠? 안 그래, 공 대리? 그래도 뭐. 이렇게 오랜만에 팀 회식을 하니 좋긴 좋네."

김지연 과장이 장난스럽게 비꼬듯 한마디하며 공 대리에게 윙크를 했다.

"여사님은 술 좀 적당히 하세요. 집까지 운전하는 사람은 나라고요. 이럴 줄 알았으면 애당초 카풀하자고 안 했을 텐데. 이렇게 김빠진 콜라나 마셔야 하고. 전생에 내가 무슨 죄를 졌는지 참."

팀은 다르지만 김지연 과장과 카풀을 한다는 이유로 영업팀 회식에 참석한 남성우 대리가 푸념을 쏟아냈다.

"자자, 장난들 하지 말고. 우리 공 대리가 멋진 기획안을 올렸잖아. 어제는 실장님하고 골프도 치고 바이어도 접대했지. 고생이 이만저만이 아니었다고. 자! 공 대리, 내 옆으로 와봐."

이호현 부장이 공 대리 소매를 붙잡고 옆자리로 끌어당겼다. 오랜만의 회식이라 남 대리와 유 차장을 빼고는 모두 거하게 취한 듯했다. 벌써 밤 11시. 늦은 시간이었다.

"공 대리, 어제 장 실장님 말씀 잘 들었지? 잘 새겨들으라고. 나야 부장까지 달고 이제 회사 생활이 얼마 남지 않았지만 자네는 다르잖아. 자! 내 잔 한잔 받아."

"부장님도 참, 무슨 말씀을 그렇게…."

이렇게까지 취한 모습을 보여주지 않던 이 부장이었지만 오늘은 전혀 다른 모습이었다. 바깥에서 본 이 부장은 항상 강해 보였지만 그 속은 여린 사람이라는 것을 공 대리는 익히 잘 알고 있었다. 공 대리에게 술을 따라주고는 이 부장이 벽에 등을 기대며 무겁게 말문을 열었다.

"공 대리, 경기가 하향 곡선을 그린 지 오래되었잖아. 무슨 말인지 알아? 한 직장에서 오래 일을 할 수 있는 시대가 저물고 있다는 애기야. 구조 조정이나 명예퇴직 등을 통해서 회사를 나가야 하는 직장인들이 점점 더 늘어나고 있고, 인공지능과 사물인터넷 등 정보 기술이 고도로 발달된 4차 산업 시대로 접어들면서 더 이상 우리 인간이 할 수 있는 일거리가 많지 않다는 것도 사실이잖아."

술이 거하게 취한 이 부장의 볼이 발갛게 상기됐다.

"미국 포레스터연구소에 의하면 말이야. 2025년경에는 자동화와 로봇으로 인해 미국에서만 2천2백70만 개의 일자리가 사라질 거라고 하네. 미국 전체 일자리의 약 16%지. 한국도 이와 다르지 않을 거야. 내가 살고 있는 동네 식당을 둘러봐도 홀에서 주문받는 일은 키오스크(KIOSK)인 무인 자동화 기기가 이미 하고 있더라고. 불과 몇 년 전까지만 해도 롯데리아나 맥도날드 같은 유명 햄버거 프랜차이즈 점에서나 볼 수 있던 풍경이었는데 말이지. 인간이 기계에 일자리를 빼앗기고 있는데 이제 더욱더 가속화될 거야. 물론 4차 산업 시대로 접어들면서 새로 생기는 일자리가 있다고는 하지만 사라지는 일자리 수에 비하면 턱없이 부족한 게 사실이니까. 한마디로 경제적으로 불안한 사회로 접어드는 거지. 특히 한 집안의 경제적 자립을 책임지고 있는 가장이라면 두 눈을 감을 때까지 이 불안감에서 해방될 수는 없을 걸세. 혼자 몸이 아니니까 말이야."

이 부장은 술잔을 쭉 들이키고는 목소리 톤을 한층 더 높였다.

"하지만 난 요즘 생각을 고쳐먹었네. 인간이 언제까지 돈만 벌어야 하는가? 이렇게 경제적으로 불안한 사회에서 하루, 한 달 그리고 일 년을 다람쥐 쳇바퀴 돌 듯 살다보면 언젠가는 인간이 아닌 다람쥐가 되어 직장에서 순직할지 모르는 일 아닌가? 오래 있을 수는 없지만 그렇다고 제 발로 나갈 수도 없는 곳, 그곳이 바로 직장이라네. 애증의 결정체지. 우린 이제 항상 퇴직을 준비해야 해. 그런 사회로 바뀌었어. 그런 면에서 보자면 일상을 무의미하게 반복하면서 사는 영혼 없는 다람쥐가 되지 않기 위해서는 인간적 고찰이 필요할 것 같다는 생각을 한다네. 퇴직을 퇴직으로 여기지 말고 졸업으로 받아들여야 한다는 생각 말이야. 초등학교를 졸업하고, 중・고등학교와 대학교는 졸업하면서 왜 직장은 졸업하면 안 되는 거지? 이혼이라는 개념 대신 결혼을 졸업한다는 뜻의 '졸혼'이란 용어도 쓰는 마당에 회사도 졸업해보자는 얘기야. 그리고 졸업 후에는 또 따른 쳇바퀴를 돌리려 하지 말고 잠시 멈춰 온전히 나만의 시간을 가져보자는 말이지. 난 요즘 이런 생각을 많이 하고 있네. 한 번뿐인 인생을 겸허히 받아들이고 온전하게 소비해보자는 생각 말이야. 완벽하게 살 수는 없지만 온전하게 살 수는 있을 것 같아. 퇴직이라는 시점은 이런 면에서 새로운 인생의 출발점이 될 수 있지 않을까? 경제적 고난의 출발점이 아니라 인간 내면의 고립으로부터 해방하는 때로 말이야. 돈이 되는 일을 찾는 게 아니라 내 자신이 정말 좋아하는 일을 찾아서 그것을 해보고 싶어. 돈이 좀 부족해도 아껴 쓰고 절약해서 살면 되지 않겠는가. 정규직보다는 비정규직 일자리가 더 편할 테고, 가끔씩은 일하고 가끔씩은 놀고 또 가끔씩은 방황하면 되는 거지. 다른 직원의 잘못까지 떠안고 책임지는 관리자보다 내 일만 온전하게 하고 남에게 피해를 주지 않는 자리면 족하지 않겠어. 내려놓으면 되네. 비울수록 채워진다는 말을 퇴직 후에는 과감히 실행해보고 싶어."

이 부장의 말에는 퇴직에 대한 그동안의 깊은 고민과 짙은 사색이 묻어나는 듯했다. 작년까지만 해도 물불 가리지 않고 돌격 앞으로를 외치고, 회사를 나가면 폐인이 된다며 죽어도 회사에서 죽겠다던 이 부장인데, 그동안 어떤 심정의 변화가 있었는지 모를 일이었다. 최근 지속되는 실적 압박에 머리가 새하얗게 새면서도 팀장이라는 책임감에 똘똘 뭉친 마치 터미네이터와도 같았던 남자. 월급의 거의 전부를 해외에 나가 있는 아내와 유학하는 아들에게 쏟아붓고 있는 21세기 외로운 기러기 아빠. 오늘만큼은 팀장과 가장이라는 책임에서 모두 벗어나고 싶은 듯 보였다.

"허투루 하는 말이 아니야. 돈을 떠나서 생각해보자고. 직장인 중에서 경제적으로 좀 넉넉한 사람들이 있어. 그 사람들은 50세 이후 퇴직을 했을 때 경제적으로는 어느 정도 여유가 있지만 남아도는 시간을 어떻게 써야 할지 몰라 난감해한다고 해. 퇴직 전에 부부간의 소통이 원활했다면 별 문제가 없겠지만 그렇지 않던 부부가 퇴직 후에 같이 붙어 있게 되면 불화가 생기는 건 불 보듯 뻔하거든. 그러니 퇴직한 남편은 집에 있지 못하고 산으로 올라가 산악인이 되는 거야. 돈이 들지 않으면서 건강도 챙기고 좋은 공기도 마실 수 있는 곳이 산이기 때문이지. 아침이면 산에 올라가서 밤이 되면 산에서 내려온다네. 얼마 후에는 결국 산에서 평생 있을 테니 다들 그렇게 사전 답사를 하는 모양이야. 허허허. 그렇다고 내가 산행을 비방하는 것은 결코 아니네. 가끔씩 올라갔다 내려오는 산행은 얼마나 유익한가 말이야. 다만 매일 의미 없이 시간 때우기 식으로 올라가는 산행을 뭐라 하는 거지. 할 일은 없고 시간은 보내야 하고 그래서 산을 찾는 것 말일세. 그래서 난 퇴직 후에 산악인이 되고 싶지 않아. 사실 어제 장 실장님의 말씀을 들으면서 퇴직 전보다는 퇴직 후에 글을 쓰고 책을 쓰는 삶은 어떨까 하고 생각을 해봤네. 글감은 도처에 너부러져 있지 않은가. 특히 직장 생활을 오래했으니 그간의 회사 생활을 통해서 쌓은 경험과 지식도 많고, 또 그중에는 인생 후배들에게 귀감이 될 만한 내용이 의외로 많을 것도 같고 말이야. 굳이 회사와 관련된 일이 아니어도 상관없지 않을까? 글을 쓰는 건 돈이 거의 들지 않아 부담도 없으니까 내가 관심 있는 분야를 써 내려가는 것도 괜찮을 것 같아서…. 백지와 PC만 있으면 되고, 처음에는 어렵겠지만 습관만 되면 즐거운 일이 될 것 같기도 하고 말이야. 또 집중하다보면 하루가 훌쩍 지나가니 삶이 권태로울 여유가 없을 것이고 그러면 당연히 와이프하고 다툼도 없지 않을까?"

단단한 근육으로 우락부락했던 이 부장의 어깨가 오늘은 왠지 힘이 빠져 자연스럽게 보이는 건 왜일까? 아내 얘길 하면서 눈시울이 붉어지는 이 부장을 보면서 공 대리는 애처로운 마음까지 들었다. 한편으로는 글을 쓰고 책을 쓴다는 일이 이렇게나 사람마다 부푼 희망을 갖게 하고 설레게 한다는 것을 새삼 느꼈다. 공 대리는 자신 스스로를 돌아다보며 그동안의 혼란스러웠던 마음을 다잡고 굳은 결심을 했다.

'그래. 본격적으로 책 쓰기를 배우고, 비법서를 열어보자! 책을 내는 거야!'

2장. 공 대리, 본격적으로 책 쓰기 수업을 받다.

첫 책은 이렇게 내라

> 첫 책은 반드시 의지와 태도로 써야 해! 글쓰기의 기교나 기법도 물론 중요하지만 포기하지 않는 정신과 불굴의 투지로 무소의 뿔처럼 그렇게 투박하게 써 내려가야 해. 어렵고 복잡하지 않게 최대한 쉽게 말이야. 중학생이 봐도 알아먹을 수 있을 정도의 표현이면 돼! 그게 첫 책이라네.

"어서 들어오게. 공 대리."

김광일 선생이 강의실 문을 열어주었다.

"아니, 이게 다 뭔가?"

"가만있지 마시고 얼른 좀 받아주세요. 들고 오느라 팔이 빠지는 줄 알았습니다. 헤헤헤."

공 대리는 넉살을 떨며 양손 가득 들려 있는 비닐봉지 꾸러미를 김 선생에게 건넸다. 무겁게 축 늘어진 비닐봉지 안에는 음료수와 빵 그리고 과자가 가득했다.

"이게 다 뭐야?"

"오늘부터 제가 휴가거든요. 본격적으로 책 쓰기 수업을 받아볼까 합니다. 이것들은 뇌물이죠. 하하하. 다른 걸 드리면 받지 않으실 것 같고, 가르치는 학생들 준다고 하면 그래도 이건 받으실 것 같아서요. 강의는 다 끝나셨나요?"

"나 원 참. 자네도 못 말리는 친구구만. 강의는 벌써 끝나서 다들 집에 갔다네. 모두 빈 강의실이야. 우리 학원도 방학이라 오후 5시면 강의가 모두 끝나거든. 자네도 휴가라 시간적 여유가 있을 테니, 내일부터는 5시에 오는 게 어떤가? 애들 수업 끝나자마자 바로 시작하게 말이야. 그나저나 이렇게 단단히 마음먹고 온 거 보니 그동안 혼란했던 마음이 어느 정도 정리가 좀 된 건가?"

"예. 입사하고 5년이 넘어서니 제가 좀 심란했었거든요. '이 일 말고 내가 좋아하는 다른 일이 있지 않을까? 영업이 아닌 다른 업무도 해봐야 하지 않을까? 누구 밑에서 시달리기보다 주체적으로 내가 관심 있는 분야로 장사를 해볼까?' 하는 여러 가지 생각들이 많았거든요. 하지만, 이제 속 시원히 정리됐답니다. 다른 곳에서 행복을 찾을 게 아니라 지금 맡고 있는 업무를 열심히 하면서 글도 쓰고 책도 쓰면서 주어진 일상 속에서 행복을 찾아보려고요."

"허허허. 듣던 중 반가운 말이네. 공 대리가 뭔가 큰 것을 깨달았구먼. 사실 난 자네가 심란한 마음을 정리하는 데 시간이 좀 더 걸릴 줄 알았거든. 일단 이리 와 좀 앉게. 휴가는 며칠 동안이지?"

"15일입니다."

"음, 그래. 15일이면 충분하지!"

김 선생은 와이셔츠 소매를 걷어 올리고는 칠판 앞으로 성큼성큼 걸어갔다. 마치 뭔가에 신이 난 아이처럼 입꼬리가 귀에 걸린 채 얼굴에는 맑은 미소가 가득했다.

“자! 이제부터 책 쓰기 수업을 제대로 한번 시작해볼까!”

공 대리는 헝클어진 옷매무새를 가다듬고 허리를 곧게 펴고는 귀를 열었다.

“수업은 내 얘기부터 시작해보지. 내가 이런 폭염에도 긴소매 와이셔츠를 입고 있는 이유는 출판사를 창업하기 전에 다녔던 회사의 드레스 코드가 이랬기 때문이야. 처음에는 이 더운 날씨에 긴팔이 말이 되냐고 불만이 이만저만이 아니었는데 입다보니 나도 모르게 인이 박여버렸다네. 막상 입어보니 오히려 반팔보다도 시원하고 말이야. 어쨌든 그때 다녔던 회사에서 내가 처음 책을 냈었네. 책을 출간하기까지 좌충우돌 정말 많은 시행착오를 겪었지. 그 얘기부터 해보자고. 자네한테 실질적인 수업이 될 것이야.”

김 선생은 목이 마른지 공 대리가 가져온 비닐봉지에서 음료수를 꺼내 벌컥벌컥 마시고는 말을 이어나갔다.

“인생에 있어 내 이름으로 책을 출간하는 일을 생각해보게. 얼마나 의미 있는 일인가! 한 번뿐인 삶을 얼마나 다채롭게 만드는 일인가 말이야! 하지만 무슨 일이든 처음이 중요하지만 생각만큼 쉽지 않은 건 책 쓰기도 마찬가지라네. 중요하다는 걸 머릿속으로는 알고 있지만 막상 시작하려면 정말 어렵거든. 제대로 써지지가 않아. 그런데 아이러니하게도 첫 책은 좌충우돌 그렇게 내야 해. 처음부터 너무 욕심 부리면 안 된다는 말이지. 아무리 고민하고 가다듬고 기교를 부려도 보석이 아닌 원석에 가까운 형태로 출간될 수밖에 없어. 나 또한 마찬가지였거든. 대부분의 사람이 나이 사십 이전에 책을 내고 싶어 하지만 실제로 실천으로 옮긴 사람은 많지가 않아. 거의 없다고 해도 무방하지. 왜 그럴까? 책의 완성도에 지나친 욕심을 부리기 때문이야. 기대치를 너무 높게 잡는다는 말이지. 서툰 단어와 문장을 사용하고 어설픈 표현으로 글을 쓰는 게 당연한데도 이를 스스로 용납하지 않아. 그러고는 내 주제에 무슨 책 쓰기냐며 스스로에게 핀잔을 주고는 도전하려던 마음을 과감히 접어버리지."

김 선생은 칠판에 '40'이란 숫자를 크게 썼다.

"내 경우에도 마흔 살이 되기 전에 책을 한 권 내겠다는 목표를 잡았어. 스무 살 이전에는 거의 책을 읽지 못했지만 회사에 들어가고부터는 퇴근 후나 주말에 책을 읽을 수 있는 여유가 생겼고 많은 양의 독서를 했지. 책을 읽다보니 여러 가지 도움 되는 내용도 많았지만 어느 순간엔가 이 정도면 나도 써볼 수 있겠다는 건방진 생각이 들더군. 그때가 첫 도전이었지. 책 읽기가 책 쓰기로 이어졌고 도전해보고 싶은 마음에 불을 지폈던 거야. 읽으니 쓸 수 있었어. 그래서 책을 쓰려면 먼저 많은 책을 읽어야 해. 무조건 읽어. 자네가 관심을 가지고 있는 분야를 말이야. 내 경우에는 마흔 살 이전에 책을 내야 한다는 생각에 회사에서 퇴근하면 무조건 책을 읽었어. 주말에도 책을 끼고 살았지. 그리고 책을 쓰겠다고 마음을 먹고 난 뒤부터는 하루에 세 시간 정도를 PC 앞에 앉아 원고를 써 내려갔다네. 주말에는 여섯 시간에서 열 시간 정도를 투자한 것 같아. 그 시간만큼은 내 모든 정신을 오로지 책을 쓰는 데만 집중했고 가끔씩은 시간이 멈춘 것만 같은 착각에 빠질 정도였지. 책의 내용을 크게 두 갈래로 나눠서 첫 파트에는 내가 성장한 스토리를 실었고, 다른 파트에는 자기 계발에 유익한 내용을 실었다네. 원고를 쓰는 내내 너무 흥분됐고 스스로에 대한 만족도가 극에 다다랐지. 내 나름대로는 진지했지만 돌이켜 생각해보면 참 순진했던 것 같아. 그렇게 4개월 만에 초고를 마쳤지. 하지만 보고 또 봐도 왜 이렇게 가다듬을 부분이 많은지 원고를 들여다보고 있으면 고칠 내용이 수두룩해서 짜증이 나는 거야. 이거 나름의 한계를 잡아두지 않으면 한도 없고 끝도 없어서 큰일 나겠더라고. 나도 일상이 있는데 말이야. 오탈자는 워드 프로그램이 자동으로 색출해주기 때문에 수정하는 것은 어렵지 않았는데 볼 때마다 매끄럽지 못하고 자연스럽지 못한 문장이 너무 많은 거야. 도대체 난 이런 문장밖에 쓰지 못하나 하는 자책도 수없이 했다네. 결국 기존에 쓴 거친 문장들을 독자들이 읽기 편하도록 자연스럽게 고치는 데에만 추가로 2개월이라는 시간이 걸렸어. 정말 힘든 작업이었지. 도중에 그만두고 싶었던 때도 있었고 말이야. 사실 그때는 책 쓰기나 글쓰기에 관한 책을 내가 한 번도 읽지 않았거든. 그렇다고 별도의 책 쓰기 교육을 받은 것도 아니었고 지도를 받은 것도 아니었어. 그냥 무작정 부딪혔지. 진솔한 이야기를 무턱대고 진솔하게 써 내려갔던 거야."

공 대리는 김 선생의 경험담이 너무도 생생해서 한 마디도 놓치고 싶지 않았다. 김 선생의 이야기에 몰입이 된 채 넋을 잃고 바라봤다.

“그렇게 완성된 원고를 출판사 두세 곳에 투고하고 기다렸지. 그 당시에도 출판사를 굳이 방문하지 않고 이메일로 원고를 보내고 기다리면 됐거든. 그러고 나서 한 달 정도가 지났는데도 연락이 오는 출판사가 없었어. 그래도 난 주눅이 들지 않았지. 왜냐면 난 원고에 자신이 있었거든. 지금 생각해보면 출판사 200곳 정도는 투고를 하고 기다려야 했는데 달랑 두세 곳에 보내놓고 연락오기를 기다렸으니 정말 한심하기 짝이 없었던 거야. 초보도 그런 초보가 없었어. 게다가 책의 내용을 출판 기획안으로 간단히 정리해서 보낸 것도 아니고 순진하게도 원고 전체를 송두리째 보냈거든. 참 그때는 뭘 몰랐지. 그러고 나서 몇 달이 지났을까? 우연찮게 책 출판과 관련해서 인터넷 검색을 해보는 도중에 몇몇 소규모 출판사들이 눈에 띄었고 그중에 한 곳을 선택해서 주소를 적어두었지. 그러고는 어느 토요일 아침에 그곳으로 달려갔어. 아마 내 기억이 틀리지 않는다면 서울 금천구 가산동에 위치한 어느 출판사였을 거야. 그곳에서 출판과 관련된 과정에 대해 간략히 설명을 듣고 비용을 지불했지. 그때는 솔직히 기획 출판이니 자비 출판이니 하는 개념조차 몰랐던 시기였거든. 돌이켜보면 책 한 권 내보려고 무작정 시도했던 참 부끄러운 첫 도전이었던 것 같아.”

공 대리의 눈이 빛났다. 어디에서도 들을 수 없는 현실적이고도 실질적인 가르침이었기 때문이었다.

“그래서 어떻게 됐는데요?”

“방금 얘기한 것처럼 그 출판사에 들러 상담을 끝내고는 출판

계약서를 바로 작성했어. 그런 다음 원고를 출판사의 편집 직원에게 이메일로 보냈고 수정 및 보완 작업을 거쳤지. 지금 돌이켜보면 출판사에서 보완 작업을 해줬던 그 편집 작업이라는 게 오탈자 수정 정도밖에 안 됐던 것 같아. 하여튼 원고를 다듬는 과정과 동시에 책 표지 디자인을 어떻게 할지 이메일을 통해 논의가 시작됐어. 만나서 진중하게 상담하기보다는 이메일로 물어보고 답하고 수정했었지. 지금 생각해도 책을 처음 내는 초짜에게 아까운 시간을 투자하는 출판사는 없었을 것 같아. 지금도 그렇고 말이야. 그렇게 원고가 마무리됐고 책 표지 시안과 내지의 종류 그리고 종이의 질을 선택했어. 그에 따른 추가 비용도 냈고 말이야. 나 같은 경우에는 출간 비용으로 총 350만 원 정도가 들었어. 원고를 출판사 편집자에게 보내고 수정 및 보완 작업이 이뤄지기까지 약 두 달 정도가 걸렸던 것 같아. 마지막으로 생각해야 할 게 출간 부수야. 몇 부로 출간할 것인지 결정해야 하는데 내가 권하는 부수는 약 500권이라네. 첫 책을 출간할 경우 500권을 1쇄로 출간하고 재고가 소진되면 2쇄를 찍는 게 현명하지. 실제로 300권만 찍어서 추이를 보고 더 찍을지 결정하는 게 실리가 있지만 그렇게 되면 출판사에서 이익이 나지 않는다고 거절을 하는 경우가 많거든. 하여튼 출판사의 권유나 저자의 욕심으로 1,000권이나 2,000권으로 계약하기도 하는데 나중에 후회하는 경우가 많다네. 책이 모두 팔리지 않으면 출판사에서 보관 비용이 부담되기 때문에 출간 후 2년 정도가 지나서 팔리지 않은 나머지 책들을 저자의 집으로 보내는 경우가 발생하거든. 출판사에서는 2년 안에 팔릴 책은 모두 다 팔렸다고 판단을 내리는 거야. 어느 주말 아침에 초인종이 울리면서 택배라고 하기에 떠지지도 않는 눈을 비비고 일어나 현관문을 열었는데, 그 문 앞에 수백 권의 책이 놓여 있다고 생각해봐. 눈이 휘둥그레질 수밖에 없다네. 그때부터는 책은 값진 보석이 아니라 짐이 되는 거야. 내가 그랬다네. 뭣도 모르고 원고에 자신 있다고 1,000권을 출간한다고 계약했으니 2년 뒤 어떻게 됐겠나. 허허허."

김 선생은 택배를 받았을 때 현관에 서 있던 자신의 모습이 기억났는지 멋쩍게 웃으며 뒷목을 쓸어내렸다.

"물론 인지도가 어느 정도 있는 작가라거나 콘텐츠에 자신이 있다면 처음부터 1,000권 이상 출판 계약을 해도 좋아. 하지만 평범한 직장인이고 처음 출간하는 저자라면 내 말을 듣는 게 현명할 거네. 자네도 말이야. 결론적으로 첫 책은 이렇게 출간해야 해. 일단 책을 쓰기 전에 일정 분량 이상의 책을 무조건 읽어! 그렇다고 관심 없는 분야의 도서를 읽으라는 것이 아니네. 관심 있는 분야의 책을 지속적으로 많이 읽으란 말이야. 그리고 스스로 준비가 됐다고 생각하는 시점부터 원고를 써 내려가! 명심할 점은 원고를 쓴다고 해서 회사에 피해를 줘서는 안 된다는 것이네. 가급적 회사에도 책을 출간하려고 원고를 쓰고 있다는 사실은 숨기는 게 좋아. 아무리 퇴근 후에 여가 시간을 아끼고 쪼개서 원고를 쓰고 책을 낸다고는 하지만 회사가 이를 반기지는 않거든. 어쩌면 당연한 이야기 아닌가? 반대로 공 대리 자네가 회사라면 그렇게 생각하지 않겠는가? 실망하지 말고 서운해하지도 말아야 해!"

김 선생은 호흡을 가다듬고는 첫 수업의 마지막을 마무리하려는 듯 헛기침을 한 번 크게 했다.

"오늘의 교훈! 일단 써! 첫 책은 기교로 쓰는 게 아니라 의지로 쓰는 거라네. 몇 권의 책 쓰기 교본을 읽고 그 기준에 맞춰 쓰는 것도 물론 좋지만 첫 책은 그렇게 써지지가 않아. 반드시 의지와 태도로 써야 해! 원고는 투박하고 거칠 수밖에 없어! 기대를 낮추고 일단 펜을 잡고 무조건 쓰란 말이야! 그리고 원고가 마무리되면 출판사에 투고해. 나처럼 순진하게 몇 군데만 넣지 말고 200군데 이상은 보내고 말이야! 그리고 기다리는 거지. 운이 좋아서 아니면 콘텐츠가 좋아서 출판사에서 연락이 오면 만나서 상담을 진행하고 기획 출판으로 출간하면 되네. 만약 어떤 출판사에서도 연락이 없다면 자비 출판사로 발길을 돌리면 되는 거지. 자비 출판이라고 우습게 보면 안 돼! 기획 출판이 뭔지 자비 출판이 뭔지는 별도 수업을 통해서 알려주겠지만 자비 출판은 오히려 첫 책이 나오기에 수월한 환경을 만들어주거든. 프로가 아닌 이상 아마추어 저자에게는 오히려 기회가 될 수 있단 말이야. 이런 과정을 통해 첫 책이 나오게 되는 거야. 자네가 출간한 책을 처음 받아볼 때의 그 짜릿함과 행복감을 상상해보라고! 그건 어떤 말로도 표현할 수가 없네. 자! 이제 첫 수업을 마무리 해볼까! 첫 책은 반드시 의지와 태도로 써야 해! 글쓰기의 기교나 기법도 물론 중요하지만 포기하지 않는 정신과 불굴의 투지로 무소의 뿔처럼 그렇게 투박하게 써 내려가야 해. 어렵고 복잡하지 않게 최대한 쉽게 말이야. 중학생이 봐도 알아먹을 수 있을 정도의 표현이면 돼! 그게 첫 책이라네."

분노로부터 시작하라

> "책 쓰기는 분노로부터 출발해야 해! 어리석고 무지한 탓에 불이익을 당해야 했던 분노, 인생이라는 장벽에 부딪혀 눈물 젖은 빵을 먹어야만 했던 분노, 가방끈이 짧다고 기회 한 번 제대로 가져보지 못하고 밀려나야만 했던 분노, 열등감에 젖어 제대로 한번 싸워보지도 못한 채 주저앉아 통곡만 해야 했던 분노, 그런 분노로부터 시작해야 한다는 말이야."

"오늘이 두 번째 시간인가? 어제는 밤늦은 시간이라 피곤해 보이더니 오늘은 안색이 좋아 보이는군."

"그렇게 보이나요? 잠을 푹 잤거든요. 그나저나 아이들이 방학이라 오히려 제가 혜택을 보네요."

공 대리는 책 쓰기 수업 이틀째인 오늘도 싱글벙글해하며 학생들 간식거리를 양손 가득 들고서는 오후 5시 10분이 되자마자 강의실 문을 열었다. 김 선생은 간식거리를 건네받으며 공 대리를 반갑게 맞아주었다.

"공 대리는 휴가 기간인데도 여행도 못 가고 이렇게 답답한 강의실에서 수업을 받는 게 억울하지도 않아?"

"무슨 말씀을요? 이 모두가 다 저를 위한 일인데요. 나중에 분명 남는 게 있을 거라 봅니다. 오히려 선생님께서 이렇게 직접 수업을 해주시니 저야 너무 감사하죠. 신 도사님께도 감사하구요.

언제 한번 찾아가서 인사 드려야 하는데….”

“걱정 마. 조만간 여기로 찾아오시겠다고 말씀하셨거든.”

“아, 그래요?”

“응. 아참, 어제는 첫 책을 낼 때 어떤 자세로 임해야 하는지에 관한 수업이었지? 오늘은 책 쓰기는 분노로부터 출발해야 한다는 주제를 들려주려고 하네.”

“분노요? 너무 무서운 말 아닌가요?”

“잘 들어봐. 그럼 이해가 될 테니까. 책 쓰기는 분노로부터 출발해야 해! 어리석고 무지한 탓에 불이익을 당해야 했던 분노, 인생이라는 장벽에 부딪혀 눈물 젖은 빵을 먹어야만 했던 분노, 가방끈이 짧다고 기회 한 번 제대로 가져보지 못하고 밀려나야만 했던 분노, 열등감에 젖어 제대로 한번 싸워보지도 못한 채 주저앉아 통곡만 해야 했던 분노, 그런 분노로부터 시작해야 한다는 말이야. 분노를 분노로만 가슴속에 담아두면 그 분노가 화로 변해서 스스로에게 독이 될 뿐만 아니라 지옥 같은 작금의 현실에서 결코 벗어날 수가 없네. 그렇기 때문에 책 쓰기는 분노로부터 출발해야 해! 그 분노를 가슴속으로부터 꺼내서 제대로 책으로 옮겨놓기만 한다면 저 밑바닥에서 끓어올랐던 그 화는 반드시 소멸되고 자연스럽게 마음의 병도 치료될 거야. 정서적으로 안정을 찾게 된다는 말이지. 그런 분노는 병원에 있는 의사가 치료해줄 수 있는 게 아니라네.”

공 대리는 그제야 이해가 되는 듯 고개를 끄덕거렸다.

“내 친구의 경험을 말해줄게. 지금까지도 연락하며 지내는 내

소중한 친구가 하나 있네. 능력 있는 친구지. 언제 기회가 되면 소개시켜주지. 그 친구의 책이 7년 전에 세상 밖으로 나왔어. 그 친구는 부모를 일찍 여의고 어려서부터 오로지 혼자 힘으로 중학교, 고등학교 그리고 대학교까지 졸업했지. 그러다보니 녀석의 머릿속엔 온통 이 세상에 대한 분노로 가득 찼었어. 오죽하면 책 이름이 '주여! 왜 나를 버리시나이까'였을까. 가난했기에 처절했기에 불공평한 세상을 넘어서려고 부단히도 노력했고 분노했었단 말이야. 제목으로만 보자면 마치 주님을 부정하고 세상에 반항을 하는 것같이 보이지만 사실은 그 반대였다네. 그 친구는 이 세상이 불공평하다는 사실을 단호히 인정하고 항상 주님께 기도하며 불공평하고 불합리한 세상과 맞서 싸웠던 거야. 결국 녀석은 그 책을 통해 세상이 불공평하다는 진리를 빨리 깨닫고 이 악물고 버텨 이겨내라는 메시지를 독자들에게 전달하고 싶었던 거지. 그 친구는 어려운 처지에 놓인 인생 후배들에게 먼저 살았다는, 먼저 겪었다는 이유 하나만으로 삶에서 놓치면 안 될 값지고 중요한 메시지를 공유하고 싶었던 거야. 그렇게 그 친구의 첫 책은 분노로부터 나왔어. 거꾸로 얘기하자면 분노가 아니었다면 그 친구의 책은 세상 밖으로 나오지 못했을 거야."

공 대리는 김 선생 친구의 사연을 듣고는 가슴이 먹먹해졌다.

"자네는 직장인이잖아? 그럼, 이제 직장 얘기를 해보자고. 직장 내에서 제때 승진하는 것도 쉽지 않은 일이잖아. 사원에서 대리로, 대리에서 과장으로, 과장에서 차장으로 그리고 부장을 거쳐 임원으로 말이야. 물론 앞으로는 그런 직급 체계가 파괴되고 단순화되겠지만 그렇더라도 승진이라는 프로세스는 여전히 존재할 거네. 자! 그렇다면 한번 상상해보게. 승진 발표 날, 제때 승진한 동기들을 뒤로한 채 혼자 어두운 포장마차에서 밤늦게까지 코가 삐뚤어지도록 소주를 마시고는 비틀거리며 퇴근하는 모습을. 원망과 절망이 아니라 분노해야 하지 않겠어? 그런 일이 몇 차례 반복된다면 더욱더 분노해야겠지. 바로 그때가 책을 쓰는 적기라네. 본인의 전문 분야를 소재로 다뤄도 좋고 아니면 본인만의 특유한 콘텐츠를 담아도 좋아. 승진에서 떨어졌다는 그 분노로 책 쓰기를 시작한다면 직장인으로서 한층 더 성장할 수 있는 계기가 될 수 있거든. 처음에는 당연히 무모하다는 생각이 들겠지만 일단 시작해야 해. 이를 악물고 시작해야 한다는 말이야. 일반적인 책이라면 전체 페이지는 대략 300페이지 안팎이야. 하루에 한 장씩만 쓴다고 생각하면 그리 어렵지도 않은 일이지. 1년 안에 한 권은 반드시 나오게 돼 있으니까. 그렇게 출간된 책 한 권으로 능력 있는 직장인으로서 인정받고 그 분야의 전문가로 우뚝 설 수도 있지. 본인 하기 나름이란 말이야. 그렇게 되면 성과급도 두둑하게 받고 승진도 쉬워질 수 있어. 승진이란 결코 절대 비교가 아닌 상대 비교이기 때문이지."

김 선생은 탁자 위에 놓인 생수병을 들어 종이컵에 따르더니 한 모금 마시고는 팔뚝으로 입을 훔쳤다.

"내가 학원에 있으니까 이번엔 학원 시장에 대해서 얘기 해볼까. 원장이 아닌 이상 학원 선생님도 엄연한 직장인이야. 돈을 버는 형태를 크게 두 가지로 나누어보자면 사업자로 등록해서 장사를 통해 돈을 버는 사장과 그 사장 밑에서 일을 하고 월급을 받는 종업원으로 나눌 수 있지. 그런 면에서 보자면 학원 선생님도 직장인과 다를 바 없다는 얘기야. 이런 학원 시장에서 영어 • 수학 • 국어 • 과학 • 논술 등 가르치는 과목은 제각기 다르겠지만 이 학원 시장도 엄연한 교육 시장이기 때문에 강사의 출신 학교라는 스펙 또한 무시하지 못해. 해외 명문 대학이나 SKY 대학을 나오지 않는 이상 일반 강사가 학원업계에서 성공한다는 것은 현실적으로 분명히 한계가 있어. 이 한계로 인해 얼마나 많은 학원 강사들이 분노하고 있는지 알아? SKY 대학을 나왔다고 해서 아는 게 더 많을지는 몰라도 잘 가르친다고 말할 수는 없거든. 잘 아는 것과 잘 가르치는 것은 다르니까 말이야. 그러니 상위 대학을 나오지 않았다고 업계에서 무시당한다면 당연히 분노해야 하지 않을까? 다른 강사들보다 더 잘 가르치는 능력이 있다면 분노해야 하는 건 당연한 일 아니냐는 말이지. 그 분노를 동력으로 책을 내야 해! 영어책이든, 수학책이든, 국어책이든 본인이 맡고 있는 과목에 관한 책이 출판되어 시장에 나오게만 된다면 그때부터는 평범한 대학 졸업장과는 비교할 수 없는 강력한 영향력을 갖게 되는 거지. 마치 어벤져스에서 토니 스타크가 아이언맨 수트를 입고, 브루스 배너가 헐크로 변신한 상황처럼 말이야. 더구나 자신이 출간한 책으로 학원생을 가르치는 것만큼 보람 있는 일이 또 어디 있겠어? 상상만 해도 온몸에 전율이 오지 않아? 결국 실용적 글쓰기는 분노로부터 시작해야 해!"

당신이 쓰고 싶은 책은 쓰레기통에 버려라

> “직장인이 책을 쓰려면 독자들이 원하는 내용으로 책을 써야 해! 인생에 관한 이야기도 좋고, 공 대리가 현재 일하고 있는 분야도 상관없어. 소재는 상관없지만 그 소재나 콘셉트가 독자들이 정말 원하는 내용인지 다시 한 번 깊이 생각해보라는 의미야.”

“어때? 이제 이해가 되나? 왜 분노로부터 시작해야 하는지 말이야?”

“예. 미처 몰랐던 얘기를 들으니 정말 흥미진진합니다. 제가 가지고 있던 상식을 아주 무참히 깨버리시네요.”

“아마도 그럴 거야. 내가 알려주는 책 쓰기에 대한 철학이나 방법론은 시나 소설과 같은 문학적인 책 쓰기가 아니라 직장인이라면 누구나 도전해볼 수 있는 실용적인 책 쓰기와 관련된 내용이기 때문에 그렇지.”

김 선생과 공 대리의 대화는 사뭇 진지해졌다. 그런 무거운 분위기에서 잠시 벗어나려는 듯 김 선생은 갑자기 오줌 마려운 강아지처럼 몸을 비틀더니 목을 빼서 공 대리를 물끄러미 바라봤다.

"저기, 공 대리, 화장실 가고 싶지 않아? 생수를 많이 마셨더니 화장실 좀 다녀와야겠어. 화장실 다녀와서 좀 더 파격적인 수업을 해보자고!"

"파격적인 수업이요?"

"응. 다음 주제는 '당신이 쓰고 싶은 책은 쓰레기통에 버려라!'거든."

"예? 그게 무슨 말씀이신지?"

"내가 지금 급하니까 그만 물어보고 공 대리도 화장실이나 다녀와. 나도 좀 다녀와야겠어."

김 선생은 장난기가 발동했는지 몸을 이리저리 꽈배기처럼 꼬더니 강의실을 총총 걸음으로 급히 빠져나갔다. 공 대리는 익살스러운 김 선생의 뒷모습을 보고는 재미있는지 깔깔거리고는 김 선생을 따라 화장실로 향했다.

화장실에 다녀온 김 선생과 공 대리는 다시 사뭇 진지해졌다. 김 선생은 마치 옛 무림에서 전해 내려오는 비기를 전수해주는 사부처럼 의미심장한 표정을 지었고, 공 대리는 김 선생의 일거수일투족에서 눈을 떼지 않고 중요한 내용들은 하나도 놓치지 않으려는 듯 꼼꼼히 노트에 메모했다. 엄연한 선생과 제자의 모습 그 자체였다.

"자! 다시 시작해볼까? 책을 쓰는 것과 요리를 하는 것은 매우 흡사하지. 그래서 이번에는 책 쓰기를 요리에 빗대어 풀어볼 테니 잘 들어봐. 대한민국 음식 시장을 주름잡으며 유명세를 타고 있는 더본코리아의 백종원 대표 알지?"

"예. 잘 알죠."

"그래. 그분이 출현하는 방송 프로그램 중에 장사가 잘 안 되는 음식점을 방문해서 지도해주는 프로그램이 있어. 내가 봤던 장면 중에 명장면을 자네한테 소개해줄게. 몇 회 방송이었는지 자세히 기억은 나지 않지만 망해가는 돼지갈비집을 방문해서 진단을 해주는 내용이었어. 그 프로에서 음식점 사장은 요리를 이렇게도 해보고 저렇게도 해보고 갖가지 시도를 다 해봤는데도 잘 안 됐다고 백종원 대표에게 푸념을 늘어놓는 거야. 본인 생각에 이렇게 하면 맛이 있을 것 같고 손님들도 좋아할 것 같아서 시간이 날 때마다 여러 가지 방법을 시도해봤다고 하면서 말이야. 하지만 늘 결과는 똑같았다고 해. 손님들이 찾지도 않고 매출도 나오지 않았다는 거지. 그러면서 백종원 대표에게 연신 하소연을 하는 거야. 여러 가지를 시도했지만 잘되지 않았다고, 이건 노력의 문제가 아닌 거 같다고. 가게의 위치나 가격이 문제인 것 같다면서 말이야. 그때 백종원 대표가 그 사장에게 큰 소리로 야단을 치면서 이런 말을 해. '사장님은 문제가 뭔지 아세요? 사장님은 왜 사장님이 만들고 싶어 하는 음식을 하세요? 손님들이 찾는 음식을 만들어야지! 사장님 생각을 떠나서 손님들이 먹고 싶고, 찾는 음식이 뭔지 정확히 파악해봤어요? 그게 빠져 있잖아요. 이렇게 해서 장사가 되겠어요!' 그렇게 호통을 치는데도 옆에 우두커니 서 있던 음식점 사장은 두건을 만지작거리며 알 듯 모를 듯 애매한 표정을 짓고 있는 거야. 그러니까 백종원 대표가 답답했는지 좀 더 구체적으로 문제점을 하나둘 지적해주더라고. 그제야 매출이 잘 오르지 않던 음식점 사장은 뭔가 한 대 크게 얻어맞은 듯 연신 고개를 끄덕이며 머리를 긁적거렸고 시청자들은 '아, 저래서 백종원 대표가 정말 프로구나'라는 생각을 다시 한 번 가지게 됐어. 바로 그거야. 본인이 생각하기에 이렇게 하면 맛있을 것 같고 저렇게 하면 손님들이 더 찾을 것만 같지만 결국 본인이 만들고 싶은 음식을 만들었던 거고 그래서 번번이 실패했던 거야. 책 쓰기도 마찬가지라네. 공 대리가 쓰고 싶어 하는 책은 과감히 쓰레기통에 갖다 버리고 독자들이 읽고 싶어 하는 책이 무엇인지를 자세히 살펴봐야 해. 공 대리 자네의 생각을 냉정하게 차단하고 순전히 독자의 입장에서 생각하고 고민해야 한다는 이야기야. 그래야 어떤 책을 써야 할지가 떠오르거든. 바로 그 책을 써야 해! 물론 수준 높은 지식을 가지고 있는 전문가나 많은 독자 팬을 가지고 있는 작가라면 본인이 쓰고 싶은 내용을 쓸 수야 있겠지. 또 그래야 하고 말이야. 하지만 그럴 때도 마찬가지야. 베스트셀러에 도전하고 싶다면 독자들이 읽고 싶어 하는 책을 써야 해. 이건 불변의 진리라고. 무슨 말인지 이해가 되나?"

"예. 무슨 말씀인지 감이 잡히네요."

"그래. 내가 왜 그런지 더 구체적으로 얘기해줄게. 문화체육관광부 통계에 따르면 대한민국 성인 열 명 중 네 명은 책을 읽지 않는다고 하네. 책을 읽는 여섯 명도 연간 독서량이 아홉 권에 불과하다고 하니 한 달에 한 권도 채 읽지 않는다는 말이지. 그 적은 수의 독자들이 서점에 들러 책을 고르면서 중요하게 보는 게 뭐라고 생각하나? 바로 책 제목과 목차라고. 거기서 대부분 판가름 난다고 봐도 무방해. 제목과 목차를 먼저 보고 내가 읽고 싶은 책인지 아닌지 훑어보면서 구매 여부를 결정한다는 뜻이야. 이런 상황에서 제목과 목차를 살펴보는데 독자의 구미와는 상관없이 저자가 하고 싶은 말만 줄곧 써 내려간 책은 당연히 외면 받을 수밖에 없어. 정말 잘 만든 요리 같고 건강에도 좋을 것 같은데 그건 어디까지나 요리사 본인만의 생각일 뿐 손님은 먹고 싶지 않다는 얘기일세. 설령 그 요리가 정말 맛있고 건강에도 유익할지라도 손님들이 찾지 않으면 무슨 소용이란 말인가. 학원 시장도 마찬가지야. 해외 대학이나 SKY 대학교를 나오고 강의 기법이 아무리 좋다고 한들 학생들이 찾지 않으면 무슨 소용이냔 말이지! 일단 강사 본인이 자기 자존심을 잠시 내려놓고 학생 입장에서 어떤 수업을 원하고 어떤 강의를 원하는지 지독하게 연구하고 고민해야 해. 그렇게 학생들이 진정 원하는 수업을 하다보면 점점 수강하는 학생들이 늘어날 거고 그때가 되면 강의 중간중간 본인 특유의 강의법과 독창성을 가미해서 본인만의 색깔을 가져가면 되는 거야."

"그럼, 책을 쓸 때 어떤 내용을 지양해야 할까요? 어떤 내용이 독자들이 찾지 않는 책인지 궁금해서요."

"가령 일기를 모아서 책을 내는 것이지. 책은 일기가 아니야. 일기는 본인 외에는 어느 누구도 관심이 없거든. 나한테는 정말 흥미진진하고 소중한 얘기지만 다른 사람은 내 일기에 관심이 없다고 보면 돼. 관심이 없는 책은 시장에 내놓아도 팔리지가 않

아. 그래서 평범한 일반인들이 눈물겹도록 고생한 자신의 이야기를 책으로 엮어서 출간하더라도 시장에서 잘 유통되지 않는 이유가 거기에 있다네. 일기와 같아서 독자들의 관심도를 이끌어내지 못하거든. 그렇다고 자책할 필요는 없어. 저자의 잘못이 아니라 출판 시장에 만연한 메커니즘이 그런 거니까. 다만 저자가 자신의 인생 이야기를 다룬 책을 내고 싶고 주변 몇몇 사람들에게 증정하거나 선물하고 싶다면 말리지는 않겠지만 시장성으로 봐서는 어렵다는 얘기를 하고 싶은 거야. 물론 대한민국에서 이름만 대면 다 아는 유명인이라면 얘기는 달라지지. 독자들이 관심을 갖기 때문이야. 그래서 시장성이 있는 거지. 하지만, 평범한 공 대리 같은 직장인이 책을 쓰려면 독자들이 원하는 내용으로 책을 써야 해! 인생에 관한 이야기도 좋고, 공 대리가 현재 일하고 있는 분야도 상관없어. 소재는 상관없지만 그 소재나 콘셉트가 독자들이 정말 원하는 내용인지 다시 한 번 깊이 생각해보라는 의미야."

공 대리는 약간은 씁쓸하다는 듯 입술을 삐죽거리며 고개를 갸웃거렸다.

"그런 면에서는 출판 시장이 순수하지는 않네요?"

"순수하지 않다는 표현보다는 출판 시장도 엄연한 자본주의의라는 테두리 안에서 형성되는 시장이라는 표현이 더 맞겠지. 내가 이렇게 자신 있게 말할 수 있는 이유는 그 실패를 제대로 경험했기 때문이라네. 나도 처음에는 그런 메커니즘을 잘 몰랐어. 그냥 부딪혔지. 내가 회사에 다니면서 책을 썼다고 했지. 바로 그 책이 내가 쓰고 싶은 이야기를 정말 공들여 한 문장 한 문장 써 내려갔던 책이었어. 그래서 결국 실패했지. 그 실패로 인해 나는 기존과 전혀 다른 색깔의 출판사를 만들어보고 싶었고, 고심 끝에 회사를 때려치우고 독립출판사를 차렸던 거야."

"아. 그러고 나서 신 도사님을 만나신 거군요?"

"바로 만나지는 못 했어. 수차례 실패를 거듭하고 나서야 만날 수가 있었지. 출판사라는 게 돈이 별로 들어가지 않을 줄 알았는데 내 예상이 여지없이 빗나가고 말았어. 독립출판사를 차리고 일이 많아지고 주문량이 많아져 직원을 고용하면서 출판사를 크게 확장했지. 그렇게 10년을 운영하다보니 어느새 빚이 6억이 됐지 뭐야. 거기다 출판사 건물 계약까지 잘못되는 바람에 그동안 어렵게 모아서 장만한 아파트까지 팔게 됐어. 말 그대로 거리에 나앉게 된 거지. 처자식도 있는데 말이야. 인생이 그렇게 꼬이다 보니 한강 다리로 걸어가고 있는 내 자신을 보게 되더라고. 내 인생에 있어서 가장 최악이었지. 비극이었고 말이야. 그때쯤 신 도사님을 만났어. 어쩌면 하늘의 계시였을까? 한강에서 뛰어내리려다 딸들 생각이 나서 다시 사무실로 돌아왔거든. 그리고 며칠이 지나 출판사를 정리하려는 차에 마지막으로 책을 한 권 냈는데 그게 신 도사님 책이었어. 그 책이 전국을 강타했던 거지. 베스트셀러가 된 거야. 실제 책이 베스트셀러가 되면 저자에게 돌아가는 수익보다는 출판사에게 돌아가는 마진이 훨씬 더 크거든. 리스크를 출판사에서 더 많이 떠안기 때문이야. 그래서 그 책의 수익으로 어느 정도 급한 불은 끌 수가 있었어. 그러고 나서 얼마

지나지 않아 신 도사님이 또 다른 내용의 원고를 감사하게도 내 출판사에 주셨지. 믿기지 않겠지만 그 책도 대박을 치면서 또 다시 베스트셀러가 됐다네. 그분은 정말 대단한 분이시고 의리 있는 분이셨어. 다른 출판사에서 제시한 조건이 더 좋았을 텐데도 내 태도가 믿음직스럽다며 내게 일을 또 맡기셨거든. 지금 생각해도 내 생명의 은인임이 틀림없으셔. 그때는 아버지도 편찮으셔서 병원에 계실 때였는데…."

김 선생은 그때 생각이 났는지 말을 잇지 못하고 입술을 꽉 깨물었다. 김 선생의 눈가에 눈물이 그렁그렁 맺혔다. 잠시 정적이 흘렀다. 그리고 김 선생이 다시 어렵게 입을 열었다.

"그렇게 모든 빚이 정리되고 아버지 수술도 잘돼서 완쾌되셨지. 그러고 나서 난 그 정글과도 같았던 출판업계를 미련 없이 떠났던 거야. 비록 10년이라는 시간 동안 금전적으로는 실패했지만 그 분야에 있어서만큼은 난 정말 타의 추종을 불허했다네. 하루 4시간만 자면서 휴일도 없이 꼬박 10년을 일했으니까 말이야. 기획부터 마케팅까지 각 분야를 섭렵했지. 사무실에만 있지 않고 현장을 직접 발로 뛰어다녔어. 그 당시 출판업계에서 내 이름을 모르면 간첩이었지. 정말 지독하게 했거든. 허허, 그러고 보니 내가 쓰고 싶었던 책을 내고 무참히 깨졌던 경험을 말한다는 게 여기까지 왔구먼. 여하튼 첫 책을 내고 자신감에 충만했을 때가 지금 생각해보면 나만의 아집과 오만에 갇혀 있었던 때 같아. 메타 인지가 부족했던 거지. 난 내가 출간한 책이 내용은 좋은데 이 출판업계가 받아들여주지 않고 마케팅에 실패해서 팔리지 않은 거라 단정했다네. 그래서 직접 출판사를 차린 후에도 나를 찾아오는 작가들의 말을 들어보고 내가 보기에 콘텐츠가 괜찮다고 생각하는 책이면 과감하게 마케팅에 투자했지. 내 판단을 믿었고 그 작가들이 쓰고 싶어 하는 열정에 투자한 것이야. 그런데 결국 대실패였다네. 그렇게 무참히 깨지고 나니깐 알겠더라고. 내가 고려하는 범주에 '독자'가 빠져 있었다는 것을 말이야. 독자가 읽고 싶어 하는 책을 출간해야 하는데 그렇지 못했던 거지. 순전히 내 시각으로 내 기준으로 독자들이 좋아할 거라는 착각에 빠져 있었던 거야."

공 대리는 이제야 그렇게도 궁금했던 신 도사와 김 선생과의 관계를 알 수 있었다. 신 도사에게 전화 한 통을 받고 이렇게까지 시간을 들여 책 쓰기 수업을 해주는 이유가 무엇인지, 김 선생에게 있어 신 도사의 부탁이 어떤 의미를 갖는지 비로소 절감할 수 있었다.

"신 도사님은 그것을 간파해내셨어. 독자들의 시각 말이야. 오로지 독자들이 읽고 싶어 하는 책을 쓰셨던 거지. 본인의 아집과 자만은 잠시 내려두고 차원을 달리 가져간 거야. 그게 그분의 성공 비결이었어. 그러고 나서 그분이 내게 주문을 하더군. 사람마다 저마다의 콘텐츠는 있으니 그런 콘텐츠만 있다면 일반인도 책을 쉽게 쓸 수 있는 비법서를 하나 만들어달라고 말이야."

"『책 쓰기 비법서』 말인가요?"

순간 공 대리는 신 도사를 만났을 때 받았던 『책 쓰기 비법서』가 떠올랐다. 온몸에 소름이 쫙 돋았다. 『책 쓰기 비법서』가 탄생한 일화를 들은 것도 그렇지만 그 비법서를 아무 대가 없이 무심코 건넨 신 도사가 생각나서였다.

"그래. 맞네. 『책 쓰기 비법서』, 그래서 결국 내 노하우를 모두 담은 비법서를 만들었다네."

뿌리를 튼튼히 한 후에 줄기를 뻗어라

> "뿌리라는 게 보이지 않는 저 땅속 밑에 있다고 무시하지 말고, 꽃과 열매만 맺으려고 줄기만 쑥쑥 키우려 하지 말라는 말이야. 일단 뿌리를 키우게. 자네는 할 수 있어. 그러고 나서 책을 써봐. 아마도 글이 술술 써지면서 책 한 권이 뚝딱하고 만들어질 걸세"

띠리링~ 띠리링~

책상 위에 놓여 있는 공 대리의 핸드폰이 울렸다. 신 도사였다.

"여보세요? 예. 도사님. 지금이요?"

신 도사는 자세한 얘기는 만나서 하자며 공 대리를 집으로 불렀다. 급한 일은 아니니 바쁘면 나중에 들러도 된다고 말은 했지만, 그의 진심은 아닌 것 같다는 생각에 공 대리는 바로 가겠다고 답을 하고는 핸드폰을 끊었다. 오늘은 토요일인 데다가 그동안 휴가 기간인데도 제대로 한 번 쉬어보지 못했다는 생각에 오늘 하루만큼은 온종일 침대에서 뒹굴어볼 요량이었지만, 어제 김 선생에게 들었던 『책 쓰기 비법서』의 탄생 비화에다 그 비법서를 아무런 대가 없이 건네준 신 도사에게 큰 은혜를 입었다는 생각에 공 대리는 주저 없이 이불을 박차고 일어난 것이다. 기지개를 크게 한 번 켜서는 찌뿌둥한 몸을 깨우고 의자 위에 아무렇게나 던져놓았던 바지를 주섬주섬 챙겨 입었다. 문득 며칠째 환기도 시키지 않았다는 생각에 창문을 열어젖히니 빗소리가 요란하게 들려왔다.

'장마가 오늘부터 시작된다더니 거참 비가 시원하게도 오는구나.'

공 대리는 혼잣말을 하며 현관문 앞에 삐딱하게 세워놓은 장우산을 집어 들고 남수로 급히 향했다.

"자네, 휴가라면서? 책 쓰기 수업은 잘되고 있어? 어제 김 사장과 통화하면서 들어보니 배우려는 열정이 대단하다고 하더군."

신 도사는 뒷산이 올려다보이는 처마 밑에서 뒷짐을 지고는 먼 곳을 응시하고 있었다.

"아닙니다. 배울수록 모자란 제 자신이 보여서 매번 겸손해집니다."

"배울수록 겸손해진다고? 역시 내가 사람을 잘못 본 건 아니야. 허허허."

신 도사는 소탈하게 웃으며 긴 수염을 쓸어내렸다.

"김 사장도 볼 겸 해서 학원에 한번 가보려고 했는데 상황이 여의치 않아 자네를 이리로 불렀네. 책을 쓰기로 마음먹었다면 이것만큼은 알아뒀으면 해서 말이야. 아무래도 이렇게 비가 올 때 얘기하는 게 운치 있겠다 싶기도 하고 말이지."

신 도사는 처마 밑으로 떨어지는 빗방울에 손바닥을 가져다 댔다. 빗방울이 손바닥에 부딪혀 사방으로 튀었다. 신 도사는 고개를 돌려 공 대리를 지긋이 바라보고는 오른손을 들어 먼 곳을 가리켰다.

"공 대리, 저기 저 큰 은행나무를 보게! 그리고 그 오른쪽에 있는 자작나무와 그 옆에 있는 고무나무도 한번 보게."

공 대리는 고개를 들어 신 도사가 가리키는 방향 너머로 우뚝 솟아 있는 노란 은행나무를 바라봤다. 책을 쓰는 것과 저렇게 제각기 솟아 있는 나무들 사이에 무슨 연관이 있다는 건지 도통 감이 잡히지 않았지만 뭔가 중요한 메시지가 있을 것만 같아 귀를 쫑긋 세웠다.

"저 은행나무는 수령이 100년 정도 된 나무라네. 그만큼 뿌리가 크고 깊지. 그 옆에 있는 자작나무는 20년 됐고, 그 옆 고무나무는 5년 정도밖에 안 됐어. 고무나무라고 들어는 봤지?"

"예. 알고 있습니다. 예전에 집에서도 키워봤거든요."

"그래. 비 오는 날 자네를 왜 이리로 불렀냐면 저 나무들의 이치를 알려주고 싶어서라네. 아무래도 책을 쓰는 데 도움이 되지 않을까 해서 말이야."

"나무들의 이치요?"

"그래. 나무들의 이치. 오늘처럼 하늘에 구멍이라도 난 듯 비가 사정없이 내리는 날에는 나무들은 이때다 싶어 뿌리를 통해 물을 힘껏 빨아들인다네. 그동안 굶주렸던 배를 채우려는 거지. 저렇게 밖에 너부러져 있는 식물들은 사람이 때마다 물을 주지 않으니 비 오는 날만 손꼽아 기다릴 수밖에 없지 않은가? 그런데 신기한 게 뭔지 알아? 그동안 가뭄이 길어 건조한 날씨가 계속됐기 때문에 나무들이 빗물을 한정없이 빨아들일 것 같지만 그렇지 못하다는 거야. 저 은행나무는 자신의 뿌리만큼의 물을 흡수하고는 더 이상 흡수하지 못해. 저 자작나무도 자신의 뿌리만큼의 물만 흡수할 수 있고 그건 고무나무도 마찬가지일세. 아무리 뿌리 주변에 많은 양의 물이 넘쳐흘러도 뿌리가 수용할 수 있는 만큼의 물만 흡수할 수 있다는 말이야."

공 대리는 신 도사의 말을 듣다가 머리카락이 쭈뼛 서는 느낌을 받았다. 깨달음이 파도처럼 밀려왔기 때문이다.

"이제 알겠나? 책을 쓴다는 것도 어찌 보면 특정 분야에서 넘쳐흐르는 지식과 정보를 흡수해 온전히 내 것으로 만든 다음 재창작하는 일인데 정작 흡수할 수 있는 뿌리가 작다면 어떻게 되겠어? 제대로 된 책이 나오지 못하겠지? 그렇기에 많은 양의 지식과 정보를 흡수하려면 본인의 뿌리를 크고 깊게 가져가야 하네. 작은 뿌리로는 작은 양의 물밖에 흡수하지 못하고 딱 그만큼 정도밖에 자라지 못하는 거야. 결론적으로 말해서 책을 쓰겠다고 무작정 서두르지 말고 일단 뿌리부터 키울 생각을 하라는 얘기지."

공 대리는 궁금증이 밀려와 신 도사에게 한발 더 바짝 다가서며 질문을 던졌다.

"그럼, 뿌리를 키울 수 있는 방법에는 어떤 것이 있을까요? 도사님?"

"자네가 나무라면 한정없이 세월이 가기만을 바라야 하겠지.

하지만 자네는 나무가 아니라 사람이지 않은가! 사람이 자신의 뿌리를 튼튼하게 키우려면 뭘 해야겠어? 바로 독서라네. 많은 양의 책을 읽어야 한다는 말이지. 그래야 굵고 깊은 뿌리를 만들 수 있는 거야."

"그렇다면 책을 많이 읽지 않고서는 절대 책을 쓸 수 없는 건가요?"

"좋은 질문이네. 물론 책을 많이 읽지 않고도 책을 쓴 사람을 본 적은 있어. 하지만 그런 저자들 대부분은 권위가 있거나 유명인이 되고 난 이후에 책을 출간한 경우였다네. 그런 책들은 비록 베스트셀러에 오르기야 하겠지만 그렇다 해도 뿌리가 그만큼 탄탄하다고는 말할 수 없지. 많은 양의 독서를 바탕으로 한 문장의 포용력과 호소력 그리고 다채로운 어휘 구사력에 있어 한계를 보이기 때문이야. 문장과 문맥을 자유로이 넘나들며 독자들의 흥미를 이끌어가는 탁월한 글쓰기 능력보다는 독자들의 구미에 맞도록 각색된 내용으로만 승부수를 띄웠기 때문이라네. 게다가 막대한 자본까지 투입해 마케팅에 힘까지 실어준다면 그 결과는 어떻게 되겠어? 아마도 자네가 10여 년을 글쓰기 공부를 하고 출간한 책보다 방탄소년단이 지금이라도 당장 책을 낸다면 단언컨대 그 가수들의 책이 곧 베스트셀러가 되면서 날개 돋친 듯 팔릴 걸세. 제목도 '방탄소년단은 어떻게 해서 성공할 수 있었을까?'로 뽑으면 어때? 겨루기가 쉽겠어? 그렇다고 그게 아주 잘못된 결과도 아니잖아. 그들이 성공이라는 지금의 위치에까지 올라오면서 그 얼마나 많은 고통을 참아내며 연습하고 또 이를 악물며 노력했겠냐는 말이야! 그런 노력의 가치를 인정하기 때문에 독자들이 또한 그 책을 구매하는 거라네."

신 도사의 말을 들은 공 대리는 평범한 일반인으로서 느낄 수 있는 착잡함에 고개를 떨구었다.

하지만 신 도사는 걱정하지 말라는 듯 공 대리의 어깨를 다독거리고는 말을 이어나갔다.

"하지만 우리 일반인은 다르지 않은가? 유명인은 유명인 나름대로 살아가는 방식이 있고, 우리는 우리만의 살아가는 방식이 있어. 인생은 결코 남과 비교하는 게 아니라네. 자! 이제 다시 본론으로 돌아가자고. 공 대리 자네 같은 평범한 직장인은 요행을 바라지 말고 독서를 많이 해야 해. 독서를 통해 자신의 무의식 속에 잠자고 있는 영혼의 뿌리를 튼튼하고 크게 키워야 해. 그렇다고 회사 업무를 소홀히 하라는 뜻은 전혀 아니야. 바쁜 시간을 쪼개고 사생활을 쪼개서 몇 개월 동안은 오직 뿌리를 키우는 데만 열중해봐. 그렇다고 평생 그렇게 살라는 것도 아니지 않은가! 독서를 통해 양식의 뿌리를 키우고 그렇게 키운 뿌리만큼 흡수해 보란 말일세. 이제 알겠는가? 뿌리라는 게 보이지 않는 저 땅속 밑에 있다고 무시하지 말고, 꽃과 열매만 맺으려고 줄기만 쑥쑥 키우려 하지 말라는 말이야."

신 도사는 공 대리를 바라보며 온화한 미소를 지었다.

"일단 뿌리를 키우게. 자네는 할 수 있어. 그러고 나서 책을 써 봐. 아마도 글이 술술 써지면서 책 한 권이 뚝딱하고 만들어질 걸세. 진심이야. 진심이라고."

인세 수입은 환상일 뿐, 그 너머를 취하라

> 책 쓰기도 마찬가지지. 특정 분야에 있어 경험이 차고 넘쳐야 책이 써지는 법이지. 앎이 넘쳐야 책이 써진다는 말이야.

"어제 도사님은 잘 만났어?"

김 선생이 칠판을 지우다말고 뒤돌아보며 공 대리에게 물었다.

"예. 책 쓰기에 도움이 되는 얘기를 좀 해주셨어요. 그분의 얘기를 듣다보면 그런 통찰력이 어디에서 나오는 건지 참 궁금합니다."

"그건 그분의 독서량에서 나오는 거라네. 뭐든지 가득 차면 넘치는 법이지. 물 컵에 물을 따르는 상황을 한번 마음속으로 그려보게. 모든 진리는 그곳에 있어. '물 컵의 물' 말이야. 물 컵에 물을 처음 따를 때에는 주변에 어떤 영향도 주지 못해. 아직 채워지지 않았기 때문이라네. 그렇게 계속해서 물을 따르다보면 어떻게 되겠나? 그래. 맞아. 컵에 물이 차고 넘치게 되지. 그리고 그때부터는 주변에 영향을 주게 돼. 주변이 젖는단 말이야. 무슨 의미인지 알겠나? 지식이나 지혜도 마찬가지야. 스스로 가득 차서 넘치지 않고는 타인에게 결코 영향을 줄 수가 없네. 책 쓰기도 마찬가지지. 특정 분야에 있어 경험이 차고 넘쳐야 책이 써지는 법이지. 앎이 넘쳐야 책이 써진다는 말이야. 그렇지 않고서는 책이 써지질 않아. 책은 쓰고 싶은데 막상 쓰려고 하면 몇 장을 쓰지 못하고 막히는 이유는 냉정하게 말하면 책을 쓸 수 있을 만큼의 경험이나 지식이 없어서 그런 거라네. 그래서 보완책으로 독서를 하는 것이지. 본인이 직접 겪은 경험담쯤은 굳이 독서를 하지 않더라도 특정 콘텐츠를 중심으로 한 권 정도의 책은 쓸 수 있을지 몰라도 그 이상의 콘텐츠로 책을 내려면 독서를 하지 않고서는 어림없는 소리거든. 독서를 통해 간접 경험을 축적하고, 지식을 쌓다보면 컵에 물이 차서 넘치기 시작하는 것처럼 지식도 넘치기 시작해. 그때가 바로 책을 써야 할 시점인 거야."

"일단, 본인 스스로 차고 넘쳐야 된다는 말씀이시죠?"

"그렇다네. 이 진리는 부처님의 가르침 속에도 나오지. 자네 '자리이타(自利利他)'라는 말을 들어봤는가?"

"예. 할머니께서 불교를 믿고 있어서요. 들어봤습니다. '나에게 이로운 것이 남에게도 이롭다' 뭐 이런 뜻이 아닌가요?"

"음, 그래. 요즘은 그렇게도 많이 쓰이더군. '나에게 이로운 것이 남에게도 이롭고 남에게 이로운 것이 나에게도 이롭다'며 누가 먼저랄 것 없이 구별하지 말고 서로 보시하고 선행을 베풀어 서로를 이롭게 하자는 얘기로 말이야. 동전의 양면과도 같아 서로 떼어내서 생각할 수 없다면서 말이지. 하지만, 난 생각이 좀 다르네. 원래 부처님은 그런 의미로 설법을 하지 않으셨어."

"그럼, 어떤 의미로 말씀을 하셨나요?"

"축자역(逐字譯) 즉, 문자 그대로 해석하면 자연스럽게 풀린다네. 사람들이 글의 순서나 위치를 무시하고 자의적으로 해석하면서 원래의 뜻을 왜곡하는 경우가 많다네. 이 문자를 순서대로 해석하면 '내가 이롭고 나면 그 이로움이 타인에게도 간다'라고 봐야 해. 그 이상도 그 이하도 아니라네. 왜 자리타이(自利他利)라고 하지 않고, 타리자이(他利自利)라고도 하지 않았는지 조금만 생각하면 알 걸세. 이 또한 물 컵의 물과 같은 이치야. 내가 이로운 후에야 타인을 이롭게 할 수 있다네. 너무 이기적으로 들리는가? 하지만 이건 우리가 살고 있는 현상계의 자연적인 현상으로 '이기적이다, 그렇지 않다'로 단정 지어 말할 수 있는 차원이 아니야. 쉬운 예를 들어볼까? 자기 스스로도 마음의 안정을 찾지 못했는데 과연 복잡하고 어지러운 남의 마음을 안정시킬 수 있다고 생각하나? 절대 그럴 수가 없어. 그럴 수 있다고 주장하는 것은 현상계를 무시하고 보이지도 않는 극락세계의 이상향만을 추구하려는 오만함이자 자만일 뿐이라네. 스스로가 평화로운 다음에야 타인에게도 평화로움을 가져다 줄 수 있는 법이지. 부처님도 스스로 깨달음을 얻고 난 뒤에야 비로소 중생에게 설법을 전하시며 깨달음을 주려 노력하셨잖아. 그렇지 않은가?"

"처음 듣는 얘기라 조금은 당황스럽네요."

"허허허. 그럴 걸세. 집에 가서 곰곰이 생각해봐. 그러면 답이 나올 거야. 아참, 이러고 있을 때가 아니지. 오늘 수업은 또 진행해야 하지 않겠어! 오늘 수업 내용은 책을 쓰고 싶어 하는 사람이라면 누구나 궁금해하는 '인세'에 관한 내용이라네."

"인세 말씀인가요? 아주 재밌겠네요. 저도 그 부분이 궁금했거든요."

김 선생은 헛기침을 한 번 하더니 칠판에 '인세에 대한 환상을 버려라!'는 글자를 크게 적고는 말을 이어나갔다.

"대부분의 사람이 책을 출판한다고 하면 인세에 대한 기대감으로 잔뜩 부풀기 마련이야. 살아가면서 자네도 깨달을 테지만, 뭔가에 기대가 높다는 뜻은 다른 말로 바꿔 말하면 그 분야를 잘 모른다는 말과 같을 때가 많네. 인세에 대한 기대감도 그중 하나지. 특히나 출판 시장은 글쓰기를 업으로 삼고 있는 전문 작가나, 시와 소설 같은 순수 문학에 몰두해 있는 문인들의 특화된 영역으로 알고 있기 때문에 일반인들이 인세에 거는 기대감이 높은 건 어찌 보면 당연한 얘기일 수 있어. 공 대리도 직장인 예비 저자이니 이참에 실용적인 글쓰기를 통해 벌어들일 수 있는 인세가 얼마나 되는지 단도직입적으로 얘기해줄게. 그 전에 먼저 '원고료'와 '인세'를 구분할 줄 알아야 하네. 대부분의 사람은 '원고료'와 '인세'를 헷갈려하고 어떤 사람들은 이를 같은 개념으로 알고 있기도 해. '원고료'는 원고를 집필하고 그에 따른 반대급부로 받는 보수이지. 즉 원고를 쓰고 난 후에 받는 금액이고 관례적으로 간행물이 나온 뒤에 받는다네. 간행물이 나오기 전 검토 과정에서 폐기되거나 삭제되는 경우에는 지급하지 않아. 열심히 공을 들여 펜을 꾹꾹 눌러 혼을 담아 썼다 해도 간행물에 실리지 않으면 냉정하게도 '원고료'는 지급되지 않는다는 말일세. 어떤 면에서는 '원고료' 또한 약육강식의 글쓰기 시장에서 살아남을 때야 비로소 의미가 있다는 얘기와 다를 바 없지. '원고료'는 그 금액이 일정치 않고 '어떤 학식 있고 권위 있는 작가가 썼느냐'로 대부분 결정이 돼. 물론 대중적인 인기를 얻고 있으면 그 금액은 인기와 비례해서 커진다고 보면 되네. 원고의 성격이나 원고의 길이에 따라 원고료가 책정되기도 하지만 모두 옛날 얘기일 뿐, 요즘은 원고를 맡길 때 미리 원고 분량도 지정해주기 때문에 이 부분에서 크게 좌우되지는 않아. 사실 신문이나 잡지에 각종 칼럼을 기재하거나 시나 소설을 지속적으로 연재하는 작가가 아니라면 경제적 궁핍을 면하기 어려운 게 현실이지."

"저도 사실 원고료와 인세에 대해서 헷갈렸습니다. 이제 원고료는 확실히 이해되네요."

"그래. 그렇다면 다행이군. 이와 다르게 '인세'는 저작권의 사용료지. 책 출판의 경우는 출판사에서 해당 저작권자에게 책이 팔릴 때마다 지급하는 수수료를 의미한다네. 대부분 계약 당시에 결정되고 아마추어 작가인가 프로 작가인가에 따라 달라지지. 그리고 책이 잘 팔릴 것인가에 대한 기대감만큼 결정되고 말이야. 대체적으로 8~10% 사이에서 결정되고 통상 10%로 보면 적당하다네. 물론 책을 처음 내는 초보 저자이거나 출판사 입장에서도 검증이 필요한 작가라는 이유로 6~8% 사이에 계약을 하자는 출판사도 있고, 대형 출판사가 인기 작가와 계약할 때는 11~13%를 주기도 해. 통상 원고를 탈고하고 출판사와 계약할 때 계약금은 50만 원에서 200만 원 사이를 받는데 이것은 말 그대로 '선(先)인세'라네. 앞에서 말한 원고료의 개념과는 달라. 즉, '선(先)인세'라는 말은 인세를 먼저 앞당겨서 받는다는 말로 저자 본인이 책 출판 이후에 받는 총 인세가 1천만 원이라고 가정했을 때 계약금으로 50만원을 받았다면 나머지 인세는 일정 기간에 따라 950만 원을 나눠서 받는다는 뜻이네. 그렇기 때문에 계약금을 적게 받았다고 실망할 필요도 없고 많이 받았다고 우쭐댈 필요도 없어. 어차피 총량은 같거든. 자비 출판의 경우는 이러한 인세의 범위를 과감히 뛰어넘어 정가의 40%까지 지급하기도 한다네. 이렇게 높게 지급하는 이유는 저자 본인이 투자한 비용이 많기 때문이야. 그리고 그렇게 높게 지급해도 출판사에도 이익이 되기 때문이지."

"기획 출판의 경우는 인세 비율이 아주 낮네요. 상대적으로 자비 출판은 높고요."

"맞아. 그렇다면 왜 인세에 대한 환상을 깨고 그 너머를 취하라고 하는지 얘기해줄게. 먼저 자비 출판의 경우를 보자고. 자비 출판의 경우 책을 한 권 내려면 약 300만 원의 비용이 들어가지. 내가 앞에서 얘기했을 거야. 출판사마다 다소 차이는 있겠지만 평균 그 정도가 돼. 책값이 15,000원이고 300권을 출간하는 경우를 생각해보세. 300권이 다 팔렸다고 가정하고 인세를 40%로 계산하면 15,000원×300권×40%이니 인세 수입은 180만 원이 나오지. 즉, 300만 원의 비용을 투자해 책을 출간했는데 인세 수입은 180만 원이라는 얘기야. 어때, 수지가 맞는 장사인가? 이번에는 책을 1,000권 출간하고 1,000권이 다 팔렸을 때를 생각해 보자고. 1,000권을 자비 출판으로 내려면 비용이 450만 원 정도가 들어갈 거야. 그렇다면 15,000원×1,000권×40%로 계산된 수익에다 출판 비용을 빼면 약 150만 원의 이익이 나지. 하지만 유의해야 할 점은 자비 출판으로 해서 1,000권을 넘기기가 현실상 어렵다는 데 그 맹점이 있어."

"그럼 기획 출판은 좀 어떤가요?"

"그래. 이번에는 기획 출판에 대해 얘기해줄게. 기획 출판이란 출판사가 어느 정도 책이 팔리겠다 싶어 기획 및 편집, 수정 보완해서 오로지 출판사의 비용으로 책을 출간하는 형태를 말해. 인세는 앞서 말한 대로 약 10%로 결정된다네. 그렇다면 1,000권이 팔렸을 경우를 계산해보자고. 책값을 동일하게 15,000원으로 책정하면 15,000원×1,000권×10%이니 인세 수입은 150만 원이네. 1만 권이 팔렸을 경우에는 1,500만 원이고 10만 권이 팔렸을 경우에는 1억5천만 원, 100만 권이 팔렸을 경우에는 15억 원이지. 그런데 과연 한 달에 1인당 책 한 권도 제대로 읽지 않는 대한민국 출판 시장에서 특정한 책 한 권이 1만 권 이상 팔린다는 게 쉬운 일일까? 1만 권을 넘어 10만 권 이상 팔린다는 게 과연 일반인 저자에게 가능한 일일까 말이야?"

"얘기를 듣고 보니 솔직히 인세로 대박을 터뜨리기는 결코 쉽지 않네요."

공 대리는 의기소침한 듯 팔짱을 끼고는 고개를 좌우로 흔들었다.

"그렇기 때문에 직장인이 책을 출간할 때는 인세 수입 너머를 봐야 한다고 강조하는 거야. 내가 이 수업에서 강조하고 싶은 중심 내용이지. 인세에 집중하면 1억 원을 버는 게 하늘의 별 따기이지만, 그 너머를 취하면 최소 1억 원은 벌 수 있거든."

"예? 그 너머를 취하면 최소 1억 원은 번다고요? 감이 잡히지 않는데요."

"허허허. 그래. 그럴 걸세. 지금 감이 잡힌다면 그건 순 거짓말이지. 그 너머를 취하라는 얘기는 책을 출간하고 난 뒤에 이를 어떻게 활용할 것인지에 집중해야 한다는 말이야. 일단 책을 출간하고 나면 그 분야에 있어 전문가로 어느 정도 인정을 받게 되고 여러 회사나 전국의 문화회관 또는 북 콘서트 같은 곳에서 강의 제의가 들어올 수 있어. 그 강의를 통해 인지도를 쌓고 인맥도 넓히면서 강의료로 수익을 올릴 수 있는 거지. 한마디로 강사가 되는 거야. 거기다 유튜브 활동을 통해서 인기를 얻고 구독자수를 늘려 나간다면 이 또한 또 다른 수익원이 될 수 있네. 어디 그뿐인가? 직장인이 책을 내고 나면 회사에서도 분명 스포트라이트를 받게 되고 생각지 못한 기회가 찾아오기도 할 것이네. 그 기회를 잡아 성과를 내면 승진도 빠르고 성과급도 올라 추가 수익을 낼 수 있지. 이렇게 다양한 방법으로 수익 창출이 가능하다는 것이지. 결국 출간된 책을 어떻게 활용하느냐에 달렸다는 얘기를 해주고 싶었어. 인세를 넘어 충분히 만족스러운 돈을 벌 수가 있다는 말이지. 이제 내 말을 이해하겠나?"

김 선생은 탁자에 양 팔꿈치를 괴고는 허리를 뒤로 뺀 채 공 대리를 물끄러미 바라봤다. 공 대리는 인세에 대한 환상이 깨졌는지 연신 한숨을 푹 쉬고는 뜻 모를 미소를 지었다.

"공 대리. 내가 이렇게 수업 초반에 인세에 대해 다루는 이유는 무조건적인 수익만을 지향하는 책 쓰기는 오히려 후회와 반성을 불러온다는 교훈을 주기 위해서라네. 우리는 모두 인간인지라 투자한 만큼 또는 그 이상의 수익을 기대하지. 하지만 책 쓰기를 통해 얻게 되는 과실은 꼭 그렇지만은 않아. 투자나 노력 대비해서 그 수익이 정비례하는 건 아니라는 말을 자네에게 꼭 해주고 싶었어. 아무래도 인세에 대한 환상이 깨지면서 기운이 없어 보이는 얼굴인데, 괜찮아? 얘기하지 말 걸 그랬나? 허허허."

김 선생이 너털웃음을 웃어 보였다. 공 대리는 현실을 직시한 표정으로 눈웃음을 지어 보이며 큰 소리로 대답을 했다.

"아닙니다. 선생님. 미리 말씀해주시니 마음을 비우고 온전히 책을 쓰는 데만 집중할 수 있겠는데요. 헤헤헤. '인세'라는 파랑새를 찾아 해매지 않겠습니다! 충성!"

역설에 해답이 있다

> 마음의 준비가 되지 않았다면 『책 쓰기 비법서』를 절대 열어보지 말라고 했던 내 말 기억하겠지? 그 비법서가 굉장히 중요할 거라 생각하겠지만 이 또한 역설적이게도 비법서는 중요하지 않을 수 있다네. 오히려 비법서를 열어보기 전까지 이렇게 단단하게 다져가고 있는 공 대리의 마음가짐이 더 중요할 수 있어.

김 선생과 공 대리가 인세에 대한 수업을 마무리할 때쯤 뒤쪽 강의실 문이 삐거덕거리며 열렸다.

"아니, 왜 이리 누추해? 학원이 망해가는 거 아니야?"

신 도사였다. 김 선생과 공 대리는 순간 눈이 휘둥그레지며 벌떡 일어나 동시에 신 도사에게로 다가갔다. 공 대리는 신 도사 왼손에 들린 젖은 우산을 냉큼 받아서 한쪽 모퉁이에 세워두고는 다시 신 도사 옆으로 다가왔다.

"어서 이쪽으로 앉으시죠. 학원이 많이 누추합니다."

김 선생이 강의실 안쪽 자리로 신 도사를 안내했다.

"그래. 누추하구먼. 곰팡이 냄새도 나고 말이야. 예전에 그 명성 자자하던 김 사장이 아닌가봐? 학생들이 뚝 끊기겠어. 밥은 먹고살아? 하하하."

신 도사는 김 선생에게 농담 섞인 핀잔을 놓으며 강의실이 떠나갈 듯 웃음을 멈추지 않았고 김 선생은 멋쩍은 듯 뒷머리를 오른손으로 쓸어내렸다.

"도사님. 어제는 일이 좀 있어서 여기 못 오신다고 하셨잖아요? 무슨 일 있으신가요?"

공 대리가 손에 묻은 물기를 털어내며 신 도사에게 물었다.

"이놈의 장마 때문이지. 오늘 전라도 장흥에서 강의가 있는 날인데 가는 도중에 비 때문에 일정이 취소됐다고 연락이 왔지 뭐야. 복지회관이 낡아서 비가 새고 있다나. 허허. 이거 참. 요즘 같은 세상에 비가 새는 낡은 건물도 다 있고 말이야. 여하튼 국가에서는 문화회관이나 복지회관 같은 곳을 안 챙기고 뭣을 하고 있는지 몰라. 예산 때문인지는 몰라도 열악하기 짝이 없어. 그래서 냅다 차를 여기로 돌렸지. 나야 뭐 잘됐어. 덕분에 이렇게 김 사장도 보고, 공 대리도 만나니까 좋지 뭐. 지금 수업하는 도중이었나?"

"예. 도사님. 인세에 대해 공 대리에게 알려주는 중이었습니다. 너무 기대하지 말라고요."

"그래. 잘했군. 잘했어. 항상 그렇지만 뭐든지 기대를 내려놓고 어깨에 힘을 빼는 게 먼저라고! 모든 운동에 있어서 프로와 아마추어를 구별하는 방법이 뭔지 알아? 다른 거 없어. 바로 어깨에 힘이 들어갔는지 아닌지를 보는 거라고. 어때 구별하는 방법이 너무 간단하지 않아? 이왕 말이 나왔으니까 말인데 내가 공 대리에게 역설에 대해서 얘기해주고 싶은데…. 김 사장 아니 이제 김 선생이지. 김 선생! 시간을 잠시 뺏어도 되겠나?"

"아, 네. 도사님. 무슨 말씀을 그렇게 하세요. 여기가 도사님 집이라 생각하시고 편안하게 하십시오."

신 도사는 뒷짐을 지고 앞으로 걸어 나가더니 지우개를 들어 칠판에 쓰여 있는 '인세에 대한 환상을 버려라'라는 문장을 깨끗이 지웠다. 그러고는 노란색 분필로 '역설'이란 단어를 크게 썼다.

"공 대리, 자네를 포함한 모든 저자들이 책을 처음 쓸 때는 책 속에 답이 있고 인세에 답이 있는 것처럼 생각한다네. 다들 그래. 하지만 아이러니하게도 우리가 찾고 있는 답은 책과 인세 밖에 있어. 그것을 깨달아야 해. 우리가 살다보면 일상적으로 생각하는 것과 정반대인 것에서 그 해답과 마주칠 때가 많네. 우리는 그것을 역설이라 부르지. 한 가지 예를 들어볼게. 지금 공 대리가 할 수 있는 가장 편한 자세를 취해봐."

"예? 가장 편한 자세요?"

"응. 가장 편한 자세 말이야."

공 대리는 눈치를 잠시 보더니 슬그머니 허리를 뒤로 젖히고는 기지개를 편 채로 손발을 큰대자로 벌렸다.

"그것이 가장한 편안한 자세인가? 그렇다면 가만히 움직이지 말고 그 상태에서 시간을 더해보자고. 10분만 말이야."

"움직이지 않고 10분을요?"

공 대리가 놀라서 번쩍 제자리로 돌아왔다.

"왜 그래? 왜 겁먹고 그래? 감이 왔겠지만 오래가지 않아 그 가장 편하다는 자세가 가장 불편한 자세로 바뀔 것이네. 다시 말해, 가장 편한 것이 가장 불편한 것이 되는 것이지. 이번에는 여행에 대해 생각해보세. 사람들은 일상에 지치면 먼 곳으로 여행을 떠나고 싶어 해. 그것도 아주 멀리 말이야. 그럼 곰곰이 생각해보자고! 지금 현 위치에서 가장 멀리 여행을 떠나면 어디에 도착할까? 지구가 둥글기 때문에 걸어가고 걸어가서 지구 반대편을 넘어 결국 현 위치로 돌아와 겹치기 시작하는 바로 그 지점이 아닐까? 바로 그 겹치는 찰나 말이야! 결국 가장 먼 여행은 사실 현재 서 있는 그곳이라네. 다시 말하면 가장 멀리 떠난 여행은 지금 움직이지 않는 그 상태와 거의 같다는 얘기야. 더 자세히 얘기하면 지금의 나와 여행을 간 내가 99.999%에서 100.000% 겹치는 그 찰나 말일세. 나는 그 찰나를 초극 상태라 부른다네."

"초극 상태요?"

공 대리는 처음 듣는 단어라 생소해했다.

"그래. 공 대리, 초극 상태 말이야. 초극 상태로 접어들면 역설이 발생해. 반대로 얘기하자면 역설은 반드시 초극 상태를 거쳐야 한다는 뜻이 되지. 어떤 사물이나 물질이 극으로 치닫고 그 극의 끝마디인 초극 상태에 이르면 그 성질이 기존과는 완전히 정반대의 형태로 전환된다는 말이야. 세상 모든 사물은 양과 음으로 존재하고 있네. 그런 이유로 양이 점점 치달아 극의 상태에 진입하고 그 극의 상태를 넘어서 초극 상태에 다다르면 음이 된다고 나는 믿고 있네. 예를 하나 들어보자고! 검은색은 하얀색이다. 이 말을 들었을 때 선뜻 이해되는가? 아마도 이해되지 않을 거네. '검은색이 어떻게 하얀색과 같다는 말인가'하고 의구심이 들 거야. 당연하네. 쉽게 설명해주지. 산에서 나무 땔감을 가져와 불을 지펴보자고. 나무 장작은 연기를 내면서 서서히 타들어갈 것이고 점점 더 거무스름해지다가 결국은 극에 달아 검은 숯으로 변하지. 여기까지가 극의 상태야. 하지만 여기서 더 큰 불을 지펴 초극 상태로 만들어버리면 어떻게 될까?"

공 대리는 감이 잡히는지 뭐라고 대답하려다 확실치는 않았는지 다시 입을 다물었다.

"그 검은 숯이 하얀색으로 변해버린다네. 공 대리도 한 번쯤은 하얗게 타고 남은 장작의 잔해를 본 적이 있을 거야. 결국 '검은색은 초극 상태를 접하고 나면 하얀색이 돼버린다' 이 말이지. 이것을 비틀어 얘기하면 검은색은 이미 그 안에 하얀색을 포용하고 있다는 결론에 다다를 수가 있어. 한마디로 검은색은 하얀색이라네. 역설이야! 또, 공 대리나 김 선생의 머리카락은 어떻고? 시간이 갈수록 검은 머리가 퇴화되면 서서히 갈색이 되고 세월과 함께 초극으로 치달으면서 결국 무슨 색으로 변하지? 그래. 맞아. 바로 하얀색이야. 즉 검은 머리카락은 이미 그 속에 하얀색을 포용하고 있다는 말이 되지. 이제 '검은색은 하얀색이다'는 내 말이 이해가 되나?"

김 선생과 공 대리는 고요한 침묵 속에 고개를 끄덕였다.

"삶과 죽음도 그러하다네. 살아간다는 것은 동시에 죽어가는 거야. 삶이 극의 상태에 접어들면 생명의 불씨가 약해지고 초극 상태에 접어들면 죽음과 대면하게 되지. 난 이와 같은 이치로 죽음 이후 또한 그러할 거라고 보네. 죽음이 극에 다다르면 암흑이 걷히기 시작하고 초극 상태에 접어들면 생으로 전환된다고 말이야. 결국 삶이 죽음이고 죽음이 삶인 것이지. 그런 연유에서 보자면 살아갈 때 반드시 죽음을 생각해야 하고, 죽은 뒤에도 다음 생을 기다리기만 하면 그뿐이라네."

공 대리는 지금까지 전혀 듣지 못했던 내용이라 신기하기도 하고 놀랍기도 하여 가방에서 재빨리 수첩을 꺼내 주요 내용을 메모하기 시작했다.

"우리의 일상에서 벌어지고 있는 역설에 대해 한번 생각해보세! 먹어야 산다고 생각하지만 결국 먹는 것이 우리를 죽이는 거야. 왜일까? 사람이 살아가기 위해서는 산소를 필요로 하지. 살기 위해 산소를 들이마시지만 결국 그 산소로 인해 몸은 산화되어 서서히 늙고 죽어간다네. 산소를 들이마시는 행위가 삶이자 동시에 죽음인 거야. 살림과 죽임이 한 데 반죽되어 있는 것이지. 이 세상 모든 형태가 있는 사물은 산소에 의해 산화되면서 망가진다네. 제철소에서 막 나온 눈부신 은빛의 철강도 산소에 의해 서서히 녹이 슨다 이 말이야. 사람도 마찬가지야. 세상 밖으로 나오는 순간부터 산소에 의해 산화되어 늙기 시작하지. 산소는 사람을 살리는 것 같지만 동시에 죽이는 거야. 오래 살려면 소식(小食)을 해야 하는 이유도 바로 여기에 있다네. 음식물을 섭취하면 각 소화 기관이 음식물을 소화하느라 산화 활동을 왕성하게 시작하지. 많은 음식은 많은 산화 활동을 필요로 하고 그 많은 산화 활동은 결국 많은 산소를 만들어내 그만큼 빨리 생체 기관을 늙고 병들게 하는 거라네. 그렇기 때문에 소식하면 비교적 오래 살 수가 있어. 우리에게 절실하게 필요한 산소로부터 절실하게 멀어져야 오래 살 수 있다는 말이지. 그야말로 역설이지 않은가? 체구가 큰 사람은 체구가 작은 사람보다 더 많은 산소를 필요로 하고, 마라톤 선수들은 일반 사람보다 더 많은 산소를 흡입하지. 그래서 장수하는 사람 중에 체구가 큰 사람이 없고 마라톤 선수는 비교적 오래 살지 못하는 거라네. 세계적으로 장수하는 사람들을 살펴보면 대부분이 소식하고 체구가 작으며 유산소 운동을 적게 하는 사람들이야."

신 도사는 탁자 위에 놓인 생수를 한 모금 들이키더니 돌아서서 칠판에 무슨 문장을 적으려는 듯 분필을 집어 들었다.

"지금부터 쓰려고 하는 것은 태아가 어머니 자궁에서 만들어져 세상 밖으로 나오는 과정이라네. 두 사람 모두 잘 보시게."

김 선생과 공 대리는 눈을 부릅뜨며 칠판을 응시했다.

'무(無) → 초극 상태로 진입 → 찰나지만 큰 고통이 있다 → 유(有) → 안에서 밖으로 나왔는지 밖에서 안으로 들어갔는지 모르겠다 → 의식이 있다는 것을 의식하지 못한다 → 칠흑 같은 어둠이다 → 눈에 힘이 없어 어슴푸레 실눈을 감았다 떠본다 → 주변에서 우는 듯 웃는 듯 눈물을 글썽이며 날보고 뭐라고 하는 것 같다 → 입을 열지만 아무 말도 못 한다 → 주변에 보이는 세상이 아름답다.'

"잘 읽어보았는가? 그렇다면 이번엔 문장을 뒤에서부터 거꾸로 한번 읽어봐! 그렇다네. 죽어가는 내용이야. 삶이 곧 죽음이요. 죽음이 곧 삶이지. 역설이야! 인생 자체가 역설인 것이지. 가장 사랑하는 사람을 만났을 때 바로 그때, 그 사람을 떠나보내야 하는 이별의 아픔도 반드시 함께 온다네. 만남이 이별인 거지. 이런 역설의 이치로 보자면 양과 음 그리고 그것으로부터의 또 다른 양과 음의 탄생을 다음과 같이 설명할 수 있겠다 싶어. 즉 어떤 부모 밑에서 아들이 나올지 딸이 나올지 알 수도 있겠다 싶은 거지. 이건 어디까지나 나만의 이론이니 믿고 안 믿고는 자네들에게 달렸네."

신 도사는 헛기침으로 목을 가다듬더니 말을 이어나갔다.

"남성과 여성이 만나면 아이가 나오지. 남성을 양이라 하고 여성을 음이라 칭하면 양과 음이 만나 한 아이가 나오고 그 아이는 양일 수도 있고 음일 수도 있네. 결국 양과 음이 만나면 또 다른 양이나 음이 나온다는 말인데 그 아이가 양일지 음일지는 어느 성질이 초극 상태에 먼저 진입하는지에 따라 달라진다는 말이야. 남성의 양과 여성의 음이 만났을 때 양의 기운이 더 세다고 하면 양이 극의 상태에 접어들게 되고 그 양이 극의 상태를 넘어서 초극 상태로 접어들게 되면 그 반대의 성질로 변환되어 음이 탄생한다는 것이지. 반대로 양과 음이 만나 음의 기운이 더 커 양을 넘어서게 되면 음이 극의 상태에서 초극 상태로 발전하게 되고 결국 반대의 성질인 양이라는 남자아이가 탄생한다는 얘기야. 즉, 부모 중에 더 기가 센 사람의 반대의 성이 나오는 것이라 보면 되네. 만약 이처럼 되지 않는 경우라면 초극 상태에 진입하지 않고 극의 상태에서 일이 이뤄진 것이라 할 수 있겠지. 결국 양과 음이 만나 또 다른 음과 양을 만들어내듯 양은 또 다른 음일 수도 있고 음은 또 다른 양일 수도 있다는 말이야. 역설을 논하다보니 말이 길어졌구먼. 허허허. 내가 하고 싶은 말은 역설에 답이 있다는 얘기를 하고 싶은 거였네. 해답을 찾고자 한다면 그곳이 아닌 정반대의 곳에 답이 있을 가능성이 많다는 얘기를 해주고 싶었어. 답이 집 안에 있는 것 같지만 집 밖에 있고, 답이 직장 안에 있는 것 같지만 직장 밖에 있을 수 있다는 얘기지."

신 도사는 잠시 침묵하는가 싶더니 공 대리를 불렀다.

"이봐. 공 대리!"

"예. 도사님."

"회사에서 힘들거나 어려운 일이 있다고 해서 회사 안에서만 답을 찾으려 하지 말고 밖에서 한번 찾아봐! 책을 쓰기로 다짐했다면 인세를 보지 말고 인세가 아닌 것을 살펴보고 말이야. 그리고 마음의 준비가 되지 않았다면 『책 쓰기 비법서』를 절대 열어보지 말라고 했던 내 말 기억하겠지? 그 비법서가 굉장히 중요할 거라 생각하겠지만 이 또한 역설적이게도 비법서는 중요하지 않을 수 있다네. 오히려 비법서를 열어보기 전까지 이렇게 단단하게 다져가고 있는 공 대리의 마음가짐이 더 중요할 수 있어. 이 수업도 포함해서 말이야! 알겠나? 이게 내가 오늘 주는 교훈이라네."

"알겠습니다. 도사님."

"허. 이거 말을 많이 했더니 출출하구먼. 김 선생, 공 대리! 시간도 늦었는데 밖에 가서 저녁이나 먹을까?"

직장인이라면 책은 반드시 써야 한다

> "사람이 책을 만들고 나면 그 책이 사람을 만들어가기 때문에 그렇다네. 책으로 만들어진 사람은 단단하거든. 웬만해서는 쓰러지지 않아. 그리고 일을 대하는 태도부터 다르다네. 스스로 성장했기 때문이야. 그리고 더욱더 중요한 점은 다른 사람도 성장시키려 한다는 점일세. 결론적으로 직장인이라면 책은 반드시 써야 한다네!"

"이모! 여기 늘 먹던 걸로 3인분!"

저번에 왔던 학원 앞 김치찌갯집이었다. 신 도사와 공 대리는 동그란 식탁에 앉아 저만치 위에 걸려 있어 잘 보이지도 않는 메뉴판을 보느라 눈을 찡그리고 있는데 김 선생이 단골이라며 생색이라도 내려는 듯 불쑥 주문을 했다.

"오늘은 세 분이시네요? 그럼 김치찌개 3인분에 계란말이 하나가 딱이죠. 소주는 딱 한 병이면 되겠죠?"

뽀글뽀글한 파마머리에 빨간 앞치마를 두른 아주머니는 저번처럼 대차게 말을 내뱉고는 냉장고로 가서 소주 한 병을 먼저 가지고 왔다.

"도사님. 여기는 제 구역이니. 그냥 편하게 앉아 계십시오."

"허허. 거 참. 언제는 내가 불편하게 있었나? 난 항상 편안하니 김 선생이나 잘 챙겨. 어때? 출판업계를 떠나니 살 만한가?"

"예. 물론이고 말구요. 아주 홀가분합니다. 치열했던 출판업계를 떠날 때만 해도 뭘 해 먹고살아야 하나 걱정이 앞섰는데 정말 사람이 죽으라는 법은 없나봅니다. 제가 이렇게 학원에서 국어를 가르칠지 누가 알았겠어요? 지금은 그저 느리게 사는 법을 배우려고 노력하고 있습니다. 천천히 가려고요."

"그래. 자네 말이 맞네. 원래 세상은 천천히 가고 있는데 오직 인간만이 바쁘게 사는 것이지. 100년을 살 수 있는 세상을 50년만 살고 있어. 그래도 자네는 여한이 없겠어. 자네가 낼 수 있는 최고 속도로 한 번은 달려봤지 않은가?"

"예. 맞습니다. 매일 쪽잠을 자면서도 매일이 신났었죠. 도사님하고 미팅도 하고 책을 어떻게 마케팅할 것인가에 대해 고민도 하면서 정말 빨리도 달렸었죠. 월 5천만 원을 벌 때도 있었고 반대로 5천만 원을 까먹을 때도 있었으니 천만 원이라는 돈이 별거 아니라는 생각까지 들었던 시기였습니다. 지금 생각하면 제 오만이었죠."

"그래. 자네 말이 맞네. '일은 계획으로 시작되고, 노력으로 성취되며, 오만으로 망가진다'는 격언도 있지 않은가! 그 공식을 벗어나는 인간이 드물다네. 그래도 자네는 결국 망하기 전에 그 굴레에서 벗어났으니 자네가 진정한 도사로구만. 김 도사말이야. 허허허."

"도사님. 왜 그러십니까? 공 대리도 있는데 민망하게요."

김 선생은 신 도사에게 소주를 정중히 따라주며 말을 이어나갔다.

"그래도 신 도사님이 아니었다면 지금의 제가 없다는 거 잘 알고 있습니다. 이렇게 가족들을 건사하면서 아파트 한 채는 가지고 있으니 더 부러울 게 없죠. 학원에서는 학생들이 잘 따르고 요즘은 이렇게 공 대리에게 책 쓰기 수업도 가르치면서 재능 기부도 하고 있으니 이 모든 게 도사님 덕분입니다."

"아~ 이 사람 참. 저번에 얘기했지만 그런 얘기 또 하면 이제 자네를 안 만날 거야! 그냥 그때 한강에서 다이빙하게 놔뒀어야 하는 건데…."

신 도사와 김 선생은 술잔을 부딪치며 과거를 추억이라도 하는 듯 왁자지껄한 말소리가 끊이지 않았다. 참 보기 좋은 모습이었다.

"자! 공 대리도 받아. 오늘은 한잔할 수 있지?"

김 선생은 처음 공 대리를 만나 이곳에 왔을 때 술 한잔 못 했던 게 못내 아쉬웠는지 술병을 들어 술을 권했다.

"아, 네. 물론이죠. 술 한잔 얼큰하게 하고 이따 대리 기사를 부르면 됩니다."

"차를 가지고 왔다고? 대리 기사? 그러지 말고 오늘은 내 집에서 그냥 자고 가. 마침 아내와 딸들이 처가에 가고 집에 아무도 없거든. 장모님이 요즘 허리가 안 좋으신지 제대로 걷지도 못하시고 통증도 있다고 해서 일주일 전에 성모병원에서 수술을 하셨어. 그리고 오늘 퇴원하셨거든. 그래서 모두 처가에서 자고 온다고 해서 오늘은 집이 비어 있어서 그래."

"그래도 될까요?"

공 대리는 김 선생의 제안에 쉽게 답을 하지 못하는 눈치였다.

"걱정 말래두. 자! 어서 한잔 쭉 들이켜라고."

"네. 괜찮으시다면 그렇게 할게요."

"그래. 괜찮고말고. 아참. 공 대리. 술자리라서 하는 말인데 난 자네가 참 기특하다네. 여기 도사님께서 부탁하셔서 자네에게 책 쓰기 수업을 하고는 있네만 난 직장인이라면 반드시 책을 써야 한다고 생각하는 사람이거든. 수많은 직장인이 여전히 그저 그렇게 하루를 의미 없이 살아가고 있는 것에 비하면 이렇게 책을 쓰려고 노력하는 자네가 어찌 대견하지 않을 수가 있겠어. 자! 우리 공 대리를 위해 건배 한번 하자고!"

김 선생은 연달아 건배를 제의하며 공 대리와 신 도사에게 술을 권했다. 오늘은 집에 아무도 없으니 소주 한 병쯤은 가볍게 넘어설 기세였다.

"자! 공 대리, 말이 나온 김에 행복이라는 측면에서 살펴보자고. 헌법에는 행복 추구권이 있어. '행복 추구권' 말이야! 말 그대로 행복이라는 건 사람이 가만히 앉아 있는데 저절로 얻어지는 게 아니라 본인이 적극적으로 추구해야 얻을 수 있다는 말이지. 그것도 권리로서 말이야. 반대로 누군가 적극적으로 행복을 추구하지 않으면 당연히 가져야 할 권리 하나를 잃어버리는 것과 같다는 말도 성립되지. 그렇지 않은가? 그렇다면 행복을 추구하려면 어떻게 해야 할까? 본인이 무엇을 했을 때 가장 행복한지를 먼저 알아야 해. 축구나 농구 같은 스포츠를 즐길 때 행복한지, 친구들과 수다를 떨 때 행복한지, 아니면 가족들과 함께 여행할 때 행복한지를 말이야. 사람은 저마다 행복을 추구할 권리가 있지만 그 권리를 아주 적절하게 사용하는 사람은 드물다네. 이런 면에서 난 직장인들에게 책 쓰기를 권하고 싶어. 행복하다는 것은 그 행위를 하고 있을 때만큼은 그 행위 자체에 몰입돼서 다른 잡념들은 일절 떠오르지 않는다는 뜻이라고 난 생각하네. 난 책을 쓸 때 그랬어. 아마도 모든 저자가 느끼는 공통점이겠지만 원고를 써내려가고 탄력이 붙었을 때 공(空)의 상태를 느끼곤 했지. 공(空)의 상태란 인간을 영과 혼 그리고 육체로 나눴을 때 영의 상태에 진입했음을 의미한다네. 영의 상태에 들어갈 수 있는 행복. 그때서야 비로소 온전한 내 자신과 대면할 수 있는 거지. 저녁에 얼큰하게 술 한잔하면서 직장 동료들과 나누는 인생살이 수다도 좋지만 퇴근 후에 홀로 책상에 앉아 본인만의 콘텐츠를 백지 위로 옮겨보는 행복이 얼마나 큰지 자네도 맛봤으면 좋겠네. 더구나 내 책이 누군가를 기쁘게 하거나 누군가를 감동시키거나, 누군가의 성장을 돕는다면 그 행복은 몇 곱절로 불어나지 않겠는가? 자, 이번엔 다 같이 건배를 하자고!"

"이거 김 선생, 오늘 너무 많이 마시는 거 아니야? 오늘 탄력 받았구먼."

신 도사가 김 선생의 이런 모습은 처음이었는지 속도 조절을 하려다가 그냥 두는 눈치였다.

"예. 도사님. 오늘만큼은 저를 말리지 말아주십시오. 인생의 스승이신 도사님도 계시고 제자인 공 대리도 여기 있으니 이곳이 바로 천국이자 불국토인 것 같습니다. 하하하."

김 선생은 손가락 두 개를 펴 보이며 아주머니에게 소주 두 병을 주문했다.

"공 대리! 이번에는 재테크 면에서 한번 살펴볼 필요가 있어. 예금 금리가 평균 1.7%인 시대에 예금으로 자산을 늘릴 수도 없고, 부동산 시장을 잡기 위해 정부에서 여러 가지 부동산 규제 정책을 쏟아내고 있는 이 시점에 부동산으로 재테크를 하는 것도 녹록지가 않네. 주식 시장은 또 어떤가? 지속 저성장 국면에서 주식으로 재테크를 하는 것도 결코 쉽지 않지. 금값은 또 어떻고? 이미 오를 대로 올라버렸잖아. 바로 이런 때가 책을 통해 재테크를 할 수 있는 시기란 말이네. 틈새시장이란 말이지. 특히 직장인들에게는 말이야. 내 말을 직장인들이 새겨들었으면 좋겠어! 자! 또 건배 한번 하자고."

신 도사는 내일도 강의가 있어 술을 자제하는 분위기였지만 김 선생은 모처럼 오붓하게 마음 맞는 사람들을 만났다는 이유로, 그리고 공 대리는 휴가 기간이라는 이유로 연거푸 술을 마시고는 흥에 취해버렸다. 소주가 다섯 병째 비워졌다. 김 선생은 기분이 좋았는지 공 대리를 향해 목소리 톤을 한층 더 높였다.

"공 대리. 이소룡이 이런 말을 했어. '난 만 가지 발차기를 하는 사람은 무섭지 않지만, 한 가지 발차기를 만 번 연습한 사람은 무섭다'고 말이야. 직장인에게 있어 책을 만 권 읽는 것도 물론 좋은 일이지만, 그것보다는 만 번의 사유를 통해 출간된 한 권의 책이 얼마나 큰 필살기가 되겠느냐 이 말이지. 그리고 책을 쓰고 나면 사람이 어떻게 바뀌는지 알아? 긍정적으로 바뀌고 진취적인 인간으로 바뀌게 되네. 결국 회사를 위해서도 좋은 일이지. 내가 장담하건대 책을 써본 직장인이 그렇지 않은 직장인보다 업무 면에서도 훨씬 더 높은 성과를 낼 확률이 높아. 왜 그런지 알아? 답은 바로 성장에 있네. 인간은 글을 쓰면서 성장하게 되고 책을 쓰면서 완성되기 때문이라네. 더불어 책을 쓴다는 것은 자신만의 콘텐츠가 있다는 뜻이고, 장고(長考)의 산통을 참아가며 콘텐츠를 확대 및 재생산해서 책을 출간한다는 것은 결코 만만치 않은 일이거든. 그러니 그 일을 해낸 직장인은 스스로에 대한 성취감도 높고 자존감도 무척 높지. 잘 들어야 해! 자존심이 아니고 자존감이라네. 자네도 들어봤겠지만 자존감이 높은 아이의 학습 효과가 그렇지 않은 아이보다 뛰어나다는 연구 결과는 이미 도처에 있네. 아이가 그러한대 성인은 두말할 나위가 없겠지. 결국 사람이 책을 만들고 나면 그 책이 사람을 만들어가기 때문에 그렇다네. 책으로 만들어진 사람은 단단하거든. 웬만해서는 쓰러지지 않아. 그리고 일을 대하는 태도부터 다르다네. 스스로 성장했기 때문이야. 그리고 더욱더 중요한 점은 다른 사람도 성장시키려 한다는 점일세. 결론적으로 직장인이라면 책은 반드시 써야 한다네!"

냉장고 문을 열면 기획이 보인다

> 콘셉트를 정하고 이에 맞는 주제와 글감을 고른 뒤 누구를 대상으로 쓸지와 어떤 종류의 책을 어떻게 쓸지를 결정하고 목차와 원고의 방향성까지 결정하는 거지. 그리고 출간 이후에는 어떻게 홍보하고 어떻게 마케팅을 해서 팔아야 할지까지 생각하면 마무리가 되는 것이라네. 이 모든 과정을 미리 생각해보는 것, 그게 다름 아닌 기획이라는 거야! 일단 냉장고 문부터 열어봐. 그럼, 기획이 보일 걸세!

"아이쿠, 머리야!"

다음 날 아침 김 선생은 깨질 듯한 머리를 부여잡고는 거실 밖으로 비틀거리며 걸어 나왔다. 거실 바닥에는 공 대리가 어제 옷차림 그대로 큰대자로 뻗어 있었다. 공 대리는 김 선생의 인기척에 잠시 몸을 꿈틀거리며 일어나는가 싶더니 다시 옆으로 돌아누우며 코를 골았다. 어제 저녁 신 도사는 다음 날 강의가 있다며 술자리 도중에 일어났고 김 선생과 공 대리는 허리띠를 풀어 젖히고 둘이서 밤늦게까지 소주를 여덟 병이나 마셔댔으니 그들의 몸이 성할 리가 없었다. 공 대리가 김 선생을 부축했는지 아니면 그 반대였는지 둘 다 기억이 전혀 나지 않았다.

"공 대리, 어서 일어나! 벌써 10시가 넘었어. 이거 머리가 지끈거리고 속이 울렁거리는 게 정말 죽겠네, 죽겠어."

공 대리는 그제야 자기 집이 아니란 걸 눈치챘는지 흠칫 놀라며 자리에서 벌떡 일어났다.

"일어나셨어요? 여기까지 어떻게 왔는지 전혀 기억이 안 나네요. 식당을 나온 것까지는 어렴풋이 기억이 나는데 그 이후로는…. 이거 참! 이렇게 필름이 자주 끊기면 안 좋다는데 큰일이네요. 나이도 아직 젊은데 말이에요. 헤헤헤."

"괜찮아. 공 대리. 그런다고 죽기야 하겠어. 나도 오랜만에 제대로 한잔을 해서 그런지 머리는 깨질 듯이 아프지만 기분은 너무 좋아. 학원에서 애들을 가르치다보면 이렇게 술 마실 기회가 없거든. 더구나 우리 학원엔 모두 여자 선생님만 있어서 그런지 회식을 해도 술을 거의 마시지 않는 분위기라서 말이야. 오죽하면 내 옆자리에 있는 논술 선생님이 이번에 그만두시는데 그 자리에 남자 선생님이 들어오면 좋겠다고 기도까지 한다니까. 허허허."

"학원에 모두 여선생님뿐이로군요. 감이 팍팍 옵니다. 다행히 저희 영업팀은 여직원이 한 명이고 대부분이 남직원이라 술 마실 기회는 많거든요. 그나저나 선생님 집은 굉장히 깔끔하네요! 모델하우스라고 해도 믿겠어요."

"모델하우스는 무슨…."

김 선생이 식탁에서 의자를 빼서 앉고는 아직까지 머리가 아픈 듯 손을 이마에 가져다 댔다.

"집사람이 한 깔끔하거든. 성격대로 집안을 깐깐하게 치우는 거지 뭐. 매일 쓸고 닦고 하루라도 빠트린 적이 없어."

"대단하시네요. 저도 나중에 그런 여자를 만나야 할 텐데요."

"뭐? 이 사람 참, 농담을 해도 그런 심한 농담을! 하하하."

"아? 그런 건가요? 하하하."

김 선생과 공 대리는 서로를 마주보며 박장대소를 했다. 둘 다 머리는 엉클어지고 세수를 하지 않은 얼굴에는 기름기가 줄줄 흘렀지만 가식적이지 않은 서로의 모습에 남자로서 더 끌리는 듯했다.

"공 대리, 오늘은 시간도 애매하고 상황도 이러니까 학원 강의실 대신 여기서 뭔가를 알려주고 싶은데 말이야. 어차피 학원도 오늘부터 방학이라 아이들도 3일 동안 학원에 나오지 않거든."

"피곤하시면 오늘은 쉬셔도 되는데요."

"아니야. 쇠뿔도 단김에 빼라고 할 건 빨리 끝내버려야지! 공 대리 휴가도 점점 끝나가고 있잖아. 오늘은 집에서 하는 것이니만큼 강의인 듯 아닌 듯 그렇게 한번 해보자고."

"요즘 말로 썸을 한번 타보자는 말씀인가요? 하하하."

"그래. 썸이라고 해두지. 표현이 적절하구만. 하하하."

김 선생은 알게 된 지 얼마 되지 않았지만 살갑게 다가오는 공 대리가 무척 마음에 들었다.

"공 대리! 배 안고파? 아침 시간이 훌쩍 넘어서 그런지 난 배가 고픈데 말이야."

"사실 저도 그래요. 아까부터 얼큰한 국물을 마시고 싶다는 신호가 배에서 계속 들려왔거든요."

"그럼, 우리 김치찌개에 라면을 풀어서 끓여 먹어볼까? 얼큰하게 말이야."

"그거 좋겠네요. 혹시 공라면이라고 들어보셨나요? 제가 라면 좀 끓인답니다. 선생님은 잠깐 거기에 앉아만 계세요."

"정말? 그럼, 공 대리 실력을 한번 믿어볼까? 그나저나 냉장고를 보니깐 자네에게 알려줄 주제가 하나 떠올랐어."

"냉장고를 보고 주제가 떠올랐다고요? 무슨 주제인데요?"

"기획이라네! 책을 쓸 때 제일 중요한 '기획' 말일세."

"선생님은 정말 못 말리겠네요. 집 안에 있는 물건 하나를 봐도 책 쓰기에 대한 주제를 떠올리시니 말이에요. 어느 경지까지 올라야 그렇게 되죠?"

"경지는 무슨… 모두 옛날 얘기인데 뭘. 하여튼 시작해보자고! 우리 공 대리가 맛있는 김치찌개 라면을 끓여준다고 했으니 난 여기 앉아서 자네가 요리하는 과정에 맞춰서 기획이라는 게 뭔지 제대로 알려줄 테니까 말이야. 일단 들어보면 이렇게 탁월한 비유로 풀어내는 사람이 없다는 걸 알 수 있을 거야. 하하하."

김 선생은 한바탕 웃으며 자화자찬을 하더니 손가락으로 냉장고를 가리켰다.

"거기 냉장고부터 열어봐! 그 안에 뭐가 보이나?"

공 대리는 냉장고 문을 활짝 열어젖히고는 냉장고에 얼굴을 파묻으며 대답을 했다.

"아직 개봉도 하지 않은 카레 봉지가 보이고, 그 옆 비닐봉지에는 붉은 소고기와 흰 닭고기도 한 덩어리씩 보이는데요. 그 아래 칸에는 먹다 남은 배추김치도 보이고 노란 단무지도 있고 무와 양파도 보여요."

공 대리는 냉장고 구석구석을 살피고는 말을 이어갔다.

"이쪽 구석에는 푸른 대파가, 그 밑에는 빨간 당근 그리고 우둘투둘하고 길쭉한 오이와 잘 익은 토마토가 널브러져 있는데요."

"그래. 그럼, 그 재료들을 책 쓰기에 비유하면 뭐라고 할 수 있을까?"

"아, 그건…."

공 대리는 냉장고 문을 열어놓은 채 뭐라고 답을 해야 할지 몰라 잠시 머뭇거렸다.

"바로 글감이라네. 냉장고를 열었을 때 보이는 여러 가지 식재료는 자네 머릿속에 들어 있는 글감이자 소재라는 거지. 경험으로부터 얻은 것도 있을 테고, 책이나 영화 같은 매체를 통해 얻은 것도 있겠지. 그런데 말이야. 냉장고에 이 많은 식재료가 있다고 해서 이 모두를 한 냄비 속에 넣고 끓이면 어떻게 될까? 모든 식재료가 개별적으로 좋으니 훌륭한 음식을 한번 만들어보겠다고 한꺼번에 넣고 끓이면 어떻게 되겠느냐, 이 말이야?"

"맛없는 음식이 될 것 같은데요. 무슨 맛인지도 모를 것 같고요."

"그래. 바로 그거야. 식재료가 좋다고 해서 한 냄비 안에 모두 쏟아붓는 우(愚)를 범하는 것처럼 여러 글감과 소재를 한꺼번에 한 권의 책에 모두 쏟아부으면 어떻게 되겠나? 통일성도 없고 일관성도 결여돼 결코 좋은 책이 될 수가 없다네. 책다운 책이라고 말할 수도 없거니와 독자들에게 읽히지도 않는다는 말이지. 일단 어떤 요리를 해야겠다고 마음을 먹었으면 과감히 포기해야 하는 식재료가 생기는 것처럼 공 대리 자네가 쓰고 싶어 하는 책의 콘셉트가 정해졌다면 그것과 무관한 글감이나 소재는 잠시 접어둬야 한다는 말일세. 포기할 것은 포기해야 해! 소중한 글감이라고 해서 자네 머릿속에 있는 글감을 모조리 꺼내 책으로 옮겨놓으면 안 된다는 말이야! 관련이 없는 글감은 다음번 글쓰기에 반드시 유용하게 쓰일 거라 믿고 한쪽으로 치워둬야 해. 책의 콘텐츠와 관련된 글감만을 가지고 정성을 다해 책을 써야 한다는 말이지. 또 유통 기한이 지난 식재료를 과감히 음식물 쓰레기통에 버리는 것처럼 관련이 있는 글감이라 하더라도 최근 트렌드를 반영하지 못하는 글감이라면 과감히 버려야 하고 말이야. 글감은 항상 싱싱하고 신선해야만 해. 자네도 돌이켜보면 소재나 표현이 시대에 한참 뒤떨어져서 읽는 맛이 현저히 떨어지는 책을 읽어봤던 경험이 있을 거야. 그런 케케묵은 책들은 시대가 받아주지 않기 때문에 역사 속으로 자연스럽게 사라지는 법이라네."

공 대리는 김 선생의 탁월한 비유에 술이 점점 깨는 듯했다. 책 쓰기는 요리와 같다더니 음식을 만드는 과정을 책 쓰기에 적절하게 대입해내는 김 선생의 비유는 탁월했다.

"혹시나 부족한 식재료가 있으면 동네 마트에서 공수해 오는 것처럼 공 대리 머릿속에 있는 글감이나 아이디어가 부족하다면 다른 책에서 발췌하거나 인용하면 된다네. 대신 공 대리가 직접 만든 양념으로 식재료에 골고루 옷을 입혀 공 대리만의 고유한 음식을 만들어내듯이 책을 쓸 때도 인용한 표현들을 자기화하는 과정이 무엇보다도 중요하지. 그렇지 않으면 표절 시비에 휩싸일 수도 있고 결코 독창적인 책이라고 말할 수도 없거든. 자! 일단 우리는 김치찌개 라면을 끓이기로 했으니 앞서 얘기한 것처럼 그 요리와 상관없는 식재료는 그대로 냉장고에 넣어두고 필요한 식재료만 꺼내보라고."

공 대리는 돼지고기와 김치, 대파 등 싱싱하고 필요한 식재료만을 골라서 주방 테이블에 꺼내놨다. 그러고는 흐르는 물로 깨끗이 씻은 다음 도마 위에 올려놓고 칼로 썰 준비를 했다. 유통기한이 지나거나 철이 지난 식재료는 과감히 쓰레기통에 버리고, 최대한 신선한 재료만을 모아 요리 준비를 했다. 조금 모자라는 식재료는 동네 마트에서 사 가지고 왔다.

"그런데요, 선생님! 이 재료들을 얼마만큼의 크기로 썰어야 할지, 간은 어떻게 해야 할지 감이 안 잡히는데요. 찌개에 들어갈 돼지고기도 푹 삶아야 할지 적당히 삶아야 할지 헷갈리고요."

"좋은 질문이야! 거기서 머뭇거리는 이유는 이 음식을 누굴 위해 만들어야 할지 결정이 되지 않아서 그렇다네. 어떤 요리를 하겠다고 결정을 짓고 식재료까지 골랐으면 제일 먼저 누가 먹게 될 것인지를 고려해야 해. 그래야 식재료를 얼마만 한 크기로 썰지, 양념은 강하게 할지 약하게 할지를 제대로 결정할 수 있거든. 마치 책을 쓸 때 책을 읽을 대상이 누구인지 명확하게 선정해야 하는 것처럼 말일세. 그 대상에 따라 책의 내용과 표현이 상당히 달라지거든. 그 대상이 결정되고 나면 글이 쉽게 써진다네. 지금 자네는 나를 위해 요리를 해야 하는데 내 식성을 잘 모르니까 잠깐 멈칫하는 거야. 이처럼 읽는 대상에 대해서 잘 모르면 글이 막히는 법이지. 그리고 한 가지 더! 요리를 할 때 찌개로 할지, 탕으로 할지 아니면 조림으로 할지 구분하는 것처럼 책을 쓸 때도 소설이라는 형식으로 쓸지 아니면 수필의 형태로 쓸지, 그것도 아니면 짧은 운문 형태로 쓸지 미리 결정해야 해. 그래야 책의 성격이 잡히고 나머지가 쉽게 풀린다네."

"이제 감이 좀 잡히네요."

"그래. 하지만 여기서 그치면 안 돼. 자네가 만든 김치찌개 라면이 너무 맛있어서 시장에 내놓고 팔아야겠다고 생각해보라고. 그럼 상가를 임대해서 라면가게를 오픈하고 팔아야 할지 아니면 라면과 국물을 따로따로 진공 포장을 해서 집에서 인터넷으로 팔아야 할지 고민해야 할 거야. 물론 어디서 팔든지 전화로도 주문받고 SNS에도 광고를 하면 효과는 더 크겠지. 인터넷 쇼핑몰을 만들어서 팔아도 좋고 말이야. 기획이란 그런 것이라네. 콘셉트를 정하고 이에 맞는 주제와 글감을 고른 뒤 누구를 대상으로 쓸지와 어떤 종류의 책을 어떻게 쓸지를 결정하고 목차와 원고의 방향성까지 결정하는 거지. 그리고 출간 이후에는 어떻게 홍보하고 어떻게 마케팅을 해서 팔아야 할지까지 생각하면 마무리가 되는 것이라네. 이 모든 과정을 미리 생각해보는 것, 그게 다름 아닌 기획이라는 거야! 일단 냉장고 문부터 열어봐. 그럼, 기획이 보일 걸세!"

제목과 표지에서 독자의 구매가 결정된다

> "2년 전에는 초판도 다 팔리지 못한 책이 나중에 제목과 표지만 바꿔서 대박을 친 책들이 있어. 그것도 평범한 일반인 저자가 쓴 책들이었는데 말이지. 이 정도면 더 이상 제목의 중요성을 얘기하지 않아도 되겠지? 제목은 그런 영향력이 있다네."

"뜨거우니 천천히 불어서 드세요."

공 대리가 큰 냄비에 담긴 라면을 작은 식기에 덜어 김 선생 앞에 내려놓았다.

"선생님은 김치찌개를 참 좋아하시나봐요? 어제도 김치찌개를 드셨는데 오늘도 이렇게 김치찌개 라면을 드시고 싶어 하는 걸 보면 말이에요."

"아. 그런가? 하하하. 듣고 보니 그렇군. 학원이 끝나면 거의 매일같이 그 집에 들러서 김치찌개에다 소주 한 병을 마시고 퇴근하고 있으니 자네 말이 틀린 말도 아니야. 내가 김치찌개를 좋아하긴 하나봐."

김 선생은 싱글벙글해하며 김이 모락모락 나는 라면을 한 젓가락 집어 들고는 '후'하고 불었다. 그러고는 이내 '후루룩' 소리와 함께 게 눈 감추듯 먹어버리고는 또 몇 젓가락을 들어 단숨에 먹어 치웠다. 허기가 많이 졌던 모양이었다.

"술을 마신 뒤에는 왜 이리도 배가 고픈지 몰라. 그나저나 자네가 끓인 라면은 정말 일품이구만! 일품이야! 너무 맛있어."

김 선생이 공 대리를 바라보며 흐뭇하게 웃었다.

"매일 혼자 지내다보니 다른 건 몰라도 라면 하나는 잘 끓이죠. 친구들도 인정하는 걸요."

"그래. 그러고도 남겠어. 역시 공라면이야. 어서 들자고."

"예."

"아참. 말이 나왔으니 말인데 내가 질문 하나 해볼까?"

"뭔데요?"

"책이 크게 제목과 목차 그리고 내용으로 나누어진다고 봤을 때 공 대리는 이 중에서 뭐가 제일 중요하다고 생각해?"

"그야 당연히 내용이겠죠! 어떤 콘텐츠로 승부를 보느냐가 제일 중요하잖아요."

김 선생은 젓가락을 내려놓고는 눈웃음을 지으며 공 대리를 바라봤다.

"저번에 도사님께서 '역설'에 대해 말씀해주신 적 있지?"

"예"

"바로 그거야. 역설. 내용이 중요할 것 같지만 그렇지 않다는 거지. 역설적이게도 제목과 표지가 더 중요할 수 있다네. 내용을 뛰어넘을 수 있다는 말이야. 특히 책을 고르는 독자의 입장에서 보면 말이지. 공 대리는 서점에 가서 책을 고를 때 제일 먼저 보는 게 뭐야?"

"그건…."

"그래! 바로 제목이야. 제목에 끌리면 책을 고르고 그렇지 않다면 책을 아예 집어 들지를 않는다네. 다시 말해, 제목에서부터 끌려야 책이 선택을 받을 수 있고 선택을 받아야 내용이 읽힐 수 있다는 얘기지. 읽히지 않는 책이라면 내용이 아무리 좋은들 무슨 소용이란 말인가! 제목에서 실패하면 모든 게 실패라고 봐도 무방해."

공 대리도 젓가락을 잠시 내려놓으며 김 선생의 얘기에 집중했다. 출판 시장의 현실적인 얘기라 그 무엇보다도 중요하겠다는 직감이 들어서였다.

"그리고 표지는 제목이 눈에 잘 띄도록 돕는 역할을 하지. 대부분은 이 표지의 중요성을 간과하기 쉬운데 제목이 아무리 좋아도 잘못된 표지를 써서 제목이 두각을 나타내지 못하고 묻히는 경우가 의외로 많거든. 어떤 제목이냐에 따라 그 제목에 적합한 표지가 있어. 제목을 두드러지게 하고 독자의 눈에 잘 띄게 만드는 표지라면 으뜸 중의 으뜸이지. 사실 출판 시장에서 독자가 책을 선택하느냐 마느냐는 제목과 표지가 50% 이상을 결정한다고 봐도 무방해. 비중이 꽤 크지? 제목과 표지에서 승부수를 띄우지 않으면 좋은 콘텐츠를 보여줄 기회를 잡지 못한다는 뜻이야. 바꿔서 얘기하면 제목이 좋고 표지가 받쳐줘야 베스트셀러가 될 수 있는 기회를 잡을 수 있다는 뜻과도 상통해. 혹자는 베스트셀러(Best seller)는 너무 큰 욕심이고 스테디셀러(Steady seller)

를 목표로 잡아야 한다고 하는데, 그렇게 생각하는 건 큰 오산이야. 베스트셀러를 거치지 않은 스테디셀러는 없거든. 베스트셀러가 한때 인기를 얻어 정점을 찍고 난 이후에 그 인기가 서서히 수그러들면서 간헐적으로 그리고 지속적으로 팔리는 책이 스테디셀러니까. 시중에 나오는 대부분의 책들은 초판 1쇄로 생을 멈추기 때문에 스테디셀러는커녕 그 근처에도 가보지 못하는 게 출판계의 현주소라네. 이제 베스트셀러를 거쳐야 스테디셀러가 된다는 말이 무슨 뜻인지 이해될 거야. 안타깝지만 출판계의 엄연한 현실이지. 물론 그렇다고 책의 내용을 무시하라는 말은 절대 아니야. 일단 선택이 돼야 저자가 보여주고 싶은 내용을 독자들에게 보여줄 수 있고 그 내용으로 베스트셀러에 도전해볼 수 있다는 말을 하고 싶은 거지. 항상 그렇지만 콘텐츠가 훌륭해야 베스트셀러가 될 수 있다는 사실은 불변의 진리거든. 아무리 제목과 표지에서 선택을 받았다고 해도 콘텐츠가 부실하거나 내용이 부족하면 그 책은 딱 거기까지야. 요즘은 독자들의 눈높이와 식견이 예전에 비해 상당히 높아졌기 때문에 얼렁뚱땅 넘어갈 수가 없어. 어림없는 얘기지."

"일단 책의 제목으로 독자들의 시선을 사로잡고 내용으로 승부수를 띄우라는 말씀이네요?"

"그래. 맞아. 일단은 제목에 공을 들여야 해. 그래야 그 이후를 기대해볼 수 있거든. 내가 출판 시장에서 배운 노하우지."

"선생님, 책의 제목을 그렇게 강조하시는데 이와 관련해서 좋은 사례가 있을까요?"

공 대리는 사뭇 진지한 어투로 물었다. 항상 포장지보다는 알맹이가 우선이라고 생각하며 살아왔던 공 대리였기에 자신의 가치관과 상충되는 김 선생의 조언에 잠시 혼돈이 왔기 때문이었다. 제목은 평이해도 콘텐츠와 내용만 좋다면 충분히 승산이 있다고 믿었는데 그게 아니라니 공 대리는 순간 헷갈려했다.

"그래. 좋은 질문이야. 이렇게까지 제목을 강조하는 이유는 같은 내용이라 하더라도 어떤 제목을 달고 나왔느냐에 따라 판매되는 책의 부수에 상당한 영향을 끼친 사례가 많기 때문이지. 〈wale Done!: The Power of Positive Relationships〉라는 제목으로 미국에서 책이 한 권 출간됐는데, 거의 팔리지 않았어. 자네도 들어봤나?"

"제목이 〈wale Done!: The Power of Positive Relationships〉라고요? 아니요. 들어보지 못했는데요."

"그럼. 이렇게 얘기하면 바로 알아들을 걸세. 2002년에 21세기북스에서 그 책을 번역해서 국내에서 출간했고 원제목을 다음과 같이 바꿔 대박을 쳤지. 곧바로 베스트셀러가 됐어. 책 제목은 다음과 같이 번역됐다네."

"뭐라고 바뀌었는데요?"

"칭찬은 고래도 춤추게 한다."

순간 공 대리는 몸에 소름이 돋았다.

"단지 제목만 바꿨을 뿐인데 소위 대박을 친 거지. 내용물은 동일했거든. 몇 가지 예를 더 들어볼까? 박범신 작가의 장편소설 『살인당나귀』도 마찬가지의 경우지. 박범신 작가가 블로그에 처음 글을 연재했을 때 썼던 제목은 '살인당나귀'였다네. 그 이후에 책을 내려고 찾아갔던 출판사에서 편집자가 제목을 바꿔보자고 권유를 했고 그래서 결국 책의 제목이 바뀌었지. 그리고 바뀐 제목으로 대박이 났어."

"바뀐 제목이 뭐였죠?"

"은교."

이번에도 공 대리는 놀라서 입을 다물지 못했다. 충격의 연속이었다.

"마지막으로 100만 부 이상이 팔린 김훈 작가의 대표작인 『칼의 노래』의 가제는 '광화문 그 사내'였다네. 정말 '광화문 그 사내'로 나왔으면 광화문에 살고 있는 사내 몇 명만 보고 끝났을 거야. 하하하."

김 선생은 호탕하게 웃으며 물을 한 모금 마시고는 공 대리를 물끄러미 바라봤다.

"공 대리. 이처럼 제목은 우리가 생각하는 그 이상의 대단한 파괴력을 가지고 있는 거야. 독자를 유인할 수 있는 마력을 지닌 제목, 흡입력이 있는 제목, 읽어볼 만하다 싶은 제목, 바로 그런 제목을 골라야 해. 콘텐츠를 개발하고 원고를 작성하는 데 6개월이라는 시간이 걸린다고 봤을 때 어쩌면 제목을 고르는 데만 한 달 이상이 걸릴 수도 있어. 아니지! 어쩌면 원고를 기획하고 작성하고 출간을 앞둔 시점까지도 고민해봐야 할 만큼 비중이 클지도 몰라. 더 강렬하게 와닿는 얘기 하나 해줄까? 2년 전에는 초판도 다 팔리지 못한 책이 나중에 제목과 표지만 바꿔서 대박을 친 책들이 있어. 그것도 평범한 일반인 저자가 쓴 책들이었는데 말이지. 이 정도면 더 이상 제목의 중요성을 얘기하지 않아도 되겠지? 제목은 그런 영향력이 있다네."

목차로 5분 안에 끝난다

“출판 시장에서 살아남으려면 목차에 단단히 신경을 써야 해. 그래야 살아남는 5% 안에 들고 유통되는 책으로서 진정한 가치를 누릴 수 있다는 말일세!”

“자네가 라면을 끓였으니 설거지는 내가 하지. 너무 잘 먹었네.”

“아닙니다. 제가….”

싱크대로 다가오는 공 대리에게 김 선생이 오지 말라는 손짓을 보냈다.

“이번에는 자네가 거기 가만히 앉아 있으라고. 내 집이니 내가 설거지를 하는 게 편해서 그래.”

김 선생은 빨간 고무장갑을 양손에 야무지게 끼고는 퐁퐁을 뿌린 수세미로 설거지를 시작했다.

“책을 고르는 데 있어 제목과 표지가 중요하다고 앞서 내가 말을 했잖아. 비중으로 치자면 약 50% 이상을 차지한다고 말이야! 그러면 남은 50% 중에 20%를 차지하는 게 뭔지 아나?”

김 선생이 뒤를 돌아다보며 공 대리에게 질문을 던졌다.

"20%요? 잘 모르겠는데요?"

"목차라네. 결론적으로 제목과 표지 그리고 목차가 70%를 결정하는 거지. 독자가 책을 고르는 데 있어 절대적인 요소가 된다는 말이야. 정말 그 위력이 대단하지 않은가? 책을 많이 읽어본 고수는 목차만 보고도 책의 내용을 파악하고, 내용의 깊이까지도 알아차린다네. 책의 목차가 빈약해 보이거나 차별성을 갖지 못하면 설령 제목이 매력적이어서 책을 골랐다 하더라도 다시 내려놓을 가능성이 매우 높지. 목차는 본문의 윤곽을 드러내는 대표 선수이거든. 그 대표 선수의 골격만 위아래로 훑어봐도 나머지 선수들이 잘 뛸 수 있을지 없을지 감이 금방 잡히는 법이야."

"그럼, 나중에 제가 책을 낼 때는 어떻게 목차를 구성하고 꾸며야 좋을까요?"

"공 대리가 이제 좋은 질문만 하는군. 허허허. 목차는 대개 '큰 제목'과 '작은 제목'으로 나뉘고, 각각 '장'과 '꼭지'라는 이름으로 불리지. 책 한 권을 완성하려면 대략 4장과 40꼭지 이상이면 된다네. 물론, 생각하는 책의 두께에 따라 다르겠지만 말이야. 이런 목차는 글씨체의 굵기나 글의 위치로 변화를 주는 경우가 대부분이네. 대부분 컬러를 다르게 넣어 눈에 잘 띄도록 디자인하기 때문에 책 표지를 넘기는 순간 바로 드러나지. 그리고 독자가 목차를 훑어보는 순간 책의 구매 여부에 대한 결정이 끝나버린다네. 제목에 이끌려 책을 집어 들었고, 표지도 마음에 들던 차에 목록을 살펴보니 만족스러우면 최종적으로 구매로 이어지는 것이지. 보통은 책 쓰기를 기획하는 단계에서부터 목차를 결정하고 그 목차에 따라 글을 써 내려가는 게 보편적이야. 대부분의 에세이가 이런 형식을 취하지. 그런데 소설 같은 문학적인 장르는 원고를 모두 탈고한 다음에 거꾸로 목차를 잡아 책을 마무리하는 경우도 있어. 여하튼 중요한 점은 어떤 형식이 됐든 원고를 탈고할 때까지는 목차를 고정하지 말고 항상 수정할 수 있게끔 가능성을 열어둬야 한다는 점이야."

"유연성 말이군요?"

"그래. 맞아. 유연성! 비단 목차뿐만 아니라 책의 모든 구성 요소는 살아서 숨을 쉴 수 있는 유연성을 갖춰야 해. 고정됐다는 것은 단단하다는 것을 의미하지. 단단하다는 것은 강하다는 것을 의미하고 강한 것은 죽은 것이나 다름없거든. 시체를 봐봐. 그리고 만져봐. 얼마나 단단하고 강한가 말이야. 즉, 고정됐다는 것은 단단하다는 것을 의미하고 단단하다는 것은 죽은 것을 의미해. 반면 유연하다는 것은 부드럽다는 것을 의미하지. 부드러운 것은 연약하다는 것을 의미하고 말이야. 이제 갓 태어난 아이를 보고 만져봐. 얼마나 연약한가 말이야. 그런 이유로 부드럽고 연약하고 유연하다는 것은 살아 있는 것을 의미한다네. 단단한 죽은 시체가 될 것인가, 유연하면서 살아 있는 갓난아이가 될 것인가는 사고를 어떻게 가져가느냐에 달렸어. 본질적인 면에서 갓난아이가 시체보다 강하듯 가장 우월한 것은 결국 가장 유연한 것이라네. 그래서 현실 세계에서 연약한 여성이 강한 남성보다 더 우월한 종(種)이라고 하는 거야. 목차 또한 그렇지. 항상 원고를 탈고

하기 전까지는 수정 및 변경이 가능하다고 생각해야 해. 더 좋은 목차를 위해 고민하고 또 고민해야 한다는 말이지. 그래야 살아 숨 쉬는 목차가 되고 5분 안에 독자들의 선택을 받을 수가 있어."

"예. 선생님. 저도 어느 책에선가 사람이 무엇을 선택하는 데 있어서 결정하는 시간이 매우 짧다는 글을 본 적이 있는 거 같아요."

"그래. 맞네. 패티 우드가 쓴 『상대를 사로잡는 0.3초』에서 보면 상대를 사로잡는 이미지는 단 0.3초 만에 결정된다고 해. 그리고 뇌 과학자들은 일반인이 특정 이미지에 머무는 시간이 4.4초라고 하지. 이 원리를 책을 고르는 과정에 대입해보면 독자 입장에서 0.3초 만에 책을 고를 수 있도록 제목을 잘 정해야 하고, 4.4초 만에 목차로 진검 승부를 가려야 한다는 뜻이야."

공 대리는 김 선생의 과학적인 설명에 혀를 내둘렀다. 왜 신 도사가 김 선생을 추천해줬는지 다시 한 번 실감할 수 있었다.

"이렇듯 독자의 선택을 받는다는 건 굉장히 어려운 일이야. 출판 시장에서 1쇄를 넘기지 못하고 사장되는 책이 몇 %인지 혹시 아나?"

"잘 모르겠습니다."

"95%가량이라네. 결국 단 5%만이 2쇄 이상을 찍고 유통된다는 말이지. 이렇게 출판 시장에서 살아남으려면 목차에 단단히 신경을 써야 해. 그래야 살아남는 5% 안에 들고 유통되는 책으로서 진정한 가치를 누릴 수 있다는 말일세!"

누구를 위해 쓸 것인가?

> "모든 것을 수익적 관점에서 다루면 삶이 팍팍해지고 삭막해지는 건 어쩔 수 없는 현실이지만, 우리 모두가 자본주의 시장에서 살고 있다는 점을 명심해야 해! 반드시 이 점을 생각하고 누구를 대상으로 삼을지 고려하고 써야 한다는 말이야!"

"이제 설거지도 끝났겠다, 맛있는 커피를 한잔 타줄 테니 이것만 마시고 가게. 자네도 들어가서 좀 쉬어야지."

김 선생은 고무장갑을 벗고는 휘파람을 불며 커피를 타려고 수납장 이곳저곳을 뒤졌다.

"엊그제 선물로 받은 원두커피가 어디 있을 텐데."

공 대리도 피곤이 밀려오는지 기지개를 연신 켜대고는 하품을 했다.

"여기서 한숨 더 자고 가면 안 될까요?"

"넉살 한번 좋아. 우리 공 대리는. 허허허."

"아니에요. 농담입니다. 저도 가서 쉬어야죠."

김 선생은 평소에 아끼던 예쁜 찻잔을 꺼내서는 향이 그윽한 원두커피를 담아 공 대리 옆자리에 앉았다.

"자. 어서 들어. 아무리 뜨거운 여름이라도 커피는 역시 따뜻하게 마셔야지. 그래야 제대로 된 커피 특유의 풍미를 맛볼 수가 있다네. 원래 커피는 아이스커피라는 게 없었어. 유럽에서도 팔지를 않았지. 점점 유럽을 찾는 아시아인들이 많아지면서 지금은 팔고 있지만 말이야. 원래 커피는 따뜻하게 마시는 콩 차라네."

"콩 차요?"

"그래. 커피라는 콩을 볶아서 만든 차니까 '콩 차'지 뭔가? 하하하."

"아. 생각해보니 그러네요. 하하하."

김 선생과 공 대리는 원두커피의 향을 음미하며 한 모금씩 마시고는 담소를 이어갔다.

"우리 신 도사님은 보이차를 좋아하시지. 커피보다는 말이야."

"맞아요. 저도 도사님 집을 어렵게 처음 찾았을 때 마셨던 기억이 납니다. 중국 윈난성에서 가져왔다는 보이차 말이에요."

"그래. 공 대리. 가끔씩 이렇게 차를 마시다보면 영감이 떠오를 거야. 사실 글쓰기와 책 쓰기는 엄연히 다르거든. 글쓰기가 100m 달리기라면 책 쓰기는 43.195㎞ 마라톤이라고 할 수 있어. 즉, 글쓰기는 단거리에, 책 쓰기는 장거리 달리기에 비유할 수가 있지. 일단 단거리는 피니쉬 라인(Finish Line)에 도착하기 위해서 숨을 한 번 들이쉬었다가 멈추고는 곧장 직선으로 냅다 뛰면 되네. 이리 비틀 저리 비틀 달리면 실패하고 말아. 도중에 숨이 가빠와도 참아야 해. 누가 피니쉬 라인에 먼저 들어올지 관중석에서 보면 금방 알 수가 있지. 글쓰기가 그렇다는 얘기야. 잠깐만 읽어봐도 어느 글이 잘 쓴 글인지 금방 드러나고 순발력으로 승부를 가릴 수가 있다네. 생각과 신념이 직선적이며 일관성이 있는지 아니면 갈지자로 이리저리 왔다 갔다 하는지도 읽어보면 단숨에 알 수가 있지. 또, 글쓰기는 온전히 자기 생각만으로 쓸 수가 있어. 참고 서적 필요 없이 말이야."

"그럼, 책 쓰기는 다른가요?"

"반면에 책 쓰기는 마라톤과도 같아. 장거리 달리기라고 보면 되지. 단거리에 비해서 더 고통스럽고 힘들다는 얘기야. 단거리가 순발력 싸움이라면 장거리는 지구력 싸움이거든. 참고 인내하고 버텨내야만 해. 단거리는 일직선으로 곧장 달리기만 하면 되지만, 장거리는 구불거리는 이동 경로를 따라 피니쉬 라인이 어디인지, 얼마나 가야 하는지도 미리 파악을 해놔야 하고 체력도 조절해가면서 유연하게 달려야 해. 호흡 조절도 필수지. 호흡 조절에 실패하면 도중에 좌절하고 경기를 그만두는 것처럼 책은 출간될 수가 없어. 그냥 원고로서만 존재할 뿐이지. 글로만 존재하고 그친다는 얘기야."

김 선생은 찻잔에 코를 가져다 대며 그윽한 커피 향을 맡고는 다시 말을 이어나갔다.

"일반 직장인 입장에서 보면 회사 다니면서 글을 쓴다는 건 피할 수 없는 과정이지. 회사 생활 이곳저곳 도처에 있어서 할 수 없이 써야 할 때가 많잖아. 이메일을 작성해서 다른 직원에게 의견을 보내거나 기획안을 작성해서 상사에게 올리거나 하는 모든 행위가 글쓰기지. 하지만 책 쓰기는 마음먹고 써야 해. 누가 시키지 않고 본인 스스로 자발적으로 써야 한다는 말이야. 이런 면에서 글쓰기는 수동적이고 책 쓰기는 능동적이라 할 수 있지. 물론 글쓰기도 신문 칼럼이나 잡지 같은 곳에 실을 요량이면 능동적인 자세로 임해야 하는 것은 두말하면 잔소리겠지만 일반 직장인에게만큼은 그렇게 느껴진다는 말일세. 그렇다고 책 쓰기에 비해서 글쓰기를 폄하하는 건 아니야. 촌철살인(寸鐵殺人)이라는 말처럼 한 권의 책보다 단 한마디의 강한 글이 더 호소력 있을 때가 있거든. 난 단지 투자하는 시간과 노력을 기준으로 봤을 때 일반적인 글쓰기보다 책 쓰기가 더 많이 힘들고 고통스럽다는 점을 강조하기 위해서 하는 말이야. 해보면 알아."

"글이나 책을 쓰는 관점에서 읽는 대상을 고려할 때도 차이점이 있나요?"

한참 듣고 있던 공 대리가 궁금한 듯 입을 열었다.

"공 대리의 질문이 갈수록 박사급이구만. 허허허. '누구를 위해 쓸 것인가' 즉, 대상을 선택함에 있어서도 확연히 다르지. 얼핏 보면 거기서 거기일 것 같지만 정말 다르거든. 일단 글쓰기에 비해서 책 쓰기는 특정 독자층을 겨냥해야 하고 수익성도 고려해야 해. 글쓰기가 순수 문학적 입장이라면 책 쓰기는 실용적 입장이지. 글은 혼자 고민해서 사유(思惟)하고 완성해서 보내면 되는 것이고 그 글을 쓴 사람과 글을 싣는 사람의 생계에 그렇게 큰 영향을 주지는 않네. 하지만 책 쓰기는 달라. 원고를 써서 보내면 책은 출판사에서 만들어지고 출판 시장에서 유통되기 때문에 좋은 책 한 권이 저자와 출판사 모두를 살릴 수도 있지만 반대로 모두 죽일 수도 있어. 경제적으로 말이야. 그렇기 때문에 누구를 위해 쓸 것인가 하는 부분에 있어서도 책 쓰기에서는 수익적 관점에서 한 번 더 고심해봐야 한다는 말일세. 예를 들어 독자층을 고등학생으로 정하고 책을 쓰겠다고 가정해보자고. 대한민국 고등학생 수는 2018년도 기준으로 약 154만 명이네. 고등학생들은 일반적으로 학교와 학원을 오가며 대입을 준비하기에도 바쁘지. 그리고 현실적으로 교과서와 문제집을 제외하고는 1년에 책을 한 권이라도 읽을 만한 여유가 없어. 학교에서 지정한 '꼭 읽어봐야 할 도서' 목록에 포함되어 있지 않다면 다른 책은 읽어볼 엄두도 못 낸다는 말이지. 그렇기 때문에 독자층을 고등학생으로 정했다면 대입과 관련된 문제집이나 어려운 문제를 쉽게 풀어 이해를 돕는 책을 내서 대박이 나지 않는 한 수익적 관점에서 보면 정말 힘든 여정이 될 수 있어. 고등학생을 대상으로 한 에세이나 수필집 등이 그런 좋은 예지. 고등학생을 대상으로 했지만 오히려 이런 종류의 에세이는 고등학생 자녀를 둔 학부모가 읽어볼 확률이 높아. 그런 점도 감안해야 하네."

"결국 책을 쓸 때는 수익적 관점을 무시할 수 없다는 얘기네요?"

"그래. 바로 그거야. 글쓰기와는 엄연히 다르지. 이번에는 자영업자를 대상으로 책을 쓴다고 가정해보자고. 대한민국 자영업자 수는 통계청이 발표한 2019년 6월 데이터 기준으로 약 685만 명이라네. 자영업자를 대상으로 책을 쓴다고 봤을 때 독자층이 이 정도 숫자라는 건 알아야 해. 여기서 평균적으로 1년에 책을 한 권 이상 읽어보는 자영업자 수가 얼마나 될지 추정해봐야지. 자영업 분야도 세부적으로 들여다보면 여러 갈래로 나뉘거든. 그 나뉘는 부분에 종사하는 인원은 또 몇 명이고 어떤 점을 부각시켜야 할지도 고민해야 한다는 말일세. 콘텐츠를 창업 성공기로 방향을 맞춰야 할지 아니면 창업 실패기로 맞춰야 할지도 고민해야 하고 말이야. 이렇게 여러 생각의 퍼즐들을 이어 붙이다보면 자영업자를 대상으로 책을 낸다는 게 정말 쉽지 않은 일이라는 것을 실감하게 되지. 하루하루 매출에 일희일비하며 식재료를 준비하고 손님을 맞이하기도 바쁜데 그 바쁜 틈을 비집고 들어가 책을 구매하게 한다는 것 자체가 실로 불가능한 일이 아닐 수 없어. 그래서 베스트셀러 치고 자영업자를 대상으로 쓴 책이 드문 이유가 바로 거기에 있다네. 설령 베스트셀러가 됐다고 해도 따지고 보면 그 책을 읽어본 독자는 현역에 있는 자영업 사장이 아니라 자영업을 준비하고 있는 예비 창업자였을 확률이 높아. 퇴직을 앞둔 직장인들 말이지. 말이 나온 김에 마지막으로 직장인을 대상으로 한 책 쓰기를 살펴보세. 통계청이 발표한 2019년 6월 데이터 기준으로 임금 근로자 수는 약 2,055만 명이야. 일단 숫자로만 놓고 보자면 앞서 얘기한 독자층보다 훨씬 두텁지. 일반적으로 직장인들은 자기 계발을 위해 독서를 많이 하거든. 이를 장려하는 회사도 늘어나고 있고 말이야. 회사에서 받는 스트레스를 주말에 읽고 싶은 책 한 권으로 푸는 경우도 있고, 회사를 퇴직하고 인생 2막을 준비하기 위해서 책을 읽는 경우도 있어. 회사에서 살아남기 위해 처세를 다룬 책을 읽기도 하고, 고전을 읽기도 하고, 자격증을 준비하거나 승진을 하기 위해 특정 전문 서적을 읽는 경우도 있지. 이렇게 본다면 직장인을 대상으로 하는 책 쓰기가 수지 타산에 맞을 확률이 높지 않겠어? 결국 고등학생을 대상으로 삼는다면 약 154만 명이, 자영업자를 대상으로 삼는다면 약 685만 명이, 마지막으로 직장인을 대상으로 삼는다면 약 2,055만 명이 예비 독자의 최고치란 말이지. 자네 같으면 어느 쪽에 투자를 하고 싶나?"

공 대리의 입이 자연스레 벌어지며 김 선생이 말하고자 하는 현실적인 의도를 알아차릴 수 있었다. 출판업계라는 비정한 무림에서 한때 고수라 불렸던 김 사장이었기에 짚어줄 수 있는 내용이라 더더욱 가슴에 와닿았다.

"거북하게 들렸을 수도 있겠지만 책을 쓰는 사람들 대부분은 경제적으로 여유롭지 못하기 때문에 하는 말이야. 그렇기 때문에 책을 쓸 때는 어떤 대상을 선정하면 어떤 결과가 나올지를 순전히 수익적 관점에서 미리 예측해볼 필요가 있어. 책을 쓴다는 게 사실 수입으로만 놓고 보자면 희망 고문이 될 수 있거든. 여하튼간에 경제적인 면에서 봐도 책을 쓰기에 참 좋은 위치에 있는 사람들이 직장인이야! 그렇지 않아? 월급이란 보험이 있으니 말일세. 모든 것을 수익적 관점에서 다루면 삶이 퍽퍽해지고 삭막해지는 건 어쩔 수 없는 현실이지만, 우리 모두가 자본주의 시장에서 살고 있다는 점을 명심해야 해! 반드시 이 점을 생각하고 누구를 대상으로 삼을지 고려하고 써야 한다는 말이야!"

100% 출간시키는 방법

> "로보트 기요사키'는 수많은 출판사에 발품을 팔아가면서 간곡히 출간을 요청했지만 매번 거절을 당했다네. 일이 그렇게 돌아가자, 결국 본인이 비용을 부담하는 자비 출판을 선택했다네. 그런데 지금은 어떻게 됐는가? 자네 말처럼 『부자 아빠 가난한 아빠』라는 책을 모르는 사람이 없을 정도로 베스트셀러가 됐잖아!"

웅~ 웅~

책상 위에 올려놓은 스마트폰이 진동을 하면서 빨간불이 깜빡거렸다. 액정 화면에 김광일 선생님 이름이 떴다. 공 대리는 어제 너무나 피곤했는지 주변의 소음을 멀리하고는 푹 자고만 싶어 휴대폰을 진동으로 설정해놓았던 게 이제야 생각이 났다. 읽고 있던 책을 서둘러 덮고는 휴대폰을 급히 집어 들었다.

"여보세요?"

"응. 공 대리. 나야. 어제는 집에 잘 들어갔어?"

"예. 잘 들어왔습니다."

"그래. 난 또 전화를 늦게 받기에 자는 줄 알았지."

"아니에요. 진동으로 설정해놓은 줄도 모르고 휴대폰을 좀 늦게 받았어요."

"아. 그런 거였군. 숙취는 좀 어때?"

"어제 저녁만 해도 머리가 지끈거렸는데 잠을 푹 지고 일어났더니 오늘은 좀 괜찮네요. 선생님은 좀 어떠세요?"

"나야. 뭐 거뜬하지. 이 정도 가지고 뭘. 이래 뵈도 내가 왕년에는 혼자서 소주를 아홉 병까지 마셔본 사람이라고."

"예? 아홉 병을요?"

"그래. 거짓말이 아니야. 한참 출판사에서 스트레스가 극에 다다랐을 때 그렇게 마셔봤지. 지금 생각하면 그때는 한창 젊었다고 몸을 함부로 막 대했던 거 같아. 혈기가 왕성했었으니까 말이야. 공 대리는 젊었을 때부터 건강 관리 잘하라고! 우리 같은 서민들에게는 몸뚱이가 큰 재산이잖아. 안 그래?"

"그건 그렇죠. 그런데 선생님. 주변에 통화음이 좀 시끄러운데 어디 가시는 길인가요?"

"아, 참. 내 정신 좀 봐. 공 대리, 오늘 혹시 다른 스케줄이 있어?"

"저요? 아니요. 오늘은 딱히 없는데요."

"잘됐군. 그럼, 나하고 파주에 드라이브 한번 갔다 오는 건 어때?"

"파주요?"

"그래. 파주 말이야. 요즘 자네한테 책 쓰기 수업을 하다보니 옛 생각이 나기도 하고 또 공 대리한테 실제 내가 일했던 출판사도 보여주고 싶어서 말이지."

"아. 그런 거라면 저야 좋죠. 지금 가실 건가요?"

"응. 집에서 막 나왔어. 공 대리 집 주소 좀 불러줘. 차를 가지고 나왔으니 자네를 픽업해서 가면 될 것 같아."

"예. 여기 주소가 인천시 평여동 600-3번지예요."

"그래. 알았네. 잠시만 기다리라고. 집 앞에 도착해서 전화할게."

"예. 알겠습니다."

약 50분 정도가 지나자 김 선생의 차가 공 대리 집 앞에 도착했고, 길가에서 미리 기다리고 있던 공 대리는 서둘러 차에 올라탔다.

"어서 타! 차가 많이 지저분하지?"

"아니에요. 깔끔한데요. 선생님이 제 방을 보면 아마 더 깜짝 놀라실 걸요! 아참, 파주 어디로 가시는 거죠?"

"응. 잠시만. 내비게이션 좀 맞추고."

김 선생은 두툼한 손가락으로 내비게이션 액정 화면에 도착지 주소를 입력했다.

'경기도 파주시 회동길 193.'

내비게이션을 보고 있던 공 대리가 안전벨트를 매면서 얼핏 방향을 아는 듯 입을 열었다.

"회동길이면 파주 출판도시 아닌가요?"

"그래, 맞아. 파주 출판도시. 나만의 퀘렌시아지. 내가 지치고 힘들 때면 찾아가는 곳이야. 그리고 한때는 내 정열을 불태웠던 곳이기도 하고 말이지. 그곳은 현실에 찌들어 있는 속세와는 좀 다른 곳이라네. 자네한테 그곳을 보여주고 싶었어. 책을 쓰고 싶은 사람이라면 꼭 한 번쯤은 가봤으면 하는 곳이지."

김 선생은 'P'에 고정되어 있는 레버를 'D'로 내리고는 엑셀을 밟았다. 김 선생의 차가 출발했다.

"회동길 193이라는 주소가 선생님하고 특별한 인연이 있나요?"

"인연이 참 많은 곳이지. 내 청춘을 바쳤던 곳이니까. 그곳이 바로 내가 창업했던 현대출판사 주소라네. 지금은 미래출판사로 바뀌었지만 말이야. 그곳에 가보면 알겠지만 건물이 정말 멋있고 세련됐어. 시간의 동적 요소와 공간의 정적 요소가 서로 결합된 곳이라고나 할까? 벽을 타고 올라가는 담쟁이덩굴은 어쩌면 그리도 예쁜지 몰라. 건물과 함께 어우러져서 그렇게 운치가 있는 곳이 대한민국에는 또 없을 거야. 역시 인공미는 자연미와 함께할 때 완전해진다니까! 아는 사람은 알고 있겠지만 그 건물은 성균관대 건축과 석좌 교수를 지낸 김영섭 교수님의 작품이라네. 내가 출판업을 떠나는 날 아이러니하게도 그분도 교수직을 그만두고 건축사 사무소 대표로 자리를 옮기셨지. 정말 대단한 분이야. 그 건물을 지으신 때가 2004년도였는데 15년이 지난 지금에도 디자인의 섬세함과 세련미로는 그 건물을 따라올 곳이 없으니까 말이지."

"말씀을 들어보니 선생님은 그 건물에 푹 빠지셨군요."

"뭐, 그렇다고 할 수 있지. 하하하. 자네도 직장인이라서 공감이 가겠지만 자기가 일하고 있는 건물이 멋있다는 것도 나름 남자로서 가지는 프라이드잖아. 안 그래?"

김 선생은 과거를 잠시 회상하는 듯 미소를 머금었고 행복해하는 모습이 역력했다.

"사실 내가 그곳에서 현대출판사를 창업했을 때에 처음에는 자본이 없어서 자비 출판사로 먼저 시작했다네. 자비 출판사라는 개념은 내가 저번 수업 시간에 잠깐 설명을 해줬는데, 기억이 나나?"

"예. 기억이 납니다."

"그래. 오늘 내가 제대로 설명을 해줄게. 아직 도착하려면 30분 정도가 남았으니까 말이야. 아마도 일반인들은 책을 100% 출간시키는 법을 잘 모르고 있을 거야. 100% 출간된다고 하면 일단 믿지를 않지. 모두 다 방법이 있는데도 말이야."

"100% 출간시키는 방법이요?"

"그래. 책을 출간하는 방법에는 두 가지 형태가 있어. 출판사에서 저자에게 인세를 지급하고 출판하는 기획 출판과 저자가 출판 비용을 부담하는 자비 출판이 그것이지. 사실 시간이 갈수록 출판사에서는 일반인 저자를 대상으로 기획 출판을 하는 일을 점점 줄이고 있어. 출판사도 엄연히 수익을 만들어내야 살아남는 회사다보니 리스크를 줄이기 위해서 주로 유명 작가들을 대상으로만 기획 출판을 하니까 그렇다네. 그런 이유 때문에 일반인이 기획 출판으로 책을 출간하기란 여간 어려운 일이 아니야. 더욱이 독자들의 관심을 확실히 끌 수 있는 콘텐츠가 없다면 현실적으로 불가능에 가깝다고 할 수가 있지. 한편으로 저자 입장에서 보자면 책을 출간하기 위해서 몇 달 또는 몇 년 동안을 공을 들여 원고를 완성했는데 책이 출간되지 못한다면 그 막막함이란 정말 말로 표현할 수가 없을 거야. 그래서 자비 출판이라는 방식이 존재한다네. 자비 출판으로 계약을 하면 100% 출간이 되거든."

"그렇다면 자비 출판으로 나온 책들은 내용의 질적인 측면에서 기획 출판보다는 좀 떨어지겠네요?"

공 대리가 자비 출판을 무시하는 어투로 김 선생에게 질문을 던졌다.

"보통 일반인들이 자비 출판에 대해 가지는 오해와 편견이 있어. 그게 뭔지 알아? 바로 공 대리의 지적처럼 저자가 출판 비용을 부담하는 형태로 출간되기 때문에 책의 품질이나 내용적인 부분에서 좀 떨어질 수 있다고 생각하는 거지. 저자 입장에서도 마찬가지야. 출판사에 투고를 하고 며칠을 기다렸는데도 해당 출판사로부터 기획 출판과 관련해서 아무런 연락이 없으면 의기소침해하면서 자비 출판사로 발길을 돌리지. 저자로서의 능력을 한탄하면서 말이야. 마치 자비 출판사는 언제든지 기다려주니까 본인 스스로도 자비 출판을 약간은 무시하는 생각도 좀 가지고 있을 거야. 하지만 그렇게만 생각해서는 안 돼. 출판사에서는 말 그대로 '책이 얼마나 팔릴 것인가?'를 기준으로 삼고 그 단순한 잣대로만 원고를 보기 때문에 설령 기획 출판으로 선택이 되지 않았다고 해서 결코 실망할 필요가 없어. 출판사의 눈이 항상 정확한 것은 아니기 때문이지. 예를 들면 일본계 미국인 '로보트 기요사키'라는 사람이 쓴 책 중에 『부자 아빠 가난한 아빠』라는 책이 있어. 혹시 들어봤나?"

"예. 당연히 들어봤죠. 대한민국 국민 중에 그 책을 모르는 사람이 있을까요?"

"하하하. 하긴 그러겠구먼. 하지만 당시만 해도 여러 출판사에서 그 책의 출판을 거절했어. 그 당시 출판업계의 눈높이로 보자면 책의 내용이 말이 안 된다고 생각했거든. 그렇게 '로보트 기요사키'는 수많은 출판사에 발품을 팔아가면서 간곡히 출간을 요청했지만 매번 거절을 당했다네. 일이 그렇게 돌아가자, 결국 본인이 비용을 부담하는 자비 출판을 선택했다네. 그런데 지금은 어떻게 됐는가? 자네 말처럼 『부자 아빠 가난한 아빠』라는 책을 모르는 사람이 없을 정도로 베스트셀러가 됐잖아! 바로 이 책이 자비 출판을 통해 세상 밖으로 나온 값진 보물 중 하나라네. 반대로 얘기하자면 그 당시에 출판사가 가졌던 시각이 전혀 엉터리였다는 반증이기도 한 셈이지. 아마도 '로보트 기요사키'가 기획출판에 번번이 거절됐을 때 좌절하고 거기서 멈췄다면 어떻게 됐겠어? 생각만 해도 참 아찔하지 않아?"

"정말 그 책이 출판사에서 거절당했다고요?"

"그래. 그랬다니까. 그 당시로 보자면 책의 내용이 시대를 너무 앞서갔던 거야. 난 출판업계에 있으면서 이 일화를 통해 한 가지 중요한 힌트를 얻었다네. 책은 자고로 시대에 너무 뒤떨어져서도 안 되지만 너무 앞서가도 안 된다는 힌트 말이야. 일반 대중들의 눈높이보다 한 걸음 정도만 앞서가면 된다는 이치 말일세. 시대에 너무 뒤떨어지게 되면 독자들이 흥미를 갖지 못할 테고, 반대로 너무 앞서가면 독자들은 현실감이 없다고 외면하기 때문이지. 자네도 알겠지만 독자들이 외면하는 책을 기꺼이 출간해줄 출판사는 없지 않은가? 하~ 이거 참, 말을 하다보니 이상한 샛길로 빠졌구먼. 자비 출판으로 나온 사례들을 얘기하다가 말이야. 자비 출판으로 성공한 몇 가지 예를 더 들어줄게. 소설가인 '헤르만 헤세' 알지? 그 사람이 쓴 『데미안』도 자비 출판으로 나왔고, 영국의 여성 작가 에밀리 브론테가 쓴 『폭풍의 언덕』도 자비 출판으로 나왔어."

김 선생의 얘기를 듣고 있던 공 대리의 눈이 순간 휘둥그레졌다.

"고(故) 노무현 대통령이 감명 깊게 읽었다는 그 『폭풍의 언덕』 말인가요?"

"그래. 맞아. 그 『폭풍의 언덕』 말이야. 그 책도 자비 출판으로 나왔다는 게 신기하지 않아? 여하튼 『데미안』도 그렇고 『폭풍의 언덕』도 모두 베스트셀러가 됐지. 지금도 사랑받고 있고 말이야."

김 선생과 공 대리가 얘기를 나누는 동안 김 선생의 차는 어느새 파주 출판도시로 접어들고 있었다. 차가 점점 속도를 줄였다. 공 대리는 잠시 고개를 돌려 창밖을 바라봤다. 김 선생이 침이 마르도록 예찬한 장소답게 파주 출판도시는 곧게 뻗어 있는 풍성한 진초록의 은행나무에서부터 제각기 특색 있게 디자인된 건물에 이르기까지 온전히 평화로운 도시, 그 자체였다. 조용하고 안정된 마을이었다. 특히, 건물과 건물 사이의 널따란 공간은 밀집된 도시에서는 결코 찾아볼 수 없는 공간적 여유를 선사하는 것 같아 마음까지 넉넉해졌다. 한국화로 따지면 여백의 미와 같은 것이라고나 할까?

김 선생의 차가 우측으로 방향을 틀더니 좁은 샛길로 들어섰고 얼마 가지 않아 왼편으로 '지혜의 숲'이라는 간판이 걸린 도서관이 보였다. 많은 사람들이 도서관 입구에서부터 주변 인도에 이르기까지 자유롭게 거닐며 이곳만의 평화를 즐기는 듯 보였다. 공 대리는 정서적으로 안정감을 찾았다. 눈을 가만히 감았다. 참 오랜만에 느껴보는 '자유와 평화', 그 이상향의 순수한 느낌 그 자체였다.

이윽고 차량이 '회동길 193'이라고 적힌 도로명 표지판이 걸려 있는 건물 앞에 멈춰 섰다. 공 대리는 차량에서 내리기 전까지는 그 건물의 웅장함을 아직까지 눈치채지 못하는 것 같았다.

"자! 이제 내릴까!"

김 선생은 차의 시동을 끄고는 먼저 내렸고, 공 대리는 여름 햇살이 눈부셨는지 손으로 눈을 가린 채 뒤늦게 차에서 내렸다. 건물 앞에 내린 공 대리는 그제서야 눈에 가득 들어오는 담쟁이 건물을 올려다보면서 점점 크게 벌어지는 입을 다물지 못했다. 김 선생에게 들었던 대로 녹색 담쟁이넝쿨이 붉은 벽돌로 지어진 건물을 물결치듯 수놓은 모습에 넋을 잃고 말았다. 마치 인공미와 자연미의 극치를 보여주는 듯했다.

"어때? 공 대리! 멋있지?"

"정말 대단하다는 말밖에 할 말이 없네요. 제가 본 건물 중에 최고입니다. 훌륭하네요. 이런 곳에서 선생님이 일을 하셨다니 너무나 부럽습니다. 건물을 볼 때마다 옛 생각이 많이 나시겠어요?"

"그렇지. 올 때마다 느끼는 기분이야. 그래도 내가 힘들고 지칠 때마다 자주 찾아와서 그런지 지금은 그런 감정들이 많이 무뎌지긴 했어. 아참, 공 대리! 저쪽에 'i Style Cafe'라는 간판이 보이지?"

김 선생이 손을 들어 왼쪽 건너편에 있는 어느 카페를 가리켰다.

"저기 들어가서 커피 한잔 마시고 있어. 아는 후배한테 자비 출판할 때 사용하는 계약서 샘플 좀 받아서 바로 그리로 갈게. 그래도 여기까지 왔는데, 자네도 실전 공부를 해야 하지 않겠어? 그 말 알잖아? '연습은 실전처럼, 실전은 연습처럼' 말이야. 하하하."

김 선생은 말이 끝나기가 무섭게 나무계단을 힘차게 밟고 올라가 미래출판사 출입문을 열고는 이내 사라져버렸다. 자세히 보니 출입문까지 서서히 좁혀져가는 계단이 참 특이하다 싶어 고개를 갸웃거리게 만들었다.

'커피 한 잔의 여유란 이런 것일까? 정말 모두의 퀘렌시아로서 완벽한 곳이구나!'

커피 한 모금을 마시며 카페 2층에서 바라본 창 너머 풍경은 한 폭의 그림과도 같았다. 사실화 같아 보이면서도 수채화였고, 현실 세계 같아 보이면서도 이상향의 세계였다.

한 20여 분이 지났을까? 김 선생이 카페 2층으로 올라와서는 공 대리 맞은편 의자에 털썩 앉았다. 그러고는 테이블 위에 종이 한 장을 조심스레 올려놨다.

"오래 기다렸지? 자! 이거 봐봐. 이게 자비 출판으로 계약할 때 출판사로부터 받는 견적서야. 잘 봐두라고! 자네한테 도움이 될 테니까 말이야."

공 대리는 마시던 커피가 쏟아질까봐 커피 잔을 테이블 한쪽 모서리로 치우고는 견적서를 천천히 집어 들었다. 마치 취업하기 전에 일하게 될 회사에 가서 실습해보는 견습생이 된 기분이었다. 가슴이 쿵쾅거리며 설레기 시작했다.

'아, 이게 바로 자비 출판 견적서구나!'

견적서

2019년 08월 25일	등록번호: 116-81-36284
공석철 귀하	상호(법인명): #미래출판사
금액 : 3,180,000원	전화번호: 070-685-5396
	팩스: 070-623-1127
	사업장 주소: 경기도 파주시 회동길 193

견적 및 출판 제작 안내

가제목 : 에세이 <퇴사하기 전에 나도 책 한 권 써볼까?>

책사이즈 : 신국판 (152×225)

내지 : 80g 미색모조지

표지 : 250g 스노우지(소프트/날개: 있음/컬러인쇄, 무광코팅)

면지 : 120g 매직칼라지(앞뒤 1장, 4페이지)

페이지 : 300page

인쇄 : 1도(먹)

편집 : 포함

제본 : 무선제본

부수 : 500부

* 원고에 첨부된 사진이나 삽화, 도표, 이미지 삽입 시 1개당 1,000원 추가.
* 편집 후 페이지가 줄거나 늘어날 때 1페이지 당 7,000원(1도), 10,000원(2.4도)씩 추가.
* 본문에 별도의 그림이나 사진, 삽화, 도표 등 이미지 작업이 필요한 경우 난이도에 따라 별도 비용 추가 발생.
* 출판 부수가 많을수록 출판 단가가 적게 듭니다.

위와 같이 견적합니다.

도서출판 **미래**

책 한 권이 되려면 A4 용지 몇 쪽 분량이면 될까?

"일단 명상을 많이 하는 습관을 길러보게. 생각을 넘어 사유하고 몰입해봐! 자네는 멋진 회사원이자, 훌륭한 저자가 될 수 있을 거야!"

"선생님. 이렇게 출판사 앞에도 와보고 견적서도 받아보니 가슴이 요동치는데요."

"그래. 그럴 거야. 나도 한때 느껴봐서 잘 알지. 지금에야 샘플 견적서지만 공 대리가 원고를 완성하고 출판사와 정식 계약을 맺는다면 그때는 또 다른 기분일 걸세."

김 선생은 커피 잔을 입에 가져다 대고는 맞은편 카페 벽에 걸린 헤르만 헤세를 넌지시 바라봤다.

"선생님. 사실 요즘은 연필로 원고지를 꾹꾹 눌러가며 원고를 쓰지는 않잖아요. 대부분 PC로 타이핑해서 원고를 작성하는데요. 실제 책 한 권을 만들려면 A4 용지로 몇 장을 써야 할까요?"

"그래. 공 대리, 좋은 질문이야. 요즘은 자네가 말한 것처럼 원고를 아날로그식 원고지에 연필로 쓰는 사람은 없지. 『칼의 노래』를 쓴 김훈 작가 정도를 제외하면 말이야. 지우개로 지우고 수정하고 영 번거로운 일이 아니거든. 더욱이 한글이나 MS워드 프로그램처럼 유용한 도구가 있는데 그런 비효율적인 수고를 할 필요가 없잖아? 안 그런가? 일단은 어느 프로그램을 사용하느냐에 따라 조금씩 차이는 있겠지만 결론부터 말하자면 A4 용지 100쪽 안팎이면 충분하다네. 그 정도 분량이면 일반적인 단행본 사이즈인 신국판(가로 152mm 세로 225mm)으로 약 260~310쪽이 나오거든. 폰트는 10으로 해서 말이야. 즉, A4 용지 한 페이지에 2.5~3쪽이 나온다고 보면 돼. 이렇게 구체적으로 따져보니 한번 도전해볼 만하지 않아? 이렇게 상세히 가르쳐주는 선생님이 어디 있어? 하하하!"

"또, 선생님의 주특기인 자화자찬이신가요?"

"그래. 그렇지. 내가 자화자찬 빼면 시체지 않은가! 하하하! 그래도 잘 들어봐. 다 뼈가 되고 살이 되는 얘기니까. 이렇게 A4 용지 100쪽이 신국판 기준으로 약 260쪽이 될 수 있는 이유는 책에 본문만 들어가는 것이 아니라 프롤로그, 추천사, 목차 그리고 속표지 등이 삽입되기 때문에 그렇다네. 이렇게 늘어나는 분량도 무시 못 하는 거지. 거기다 가독성을 높이기 위해 출판사에서 줄 간격을 충분히 넓혀주거든. 이런 감은 잡고 원고를 써야 해!"

"그럼, 선생님. 책은 몇 쪽 정도를 써야 적당할까요?"

"음. 글쎄. 딱히 몇 쪽 정도가 적당하다고 꼬집어서 말할 수는 없지. 상황마다 다르니까 말이야. 하지만 일반적인 범위에서는 말해줄 수가 있지. 우리가 서점에 가서 일반적으로 고르는 책 한 권은 보통 몇 쪽이지?"

"한 300쪽 내외 되지 않나요?"

"맞아. 대부분 250쪽에서 350쪽 안에 들어와. 시집이 아닌 이상 책이 너무 얇으면 왠지 깊이가 없어 내공이 약해 보이고 반대로 책이 너무 두꺼우면 독자들이 읽기에 부담이 돼서 선택 받지 못할 확률이 높거든. 그래서 일반적으로 300쪽 내외로 출간하는 게 적당하다네. 물론 책 한 권의 두께는 시집이냐 소설이냐 아니면 에세이냐 전문 분야의 도서냐에 따라 결정되지만 말이야. 일단 저자가 쓰고자 하는 장르를 먼저 선택하고 그에 맞는 분량의 원고를 작성하면 된다네. 일단 공 대리가 쓰고 싶은 장르는 뭐지?"

"제가 시나 소설을 쓰는 문인(文人)은 아니니까요. 에세이 형식으로 책을 내고 싶습니다."

"그래. 이제 어느 정도 윤곽이 잡히나보구먼. 물어보는 질문도 좀 더 구체적이고 말이야! 일단 명상을 많이 하는 습관을 길러보게. 생각을 넘어 사유하고 몰입해봐! 자네는 멋진 회사원이자, 훌륭한 저자가 될 수 있을 거야!"

메모하는 습관이 책을 만든다

> 유익한 강의를 듣거나 무심코 책을 읽다가도 본인의 콘텐츠와 궁합이 잘 맞는 아이디어를 발견하면 바로 메모를 해야 해. 시간과 장소를 가리지 말고 말이야. 무조건 메모해야 해. 왜냐고? 메모한 뒤 취사선택해도 늦지 않거든!

"저기 모자를 눌러 쓴 헤르만 헤세 보이지?"

김 선생이 고개를 돌려 맞은편 카페를 바라봤다.

"예. 여기 앉자마자 눈에 띄던 걸요"

"그래. 난 여기 올 때마다 저 이미지를 보면서 '저 사람은 얼마나 고민이 많았을까'하는 생각을 가져본다네. 책을 쓴다는 건 자기 자신과의 지독한 싸움이거든. 저 사람도 결국은 우리와 같은 평범한 인간이었을 텐데 말이야. 혹시, 공 대리, 그거 알아? 헤르만 헤세의 책은 메모하는 습관에서부터 나왔다는 거 말이야?"

"아니요. 처음 듣는 얘기인데요."

"그래. 잘 들어보라고. 사람의 기억력에는 한계가 있어. 어찌 보면 이런 구조로 되어 있기 때문에 최장 100세까지도 살아가는지 모르겠네. 슬픈 기억, 우울한 기억, 아픈 기억들이 잊히지 않고 매일 생생하게 우리의 일상과 함께한다면 아마도 대부분의 사람은 정신병에 걸려 미쳐버리고 말았을 거야. 그래서 기억력에 한계가 있다는 것이 꼭 그리 나쁜 점만은 아니라네. 이런 관점에서 보자면 인간은 우리의 뇌가 가지고 있는 기억력의 한계를 자연스럽게 인정하고 꼭 필요할 때는 보완해나가는 방법을 찾기만 하면 되는 걸세. 일단 인간의 뇌는 무엇인가에 집중하게 되면 무의식의 상태에서도 뉴런들이 활성화되어 활발하게 움직이면서 답을 찾아 나서지. 공 대리, 자네도 가끔 이런 경험을 해봤을 거야. 뭔가 답을 알 것 같은데 전혀 생각나지 않고 먹통이 되었다가 포기하고 다른 일을 하고 있는데 불현듯 그 답이 떠올랐을 때 말이야. 바로 그런 경우가 좋은 예라고 할 수 있지. 일단 뇌는 인지하고 있는 지식을 스스로가 모른다는 오류를 범하는 것을 극히 싫어하거든. 자존심이 세단 얘기지. 어려운 수준의 문제라면 냉큼 자숙하고 포기하라는 신호를 뉴런들 사이에 주고받으면서 잊어버리겠지만, 수준이 낮은 단계라면 뉴런들은 극도로 활성화되어 답을 찾아 나서게 되고 결국 답을 찾아내면서 스스로의 자존심을 회복하게 된다네. 재밌지 않아? 추운 날씨라는 악조건과 사나운 짐승으로부터 살아남으려는 인간의 승리 DNA가 우리 뇌에 내재되어 있는 것처럼, 뉴런 입장에서 보면 이미 알고 있는 지식을 다시 꺼내놓지 못하는 것을 실패라고 느끼고 이 실패를 넘어 승리하려는 DNA가 작동하기 때문에 그렇다네. 그런데 이런 뉴런의 기능 중에 아주 놀라운 점은 기존에 알고 있는 정보와 지식을 융합해서 기존에 생각지도 못한 아주 창의적인 아이디어를 새롭게 만들어낸다는 사실에 있어. 그렇다면 책을 쓸 때 이런 메커니즘에서 어떤 이득을 얻을 수 있을까? 인간의 진화론적인 관점에서 볼 때 승리 DNA로부터 얻을 수 있는 효용은 무엇이 있겠냐는 말이야? 그리고 어떻게 저장해야 할까?"

김 선생은 커피 한 모금을 마시며 공 대리를 정면으로 바라봤다.

"저장이요? 혹시 메모 아닌가요?"

"빙고! 바로 그거야. 메모 말이야! 내가 낸 질문에 대한 답을 처음 맞춘 거 아닌가? 하하하! 여하튼, 사람이 책을 쓰기로 마음을 먹으면 뉴런들은 어떤 콘텐츠를 잡아야 할지 바쁘게 움직이고 머지않아 이를 곧 해결해낸다네. 그리고 책 쓰기를 포기하지 않는 한 콘텐츠에 맞는 기발한 아이디어를 아주 예상치 않은 시점에 불쑥불쑥 내놓지. 이럴 때 메모를 해야 해! 그렇기 때문에 책을 쓰려고 하면 메모하는 습관을 필히 길러야 하는 거야. 결코 간과할 일이 아니라고. 양복 주머니에 포켓 수첩과 볼펜을 항상 가지고 다니거나, 스마트폰에 메모장 앱(App)을 깔아서 사용하거나, 카카오 톡의 '내게 쓰기' 기능을 이용해서 아이디어가 떠오를 때마다 메모를 해둬야 해! 그렇지 않으면 그때는 생각이 났는데 나중에 정작 필요할 때는 생각나지 않아 곤욕을 치를 때가 반드시 찾아온다네. 그만큼 메모는 책 쓰기에서 있어서 필수야, 필수! 이렇게 불쑥불쑥 생각나는 아이디어만 잘 메모하고 모아서 한 꼭지 두 꼭지 이어간다면, 이런 꼭지들만 연결해서 테마(Theme)를 잡고 얘기를 풀어나가도 책 한 권은 금방 완성할 수가 있어. 책 쓰기가 훨씬 쉬워진다는 말이지. 그리고 유익한 강의를 듣거나 무심코 책을 읽다가도 본인의 콘텐츠와 궁합이 잘 맞는 아이디어를 발견하면 바로 메모를 해야 해. 시간과 장소를 가리지 말고 말이야. 무조건 메모해야 해. 왜냐고? 메모한 뒤 취사선택해도 늦지 않거든!"

손목의 힘을 빼라

> 영웅은 한 인간의 특정 기질을 그가 현존하는 시대가 품어줄 때에야 비로소 탄생하는 것이거든. 그렇지 않은가? 책 또한 마찬가지라네. 손목에 힘을 줘가며 책을 쓰는 시대는 지났고 이제는 손목에 힘을 빼야 하는 시대야. 베스트셀러는 작가 스스로가 만드는 것이 아니라 시대가 만들어주는 것이기 때문이지.

"공 대리, 이제 밖으로 나가서 좀 걸을까? 날씨도 좋은데 말이야."

"예. 그렇게 하시죠. 저도 걷는 걸 좋아하거든요."

"음. 잘됐군. 산책을 좋아하고 즐긴다는 건 참 좋은 습관이라네. 특히 자네처럼 책을 쓰려고 하는 사람에게는 더더욱 그렇지. 아마도 산책을 좋아하지 않는 작가는 이 세상에 없을 걸세. 산책으로부터 얻어지는 게 상당히 많거든. 여하튼 일단 밖으로 나가자고. 여기 출판도시에서도 내가 가장 좋아하는 핫 플레이스가 있거든. 그곳으로 안내하지."

"핫 플레이스요?"

"그래. 가보면 알 거야."

김 선생과 공 대리는 카페를 나와 거리를 걷기 시작했다.

"공 대리, 이렇게 양손을 하늘로 높이 치켜들고 숨을 크게 한번 들이쉬어봐! 이것이 진정한 자유라네. 자유 말이야. 이렇게 한번 해봐!"

김 선생은 가슴을 활짝 펴고는 양팔을 하늘로 불쑥 치켜들었다. 그 모습이 마치 순진한 어린아이 같았다. 공 대리도 지나가는 사람들이 어떻게 보든 상관없다는 듯 김 선생을 따라 양팔을 하늘로 높이 치켜세우고는 기지개를 활짝 폈다. 그러자 가슴 깊은 곳에 억눌러 있던 깊은 한숨이 저절로 입 밖으로 뿜어져 나왔다.

"후~"

참 신기한 일이었다.

"공 대리, 저쪽으로 가면 늪이 나온다네. 그리고 그 앞에는 『어린 왕자』에서나 나올 법한 풍성한 나무 한 그루가 홀로 서 있지. 줄기는 큰 몸통 하나인데 그 위로 솟아 있는 나뭇가지와 잎사귀들이 정말 풍성하거든. 무척 마음에 드는 곳이야. 나만의 핫 플레이스지. 그 나무 아래에 벤치가 하나 있는데 거기에 앉아서 먼 곳을 바라보고 있노라면 모든 근심이 사라지고 어느새 마음에 평온이 찾아온다네. 자네도 마음에 들 거야."

"그런 곳이 있나요? 여기 이곳 자체로도 좋은데, 더 좋은 곳이 있다니 기대가 되는데요."

"기대하지 말고 그냥 가자고. 모든 걸 내려놓고 걷고 음미해야 해. 무엇인가를 기대한다는 것도 탐욕이라네. 탐욕이 생기면 그것을 충족하지 못할 때 진노가 일어나게 되고 진노가 일어나게 되면 이성을 잃고 치기 어린 행동을 하게 되어 있지. 어리석은 행동 말이야. 탐욕과 진노와 치기, 불경에서 말하는 '탐진치(貪嗔痴)'가 바로 그것이라네. 탐욕이 물질적인 것에만 국한되는 내용은 아니거든. 잘 새겨들어야 해! 그건 그렇고 자네한테 책을 잘 쓸 수 있는 절대 비법을 가르쳐줄까?"

"절대 비법이요? 제가 가지고 있는 『책 쓰기 비법서』에 나오는 내용인가요?"

"허허허. 그때 신 도사님이 말씀하셨지만 역설적으로 『책 쓰기 비법서』에는 자네가 찾고 있는 진정한 비법이 없을 수도 있어. 오히려 지금 이 순간이 비법일 수 있지. 자! 내가 절대 비기를 알려주지."

공 대리는 마치 사랑하는 연인처럼 김 선생 옆에 가까이 다가가서는 귀를 쫑긋 세웠다.

"책을 잘 쓰기 위한 절대 비법이란 다름 아닌 손목의 힘을 빼는 거라네. 손목의 힘을 빼라는 말은 세 가지로 나누어 말할 수 있지. 첫째. 쉽게 써야 해. 책이 유식의 산물이라는 생각으로 어려운 말이나 한자어, 외래어 등을 혼용해서 쓰면 결코 좋은 책이 나올 수가 없어. 과거에는 책을 어렵게 쓰는 것이 어느 정도 먹히는 시대였지. 대학교나 대학원을 나온 사람이 얼마 되지 않은 시대였기 때문에 뭔가 남이 알아듣기 어려운 말을 쓰거나 한자어나 외래어를 섞어 쓰면 유식하다는 말을 들을 수가 있었거든. 책도 그랬지. 한 문장, 한 단락 해석하기가 힘들고, 읽어도 모호하고 단문장이 아닌 장문장으로 써야 유식하다는 소리를 들었어. 그리고 그런 책이 베스트셀러가 됐고 말이야. 시대상이 그랬어. 하지만 시대가 변했네. 사람들 대부분이 대학교를 졸업하고 이제 거의 모든 사람의 지적 수준이 상당히 올라갔어. 문맹률도 현저히 낮아졌고 말이야. 당연히 의식 수준이 올라가다보니 어렵게 쓴 글이 결코 좋은 글이 아니라는 것을 알아채버렸다네."

"시대가 완전히 변했네요."

"그렇지. 쉬운 것을 어렵게 말하는 강사는 아마추어야. 책도 그렇고 말이야. 어려운 것을 쉽게 설명할 수 있는 강사가 프로지. 책도 그렇다네. 그렇기 때문에 요즘의 베스트셀러는 읽기 쉬운 책이어야 하고 편한 책이어야 해. 머릿속에 생각나는 베스트셀러 몇 권만 생각해도 그렇지 않은가? 둘째, 기대를 낮춰야 하네. 거의 모든 작가들이 베스트셀러를 목표로 책을 쓰지만 그렇게 마음 단단히 먹고 쓴 책은 오히려 단단히 실패한다네. 손목에 힘이 들어갔기 때문이야. 대부분 작가 스스로도 원고를 쓸 때 출판만 되면 대박을 칠 거라는 환상을 갖게 마련이거든. 이해가 안 되는 것도 아니야. 하지만 그렇게 되면 잘 팔릴 거라는 기대감과 잘 팔려야 한다는 강박감으로 손목에 힘이 들어가게 돼서 영혼으로 쓰지 못하고 몸으로 책을 써버린다네. 그러면 십중팔구 실패하지. 오히려 기대하지 않고 몇 개월 만에 가볍게 탈고했는데 그렇게 출판 시장에 나온 책이 소위 말하는 대박이 나는 경우가 많아. 기대하지 않았기에 손목에 힘이 들어가지 않고 영혼으로 쓸 수 있었기 때문이라네. 가끔씩은 작가 스스로도 자기가 쓴 글을 읽어보고 정말 이게 본인이 쓴 글인지 믿어지지 않을 때가 있어. 바로 영혼이 개입해서 초능력을 발휘했기 때문이라네. 초능력으로 써 내려간 글을 어떤 글이 당해낼 수 있단 말인가! 셋째, 너무 두꺼운 책은 피해야 하네. 너무 많이 알고 있다고 해서, 너무 많이 알리고 싶다고 해서 길고 장황하게 쓰면 또한 손목에 힘이 들어가게 되어 있어. 그렇게 되면 책이 400페이지를 훌쩍 넘어가게 되고, 그런 두꺼운 책은 독자가 집어 들지 않아. 읽는 데 부담이 되기도 하고 요즘 트렌드하고도 맞지 않기 때문이라네. 독자들은 긴 표현보다 짧은 표현을 더 좋아하고 두꺼운 책보다 비교적 얇은 책을 더 선호하거든. 과거 부모 세대처럼 두꺼운 엘리트 영어사전을 펼쳐서 영어 단어를 찾는 시대가 아니라는 말일세. 대신에 얇은 스마트폰으로 영어사전 앱을 켜고는 순식간에 단어를 찾아버리는 시대라는 말이지. 요즘 시대가 그렇다네. 책도 마찬가지야. 독자들이 원하는 책을 쓰려면 시대상을 잘 반영하고 시대가 원하는 책을 써야만 해. 이렇게 말하면 나를 욕하는 사람도 있을 수 있겠지만, 명장인 이순신 장군도 조선 시대에 외적이 침입했던 시대사적 배경이 있었기 때문에 영웅으로 탄생될 수 있었네. 요즘 시대에 태어나신다면 영웅으로 추대를 받을 수 있을지 한번 고민해봐야 해. 그렇지 않은가? 왜냐면 영웅은 한 인간의 특정 기질을 그가 현존하는 시대가 품어줄 때에야 비로소 탄생하는 것이거든. 그렇지 않은가? 책 또한 마찬가지라네. 손목에 힘을 줘가며 책을 쓰는 시대는 지났고 이제는 손목에 힘을 빼야 하는 시대야. 베스트셀러는 작가 스스로가 만드는 것이 아니라 시대가 만들어주는 것이기 때문이지."

6개월은 돌부처가 되라

> 주변의 소음을 물리고 조용히 의자에 앉아서 하얀 종이에 나만의 생각을 거침없이 써 내려가는 그 순간의 쾌락. 조용한 침묵, 온전히 나 자신과 마주하는 순간, 무(無)의 상태에서 유(有)를 창조해내는 그 순간, 이 모든 순간을 온전히 즐길 수 있는 그 쾌락이야 말로 책 쓰기를 해본 사람만이 느낄 수 있는 궁극의 즐거움이란 말일세!

김 선생의 말처럼 10분 정도를 걸으니 정말로 늪이 나오면서 풍성한 나무 한 그루가 자태를 뽐내고 있었다. 눈앞의 풍경은 동화책에서나 마주할 법한 그런 아름다운 모습이었다. 감탄사가 저절로 터져 나왔다.

"자! 여기 좀 앉을까?"

"선생님이 말씀하신 곳이 바로 여기군요. 늪이 있고 나무가 있고 벤치가 있는 곳 말이에요."

"그래. 가끔은 내가 좋아하는 까마귀도 날아와서 울어준다네."

"까마귀를 좋아하신다고요?"

"그래. 난 까마귀가 좋다네. 여러 색깔로 자기를 드러내려 하지 않고 검은색 한 색으로만 일관되게 자태를 뽐내거든. 실제로 가까이 가서 보면 그 검은 털이 윤기를 내면서 반짝거리기까지 한

다니깐. 그리고 사실 신 도사님을 만났을 때도, 신 도사님의 책이 대박이 났을 때도 우연찮게 까마귀가 주변에서 시끄럽게 울었다네. 한마디로 내게는 까마귀가 행운의 상징이었던 거지."

"특이하시네요. 사람들 대부분은 까마귀를 싫어하는데 말이에요."

"그래서 난 더 좋다네. 왠지 남들과 똑같이 사는 게 아닌 것 같아서 말이야. 하하하!"

김 선생은 너털웃음을 터뜨리고는 신발과 양말을 모두 벗은 채 맨발로 벤치에 가부좌를 틀며 눈을 감았다. 마치 온몸을 여러 갈래로 묶어놓은 구속이라는 속세의 사슬을 끊고 싶은 듯 보였다. 왜 김 선생이 전쟁터 같기만 했던 출판 시장을 떠나 학원으로 왔는지 조금은 짐작할 수 있을 것 같았다. 김 선생의 본성과 기질이 애초부터 무림과도 같은 출판 시장과는 맞지 않았던 것이다. 그 일을 좋아했던 것이 아니라 노력했던 것이고, 잘했던 것이 아니라 잘하려고 자신과 싸워나갔던 것이다. 저렇게 동화 속의 어린 왕자처럼 소탈하게 그리고 자유롭게 웃는 모습이 그것을 말해주고 있었다.

"선생님, 책을 내려면 원고를 쓰는 기간은 보통 얼마 정도로 잡으면 될까요?"

"음…."

김 선생은 즉답을 하지 않고 벤치 앞에 서 있는 풍성한 나무를 올려다보았다. 그러고는 파란 하늘로 시선을 옮기더니 침묵을 깨고 말문을 열었다.

"자네, 고타마 싯다르타라고 들어봤지?"

"예. 부처님의 속세 이름 아닌가요?"

"그래. 맞네. 고타마 싯다르타가 고행을 포기하고 수자타가 주는 우유죽을 받아먹고 기운을 회복했지. 그러고는 보리수 아래에 부드러운 풀을 깔고 금강보좌를 틀었어. 그러고 나서 '내 여기서 위없는 깨달음을 얻지 못하면 몸이 부서지는 한이 있더라도 결코 일어나지 않겠다!'고 다짐을 했지. 싯다르타가 선정에 들어 위없는 깨달음을 얻으려고 하자, 가장 다급해진 건 욕망에 사로잡혀 속세를 어지럽히고 있는 악마의 왕 '파순'이었어. 싯다르타가 깨달음을 이루면 마왕의 능력을 초월해 일체 중생을 제도하리라는 걸 알아차렸기 때문이라네. 마왕은 몸매가 빼어난 아름다운 세 딸을 보내 싯다르타를 유혹했지. 세 딸의 이름은 각각 은애(恩愛), 상락(常樂), 대락(大樂)이었어. 하지만 싯다르타는 수미산처럼 조금도 흔들리지 않았다네. 이에 화가 난 마왕은 세상에서 가장 두려운 무기를 가진 군대를 보내 총공격을 퍼부었지. 첫 번째 군대는 '욕망', 두 번째 군대는 '근심', 세 번째는 '굶주림', 네 번째는 '사랑', 다섯 번째는 '수면', 여섯 번째는 '두려움', 일곱 번째는 '의심', 여덟 번째는 '음독', 아홉 번째는 '명성에의 집착' 그리고 마지막 열 번째 군대는 상대방을 낮추고 자신을 높이는 '자만심'이었어. 이런 군대를 상대하고도 싯다르타는 꿈쩍도 하지 않았지. 유혹과 협박에도 넘어가지 않자 마왕이 직접 나섰지만 싯다르타는 이에 굴하지 않고 하늘을 울리듯 장엄한 목소리로 크게 외쳤어. '게으른 자의 무리여, 사악한 자여. 그대가 여기에 온 목적은 무엇인가! 그대가 말하는 그 좋은 쾌락이 아무리 좋다 할지라도 나에게는 쓸모가 없다. 그런 쾌락은 그것을 구하는 사람에게 던져주라!'고 말이야. 그러고는 초연하게 성불하여 부처가 되었다네."

공 대리는 갑자기 부처님 얘기가 나와 당황스러웠지만 무슨 비유가 있을 거라는 생각에 김 선생의 말을 가만히 듣고 있었다.

"책 쓰기를 부처님이 득도하는 과정에 비유하는 건 과장되고 지나친 면이 있다는 것쯤은 나도 알고 있네. 내가 말하고 싶은 점은 원고를 쓰고 책을 출간하기까지의 과정이 그만큼 쉽지 않다는 것이야. 수많은 유혹에 시달리게 되지. 처음에는 백지를 꺼내 놓고 머릿속에서 터져 나오는 여러 가지 문장들과 표현들을 옮겨 적느라 설레고 환희에 젖어들게 될 거야. '어떻게 이런 표현을 생각해냈는지, 어떻게 이런 생각을 해냈는지, 과연 이 문장이 내가 쓴 문장인지' 스스로 감탄을 하면서 말이야. 마치 금방이라도 원고를 마무리할 수 있을 것만 같다는 생각이 드는 거지. 이렇게 하루를 그리고 일주일을 보내고 한 달 정도가 되면 반드시 마왕이 등장한다네. 더구나 직장 생활을 하고 있으면 마왕이 보내는 군대는 한두 군대가 아니야. 마왕은 집 안에도 도사리고 있지. 언제 어디서든 모습을 자유자재로 바꿔가며 불쑥불쑥 나타나서는 책 쓰기를 방해하는데 그저 놀라울 따름이라네. 상황이 이쯤 되면 마음 한편으로는 무슨 부귀영화를 누리겠다고 좋은 시절 다 보내고 이렇게 청승맞게 책상 앞에 앉아 책을 쓰고 있나 하는 생각이 싹을 틔우기 시작할 거야. 친구가 금요일 저녁에 시원하게 맥주 한잔 하자고 카톡을 보내오고, 아내는 오랜만에 집 안 대청소를 하자며 주말을 비워두라고 하고, 딸아이는 최근에 나온 영화를 보고 싶다고 졸라대고, 팀장은 이번 주 토요일에 산행을 가는데 같이 가겠냐고 물어오지. 총체적 난국이 닥치는 거야. 대부분 이럴 때에 이런저런 이유를 들어 마왕에게 굴복하고 말아. 마왕이 보내는 열 개의 군대는 너무 막강하고 때로는 달콤하기까지 해서 쉽게 이길 수가 없거든. 하지만 반드시 이겨내야 해. 이럴 때는 스스로 주문을 외우고 자아를 굳건하게 다스려야 한다네. 이 과정을 겪어 넘지 못하면 그렇게도 꿈에 그리던 책 한 권은 결코 나올 수가 없어. 그러니 이겨내야 해. 콘텐츠가 없어서 책을 만들지 못하는 것이지 콘텐츠가 있으면 책은 반드시 나올 수 있게 되어 있거든."

공 대리는 김 선생의 비유에 겁이 나지 않는 건 아니었다. 나이도 그렇고 직급도 그렇고 한창 놀 때고 즐길 때였기 때문이었다. 솔직히 김 선생이 '무슨 부귀영화를 누리겠다고'라고 말할 때에는 공 대리는 뜨끔해서 얼굴이 붉어지기도 했다.

"아참. 공 대리 질문이 아까 뭐였지? 원고를 쓰는 기간은 몇 개월이나 되는가, 그거였나?"

"예. 맞습니다."

"정확히 6개월이네. 딱 6개월 안에 끝내야 해. 더 빨리 끝내는 건 문제가 안 되지만 더 늘어지는 건 문제가 될 수 있다네."

"그건 왜 그렇죠?"

"음, 크게 두 가지야. 6개월 안에 원고를 마치지 못한다는 건 그만큼의 정보나 지식이 없어서 본인 스스로도 자신감이 슬슬 떨어지기 때문이지. 한편으로는 지식과 정보가 있다 하더라도 불덩어리와 같은 열정이 없어서 완주하지 못할 확률이 높아지기 때문이기도 하고 말이야. 나머지 한 가지 이유는 6개월이 넘어서게 되면 본인 스스로도 지치고 힘에 부치기 때문이야. 점점 책을 써야 한다는 자신과의 약속에 여러 가지 핑곗거리를 대기 시작하고 슬슬 발을 빼기 시작하지. 어쩔 수 없지만 현실적인 문제야. 전문적인 논문 같은 책이나 일정 연구 기간이 필요한 책은 열외로 치더라도 일반 직장인이 에세이를 쓴다고 봤을 때는 6개월을 넘겨서는 안 돼. 가급적 6개월 안에 마무리해야 글 쓰는 사람도 지치지 않고 좋은 책도 나올 수 있는 거라네."

"6개월 말씀이죠?"

"그래. 딱 6개월! 6개월만 돌부처가 되라고! 내가 쓴 원고가 책이 되어 돌아왔을 때를 상상하면서 말이야. 그런 식으로 자기 최면을 걸고 난관을 돌파해야 해. 마음만 먹으면 할 수 있다네. 그렇다고 사회생활과 집안 생활을 모두 포기하라는 것은 아니지 않은가! 상황에 맞게 적절히 시간을 안배하고, 포기할 것은 포기하고, 들어줄 것은 들어주면서 원고를 쓰는 데 집중하라는 말이야. 딱 6개월이네. 그러고는 이런 굴레로부터 자유롭게 해방돼야 해. 언제까지 책만 쓰면서 살 수는 없지 않은가! 그렇게 인내하고 6개월이 지나 자네 이름으로 된 책이 한 권 나왔을 때, 그동안 자네를 향했던 가족들과 동료들의 서운했던 감정은 태풍에 구름 걷히듯 순식간에 사라져버리고 만다네. 오히려 산통과도 같은 그 과정을 겪고 넘었을 자네를 생각하면서 대견하다고 생각할 거야. 이와는 반대로 중간에 멈춰버리면 이것도 저것도 되지 않을 뿐더러 자네의 노력도 물거품이 되고 만다네. 자넨, 어느 쪽을 선택할 건가?"

순간 공 대리는 스스로에 대한 도전 의식과 함께 짜릿한 전율을 느낄 수 있었다.

"공 대리, 이런 유혹의 과정이 자네에게 찾아올 때면 싯다르타가 했던 말을 다시 한 번 되새겨보게나. '게으른 자의 무리여, 사악한 자여. 그대가 여기에 온 목적은 무엇인가. 그대가 말하는 그 좋은 쾌락이 아무리 좋다 할지라도 나에게는 쓸모가 없다. 그런 쾌락은 그것을 구하는 사람에게 던져주라!' 이 얼마나 멋진 문장인가 말이야. 사람마다 추구하는 쾌락이 다르다네. 우리들이 추구해야 할 진정한 쾌락은 무엇일까? 주변의 소음을 물리고 조용히 의자에 앉아서 하얀 종이에 나만의 생각을 거침없이 써 내려가는 그 순간의 쾌락. 조용한 침묵, 온전히 나 자신과 마주하는 순간, 무(無)의 상태에서 유(有)를 창조해내는 그 순간, 이 모든 순간을 온전히 즐길 수 있는 그 쾌락이야 말로 책 쓰기를 해본 사람만이 느낄 수 있는 궁극의 즐거움이란 말일세!"

글 쓰는 근육을 키워라

> 더불어 내가 직접 해봤던 특별한 비법은 새로운 글을 계속 써보려는 시도보다는 기존에 썼던 글을 여러 각도로 고민하고 마음에 들 때까지 고쳐보는 것이라네. 이런 방식으로 글 쓰는 잔근육을 키우다보면 어려운 글도 쉽게 쓸 수 있고, 더 높은 차원의 글쓰기를 할 수 있다네.

"이제 자네한테 알려줄 수 있는 내용도 얼마 남지 않은 것 같네."

김 선생의 강의실이다. 김 선생은 그제 파주 출판도시를 다녀온 이후부터 공 대리가 부쩍 성장했다는 느낌을 받았다. 서로 주고받는 대화의 깊이가 예전보다 훨씬 깊어졌고, 물어보는 질문마다 되돌아오는 공 대리의 답변도 예사롭지 않음을 느꼈다. 공 대리와의 수업도 얼마 남지 않았음을 김 선생은 직감했다. 아쉬움이 가득하고 마음이 아련했지만 공 대리에게는 내색하지 않으려 애를 썼다. 가끔은 수업을 받는 제자를 넘어 친동생처럼 느껴지는 공 대리였기에 김 선생은 스스로가 부족하다고 생각하는 부분은 공부를 따로 해서라도 자세히 알려주기도 했었다. 그만큼

정이 많이 들었다. 공 대리는 이런 낌새를 전혀 알아차리지 못한 채 스펀지처럼 김 선생이 알려주는 모든 정보를 흡수하는 데 여념이 없었다.

'글 쓰는 근육을 키워라!'

김 선생은 칠판에 이 한 문장을 적고는 뒤돌아 손가락 두 개를 폈다.

"근육을 키우는 방법은 크게 두 가지야. 빠른 시간 안에 근육을 키우기 위해서는 헬스 기구를 이용해 근육을 단련시키고 온•오프라인 매장을 통해서 고단백질의 영양제를 섭취하는 방법이 있지. 다른 하나는 평소에 아령 같은 기구를 이용하거나 팔굽혀펴기, 윗몸일으키기 등 기초 체력을 통해 잔근육부터 키우는 방법이 있다네. 과연 어떤 방법이 좋을까? 공 대리?"

공 대리는 잠시 머뭇거리고는 답을 하지 못하고 김 선생을 주시했다.

"첫 번째 방법은 아놀드 슈왈제네거처럼 겉보기에는 멋져 보일 수 있지만 건강상으로는 오히려 해롭다네. 문제는 심장의 크기에 있어. 짧은 시간에 고강도 훈련으로 파열됐다가 다시 뭉치는 근육의 작용과 고단백질 덩어리의 체내 흡수를 통해 근육의 크기는 기대 이상으로 커져버린다네. 하지만 심장의 크기는 커지지 않고 그대로야. 심장은 단련되거나 훈련된다고 커지는 기관이 아니기 때문이지. 심장의 크기는 그대로인데 근육만 더 커져버렸을 경우에 이런 근육들을 지탱하고 유지하기 위해서는 동맥과 정맥을 이용해 피를 내뿜는 심장은 그만큼 부담을 가질 수밖에 없어. 기존보다 쉽게 지치고 피로를 빨리 느끼게 되는 거지. 사람이라면 자각하겠지만 인간의 생명에서 심장이라는 기관이 차지하는 비중은 거의 절대적이지 않은가! 거의 전부라고 해도 과언이 아니지. 이렇게 절대적인 비중을 차지하는 기관이 쉽게 지치고 힘들어한다면 외적으로는 큰 근육에 자신만만해 보일지 모르겠지만 내적으로는 점점 더 골병이 들어 생이 단축되고 결국은 파국을 맞게 된다네."

공 대리는 김 선생의 얘기에 얼굴을 찡그리고는 고개를 끄덕이며 이해하는 모습을 보였다.

"두 번째 방법은 첫 번째 방법처럼 외적인 효과를 보기는 어려워. 근력을 키우는 것 같지만 알통이 눈에 띄게 두드러지거나 복근이 초콜릿처럼 변하지는 않거든. 평범한 근육보다는 조금 더 탄탄해 보이는 그 정도의 효과만 있을 뿐이야. 하지만 현미경으로 자세히 관찰해보면 놀라운 점이 발견되지. 바로 잔근육의 발달이라네. 잔근육이 촘촘히 발달돼 웬만한 무거운 짐은 어렵지 않게 들 수 있고 체격도 균형미 있게 틀이 잡히기 시작한다네. 글 쓰는 방법도 이렇게 잔근육을 단련시키는 방법과 똑같다고 보면 돼. 단시간 안에 글 쓰는 능력을 급히 키우면 오히려 기교는 늘지 몰라도 독자의 마음을 움직이는 글은 쓸 수가 없네. 잔근육이 발달되지 않았기 때문에 그렇지. 글을 잘 쓰는 잔근육이 많으면 많을수록 글을 편안하게 쓸 수가 있어. 쓰기도 편하고 더불어 읽기에도 편안한 글이 되는 거지. 마치 바람이 바닥에서부터 자연스레 일어나는 것처럼, 풀이 이슬을 머금고 몸을 뒤로 젖히는 것처럼 그렇게 편안하게 글이 써진다네. 결론적으로 잔근육을 단련시키는 것과 같이 습관화되어 있는 글쓰기는 이처럼 편안하면서도 독자의 마음을 온전히 사로잡게 되는 것이지."

"그럼, 글쓰기에 있어서 잔근육을 키우는 방법은 뭐가 있을까요?"

공 대리의 질문이 예리하면서도 날카로웠다.

"아무 종이에나 아무 말이나 낙서를 해도 좋고, 다른 사람의 글을 보고 따라 쓰기를 해도 좋다네. 어찌됐든 글쓰기를 습관화하는 게 중요해. 제일 좋은 습관은 일기를 쓰는 것이라네. 처음에는 단순한 사실을 적어 내려가거나 특별한 이벤트를 기록하다가도 일정한 시간이 지나면 하루의 일과를 문학적인 표현이나 비유를 통해 써 내려가는 자신을 발견할 수 있을 거야. 글쓰기의 잔근육이 비로소 탄탄해진 것이지. 더불어 내가 직접 해봤던 특별한 비법은 새로운 글을 계속 써보려는 시도보다는 기존에 썼던 글을 여러 각도로 고민하고 마음에 들 때까지 고쳐보는 것이라네. 이런 방식으로 글 쓰는 잔근육을 키우다보면 어려운 글도 쉽게 쓸 수 있고, 더 높은 차원의 글쓰기를 할 수 있다네."

재미있지 않으면 성공하기 어렵다

> "해학적이라는 표현이라는 게 '무조건 웃기다'라는 뜻이 아니야. 익살스럽지만 품위를 유지하는 말이나 행동을 뜻하는 거지. 물론 모든 책이 재미있을 수야 없겠지만 재미가 없으면 뜨기 어렵다는 점은 꼭 명심하라고!"

"공 대리, 추가로 한 가지 더 재미있는 얘기를 해주지. 최근의 SNS 트렌드에서 단연 두각을 나타내고 있는 채널이 뭘까?"

김 선생은 화제를 갑자기 SNS로 돌리며 공 대리에게 질문을 던졌다.

"유튜브(YouTube) 아닌가요?"

"그래. 맞네. 이제는 정답을 너무 잘 맞히는 걸? 요즘 별도로 개인 과외하나?"

"개인 과외요? 제발 그럴 돈이라도 있으면 좋겠네요. 하하하."

"아이쿠~ 이제 농담도 제법이고. 많이 컸어. 많이 커. 불과 얼마 전까지만 해도 새우깡이었는데 말이지."

"새우깡이요?"

"그래. 새우깡!"

"새우깡이 뭐죠?"

"하하하! 그건 모르나봐. 손이 많이 가는 친구였다는 뜻이지. 혼자서 못 하는 일이 많으니까 이것저것 챙겨줘야 돼서 말이야."

"난 또 뭐라고요. 선생님도 참. 하하하!"

김 선생과 공 대리는 배꼽을 잡고 한참을 웃었다. 요즘 들어 이렇게 서로 격 없이 웃는 일이 잦아졌다. 김 선생은 다시 사뭇 진지한 표정으로 돌아와서는 SNS를 통해 전달하고자 하는 메시지를 이어나갔다.

"그래. 공 대리. 본론으로 돌아가서 카카오스토리나 페이스북은 초기부터 텍스트(Text) 기반을 중심으로 붐을 일으킨 반면에, 유튜브는 처음부터 입체적 영상을 이용자들에게 제공했다네. 거기다 재미라는 요소를 가미했기 때문에 지금 이렇게 최고의 인기를 누리게 됐지. 태생적으로도 서로들 성격이 달라. 카카오스토리는 전달하고자 하는 표현 방식은 이용자마다 달랐지만 결국에는 '나는 잘 먹고 잘 살고 있다'는 메시지를 지인들에게 퍼트리는 채널로 많이 변질됐고, 페이스북도 최근에서야 여러 유익한 정보를 영상과 함께 제공하는 기능으로 진화하고는 있지만 태생적으로는 '내가 이렇게 잘났으니 나랑 친구하고 서로 네트워크를 형성해보자'고 하는 자기 PR 중심의 플랫폼(Platform)이라는 한계를 지녔어. 이와 다르게 유튜브는 처음부터 카카오스토리나 페이스북처럼 특정한 형식에 치우치지 않았지. 아주 자유롭게 자기를 표현하면 그뿐이었고 내용이 교훈적이든 아니든 그런 건 개의치 않았어. 대신에 재미있어야 많은 구독자를 얻게 되고,

'좋아요'를 많이 받아야 받은 숫자에 비례해서 수익이 발생한다는 기본 룰(Rule)을 이용자들에게 제시해줬을 뿐이라네. 엔터테인먼트라는 인간의 본성에 집중했던 거지. 바로 '재미' 말이야."

"그렇게 설명해주시니 이해가 빠르네요."

공 대리는 자신도 모르게 계속해서 고개를 끄덕였다. 김 선생의 지식은 정말 끝이 없는 듯 보였고 설명을 이토록 잘하는 화술은 공 대리가 본받을 점이라는 생각이 들었다.

"그래. 공 대리. 이해가 좀 될 거야. 대중에게서 인기를 누리는 거의 모든 것은 그 이면에 반드시 중요한 열쇠가 있네. 잠겨 있는 대중의 마음을 열 수 있는 열쇠 말이야. 책 쓰기도 마찬가지지. 직장인으로서 책을 내려고 한다면 이미 출판 시장에 나와 있는 비슷한 콘텐츠의 책들을 살펴보고 반드시 비교해봐야 해. 아마도 대부분이 교훈적이거나 너무 진지해서 재미와는 동떨어져 있을 거야. 바로 거기에 답이 있다네. 이왕 책을 내려고 마음을 먹었다면 공 대리의 콘텐츠에 재미를 더해보는 게 어때? 재미가 있다면 더 많은 독자가 반드시 읽게 돼 있고, 입소문도 빠르게 퍼져나갈 수 있거든. 이런 생리는 교육 시장에서 인기 강사를 구별해내는 방법과도 너무나 닮아 있어. 대한민국 강의 시장에는 공 대리가 생각하는 그 이상으로 수많은 강사들이 존재해. 인터넷으로 '강사'라는 단어만 입력해도 단순 검색으로 나오는 강사의 수가 정말 어마어마하거든. 하지만 그 많은 강사 중에서도 유독 이 강사들은 넘사벽이라고 할 수 있지. '넘을 수 없는 사차원의 벽'말이야. 바로 김미경 강사와 김창옥 강사가 그런 분들이지. 이 두 강사의 특징이 혹시 뭔지 알아?"

"재미 아닌가요?"

"바로 그거라네. 이 두 강사의 강의는 너무 재밌어. 강의를 듣다보면 저절로 웃음보가 터지고 심지어 눈가에 눈물까지 고인다네. 슬픔의 눈물이 아니라 너무 웃긴 나머지 눈가에 고이는 재미진 눈물 말이야. 고개를 끄덕이며 공감하면서 시간 가는 줄 모르고 웃다보면 어느새 강의가 끝나버린다니까. 그렇다고 교훈적인 메시지가 없냐 하면 그것도 아니야. 더 강렬하게 와닿는다고! 이처럼 책도 재미가 있어야 해. 재미라고 해서 희극적인 재미만 말하는 게 결코 아니야. 내용이 재밌어야 한다는 말이지. 그저 교훈적이고 진지해서는 요즘은 베스트셀러가 되기 어려워. 과거에는 통했을지 모르지만 요즘 시대에는 마치 '해를 품은 달'처럼 '재미를 품은 유익한 콘텐츠'라는 해학적인 요소가 있어야 성공할 수 있다네. 해학적이라는 표현이라는 게 '무조건 웃기다'라는 뜻이 아니야. 익살스럽지만 품위를 유지하는 말이나 행동을 뜻하는 거지. 물론 모든 책이 재미있을 수야 없겠지만 재미가 없으면 뜨기 어렵다는 점은 꼭 명심하라고!"

불가근불가원(不加近不加遠)의 자세로 임하라

> "스스로에게 엄격하고 남에게는 관대하게 살아! 책 쓰기도 마찬가지야. 그렇게 하면 돼! 그렇게 하면 좋은 책이 나온다고!"

장마 뒤 맑게 갠 파란 하늘. 공 대리는 고개를 들어 하늘을 올려다봤다. 까마귀 떼들이 '까악 까~악' 울며 큰 원을 그리고 있었다. 문득 까마귀를 좋아한다는 김 선생이 떠올랐다.

'좋은 일이 있을 때마다 까마귀가 울었다는데, 이렇게 내 머리 위를, 그것도 저렇게나 많은 까마귀들이 떼 지어 날아다니는 것을 보니 내게도 분명 좋은 일이 일어나려는 것일까?'

공 대리는 강화도 마니산에 올라 마지막 계단을 밟고는 참성단에 올라섰다. 멀리 내려다보이는 구불구불한 강과 넓은 들판을 보고 있자니 가슴이 뻥 뚫리는 기분이었다. 산꼭대기에서 불어오는 맞바람의 시원함은 마니산이 주는 덤이었다.

'그래! 이 정도 준비했으면 나도 책을 쓸 수 있겠지?'

두 손을 하늘로 추켜올린 채 혼잣말로 중얼거렸다. 불안한 마음이 가신 건 아니었지만 언제까지 이렇게 준비만 하고 있다가는 끓어오르는 지금의 열정이, 달군 쇠가 찬물에 식듯 금세 '칙~'하는 소리와 함께 식어버릴 것만 같은 두려움이 몰려왔던 것도 사실이었다. 물끄러미 고개를 들어 낡은 정자 안에서 아래를 내려다보고 있는 신 도사를 바라봤다.

'도사님은 무슨 생각을 저리도 골똘히 하고 계실까?'

공 대리는 신 도사의 명상을 방해할까봐 도둑 걸음으로 살며시 정자 뒤로 다가가서는 나무계단을 조용히 밟고 올라가 신 도사 옆에 나란히 섰다.

"마니산은 처음이지?"

신 도사는 고개를 돌리지 않은 채 입을 열었다.

"예. 여러 산을 다녀봤지만 마니산은 처음입니다. 이렇게 산 정상에 까마귀 떼들이 많은 것도 처음 봤고요."

"그래. 이 산은 보통 산이 아니야. 기가 살아 있고 영험이 깃든 산이라네. 예전에 내가 책을 한번 내보려고 골방에 틀어박혀 나오지도 않고 몇 날 며칠을 원고를 쓰느라 씨름하면서 끙끙대던 때가 있었지. 정말 힘들었었어. 온전히 내 자신과의 싸움이었으니까. 가끔은 끼니도 거르고 가끔씩은 물도 마시지 않았다네. 회사에 다니면서 책을 쓴다는 게 어지간히 보통 일이 아니었거든. 그렇게 세 달쯤을 보내고 나니 어느 순간 머리가 깨질 듯이 아프고 아무 생각도 나지 않는 거야. 그냥 거기서 멈추고만 싶었지. '내가 지금 뭘 하고 있나?' 하는 푸념 섞인 불만도 생기면서 말이야. 정말 그만두기 일보 직전이었다네. 그때 우연찮게 이 마니산에 올랐어. 그리고 나도 모르게 마음속으로 기도를 했지. 내가 무신론자라 하나님이나 부처님께 기도를 올렸던 건 아니고, 그저 내 마음속 저편에 있는 누군가에게 간절히 기도를 했다네. 다른 건 바라지 않을 테니 원고만 마치게 해달라고 말이야. 잘 써도 좋고 못 써도 좋으니 제발 원고만 마치게 해달라고 말일세. 그런데 이상하게도 몇 분이 지나고 나니 거짓말처럼 머리에 통증이 사라지고 맑아지는 거야. 두통이 말끔히 사라져버렸지. 그때 깨달았어. 이 마니산이 보통 산이 아니란 걸 말이야. 그때 이후로 마음이 복잡하거나 생각이 많아지면 여기로 찾아온다네."

"그때도 까마귀 떼들이 이렇게 많았나요?"

"허허허. 오늘 처음 와서 많이 놀랐나보구먼. 여기는 영험한 곳이라고 내가 말했잖아. 까마귀들도 그것을 아는 것이지."

"도사님. 책을 쓰기 전에 마지막으로 조언 한 가지만 더 해주실 수 없나요?"

공 대리는 신 도사 옆으로 조심스레 한 발짝 더 다가섰다.

"무슨 조언? 자넨 아직도 준비가 덜 됐다고 생각하나?"

"예. 다 되긴 된 거 같은데요. 그래도 뭔가 2% 부족한 것 같다는 생각이 들어서요."

공 대리는 어떻게 답을 해야 할지 몰라 순간 주춤했다.

"공 대리, 무슨 일을 하든지 100% 준비가 된 상태에서 일을 시작할 수는 없다네. 그건 욕심이기도 하지만 다르게 말하면 일을 미루려고 하는 게으름의 발현(發現)일 뿐이지. 간단히 말해서 자기 합리화라는 말이야. 어떤 일이든 80% 정도 준비가 됐다면 강하게 밀어붙이는 거야! 나머지 20%는 일을 진행하면서 수정하고 보완하면 되는 거라네."

신 도사는 뒷짐을 지고 잠시 침묵하는가 싶더니 다시 입을 열었다.

"공 대리, 불가근불가원(不加近不加遠)이라는 말을 들어봤나?"

"예. 들어봤습니다. 회사에 막 입사했을 때 주변에서 해줬던 말 중에 제일 많이 들었던 말이었어요. 뭐든지 너무 가까이도 하지 말고, 너무 멀리도 하지 말라면서 말이죠. 그렇지 않으면 마음을 많이 다친다고요."

신 도사의 입꼬리가 살며시 올라가며 알 수 없는 미소를 머금었다.

"사람들은 항상 '불가근불가원' 하면 그 대상을 왜 타인(他人)으로 삼는지 모르겠어."

"예? 무슨 말씀이시죠?"

공 대리는 어리둥절해하며 머리를 긁적거렸다.

"불가근불가원의 대상을 왜 다른 사람으로 삼느냐는 말이야! 다른 사람을 대상으로 삼지 말고, 자기 자신을 대상으로 삼아야 하지 않겠어. 그게 더 고차원적인 시각 아니겠느냐 이 말이야! 인간이란 자고로 남에게는 까다롭게 굴면서 자신에게만큼은 참 관대한 동물이라네. 남에게는 온갖 잣대로 재단질을 해대고 비난을 해대지만 정작 본인 자신에게만큼은 부처님처럼 참 관대하거든. 오죽하면 '내로남불'이라는 말이 생겨났겠나? 공 대리! 진정한 고수는 항상 스스로를 경계하는 법일세. 남이 아니고 자신 말이야. '자아(自我)에게 너무 가깝게 가지도 않고, 그렇다고 멀리 떨어져 있지도 않는 삶'. 바로 그런 삶이 미래를 위해 나아갈 수 있는 전제 조건이 된다는 말일세."

공 대리는 망치로 머리를 한 대 얻어맞은 기분이었다. 그동안 '불가근불가원' 운운하며 남들과의 거리를 저울질하려고만 했던 모습이 떠올라 공 대리의 얼굴이 발갛게 달아올랐다.

"공 대리! 변화를 위한 첫 번째 조건이 뭔지 알아?"

"예? 잘… 모르겠습니다."

김 선생의 질문에는 가끔씩 명쾌한 답을 내놓았던 공 대리였지만 신 도사 앞에서만큼은 여전히 말문이 막혔다. 질문의 수준 차이라는 게 이런 것일까? 신 도사의 질문에는 답이 전혀 생각나지 않았다.

"자기 부정이라네. 자기 부정 없이는 결코 변화할 수 없어! 그렇기 때문에 공 대리도 본인 스스로를 경계하면서 살아가야 한다네. 가끔씩은 자기를 부정하면서 말이야. 책을 쓸 때도 마찬가지라고! 저 아래 마을을 한번 봐!"

신 도사는 오른손을 들어 아래쪽 마을을 가리켰다.

"여기서 내려다보니 얼마나 아름답고 평화로운가? 그렇지 않아?"

"예. 평화롭게 보입니다."

"왜 그런지 알겠어? 바로 여기 이곳이 마을하고 아주 가깝지도 않고 그렇다고 아주 멀리 떨어져 있지도 않은 그런 자리이기 때문이지. 자기 자신도 이런 거리에서 바라본다면 평소보다는 좀 더 평화롭고 아름다운 자아를 발견할 수 있을 거야. 책을 쓸 때도 그렇게 써야 해! 범인(凡人)들이 책을 쓴다고 하면 자기 자신의 가치관이나 생각에만 너무 치중한 나머지 내용의 옳고 그름을 분별하지 못한 채 한쪽으로만 너무 편중된 글을 쓰는 경향이 있지. 본인에게만 너무 가까워. 또 어떤 이들의 책에는 저자 본인의 관념이나 주관은 전혀 찾아볼 수 없지. 남이 써놓은 글이나 좋은 표현들만 잔뜩 모아 짜깁기를 하고는 마치 온전히 자기 책인 양 출판을 해서 인기를 누리려고 하는 인간들이 있어. 정말 한심한 인간들이야. 이 두 가지 경우 모두 '불가근불가원'이라는 대원칙을 어겨서 그렇다네. 그래서는 좋은 책이 나올 수가 없어. 무슨 말인지 알겠는가?"

신 도사는 정자에서 내려오더니 구불구불 아래로 뻗어 있는 오솔길을 따라 걸어가기 시작했다. 그러고는 강조라도 하듯이 짧고 굵은 한마디를 내뱉었다.

"스스로에게 엄격하고 남에게는 관대하게 살아! 책 쓰기도 마찬가지야. 그렇게 하면 돼! 그렇게 하면 좋은 책이 나온다고!"

3장. '책 쓰기 비법서'를 펼치는 공 대리

마니산에서 내려온 공 대리는 집으로 돌아와 거실 한가운데에 가부좌를 틀고 앉았다. 사방이 고요했다. 눈을 감고 명상에 잠겼다.

'앞으로 무엇을 해야 하지?'

'이제 준비가 된 건가?'

'이제 시작할 때가 온 것인가?'

온갖 물음이 휘몰아쳤다. 마치 태풍과도 같았다. 힘들고 괴롭기만 했던 회사 생활, 직장 선배들의 조언들, 책을 쓰고 싶다는 간절한 바람과 삼고초려 끝에 만난 신 도사, 그리고 김 선생과 나눴던 소중한 시간들과 주옥같은 이야기들. 이 모든 게 파노라마처럼 공 대리의 마음속에 떠오르고는 이내 사라졌다.

그렇게 삼십여 분을 움직이지 않고 가만히 앉아 스스로에게 질문하고 스스로 답을 구하는 시간을 갖다보니 어느덧 휘몰아쳤던 태풍이 잠잠해졌다. 주변의 고요함과 마음속 고요함이 하나가 되어 명상이 몰입의 경지까지 오르는 순간이었다.

'그래! 해보는 거야!'

자리를 박차고 일어선 공 대리는 입고 있던 옷을 벗고 샤워를 했다. 머리부터 발끝까지 새로운 공 대리로 다시 태어나고 싶었다. 샤워를 마친 공 대리는 중고품 거래상을 불러 거실에 있는 소파와 TV를 말끔히 치워버렸다. 처음 구입했던 가격에 비하면 너무나 터무니없는 돈을 받고 팔았지만 전혀 아깝다는 생각이 들지 않았다. 인생에 있어 소파와 TV는 더 이상 중요하지 않다는 것을 깨달았기 때문이었다. 그러고는 작은방에 놓여 있는 자작나무로 만든 책상과 의자를 거실로 가지고 나왔다. 옷장 위 구석진 곳에 숨겨 놓았던 『책 쓰기 비법서』도 함께 가지고 나왔다. 그동안 쌓여 있던 뿌연 먼지를 손으로 투박하게 털어내고는 책상 위에 조심스럽게 올려놓았다.

책 쓰기 비법서

공 대리는 자세를 바로 잡고 떨리는 마음으로 드디어 그 첫 장을 넘겼다.

책은 누구나 쓸 수 있다

책을 출간하는 일은 더 이상 전업 작가나 문단에 등단한 극소수의 특정인에게만 국한되는 이야기가 아니다. 세상이 바뀌었다. 독자들은 특정 작가가 쓴 완벽한 책보다는 부족하지만 개성 있는 저자가 쓴 재미있고 유익한 책을 읽고 싶어 한다. 요즘 세대가 KBS나 MBC와 같은 공영 방송을 즐겨 보지 않고 사설 방송인 유튜브 TV 채널을 자주 보는 맥락과도 같다.

이제 독서에서 책 쓰기로의 패러다임 전환이 필요하다. 언제까지 남의 책만 읽다가 끝날 것인가! 문제는 콘텐츠다. 콘텐츠가 있으면 책을 쓸 수 있고 콘텐츠가 없으면 책을 쓸 수 없다. 사실 거의 모든 사람은 본인만의 콘텐츠를 가지고 있지만 이를 깨단지 못하고 그런 이유로 책을 쓰는 게 어렵다고 말하는 것이다. 그러면서 책을 쓴다는 건 항상 남의 이야기일 뿐, 언감생심 본인은 꿈도 꾸지 못한다. 하지만 시기의 문제일 뿐 인생에 있어 반드시 한 번쯤은 자신만의 콘텐츠를 발견할 때가 온다. 그때 이 비법서가 크게 도움이 될 것이다.

사실 독자들은 잘 다듬어지고 세련되면서도 화려한 문장에 반응하는 것이 아니라 자신에게 필요한 지혜가 책 속에 있느냐 없느냐로 책의 구매 여부를 결정한다. 다시 말해 언어적, 문학적 글쓰기의 기술이나 기법이 부족하더라도 간결하고 정보력 있는 책이면 독자들의 선택을 받을 수 있다는 얘기다. 따라서 이 비법서에는 화려한 문장을 구사하는 방법이나 다채로운 표현을 익히는 기교보다는 간결한 문장을 만들어 자신이 전달하고자 하는 내용을 호소력 있게 잘 전달할 수 있도록 기초적이지만 아주 필수적인 문장 기술을 포함하고 있다.

콘텐츠는 있지만 글을 쓰기가 두려운 사람이나 책을 처음 출간하고자 하는 예비 저자들에게 도움이 됐으면 한다.

공동저자 신근태, 김광일

'독창성'이라는 구슬을 '보편성'이라는 실로 꿰어라

누구나 아는 내용을 상투적인 표현을 사용해 책을 써 내려가면 재미없는 책이 될 뿐더러 일반 독자들도 찾지 않는다. 설령 제목이 마음에 들어 몇 장을 넘기다가도 진부한 내용이 지속되면 책을 덮고 다른 책을 집어 드는 게 독자들의 자연스러운 심리이기 때문이다. '독창성'이란, 글을 쓰는 사람 개인의 창의성을 뜻한다. 책을 내고자 하는 콘셉트가 정해졌다면 서점에 가서 경쟁도서를 20권 이상은 읽어봐야 한다. 그리고 그 책들이 가지고 있지 않은 독창성을 파악한 다음 본인 스스로 가지고 있는 창의성에 불을 지펴 글을 써야 한다. 남들이 아는 진부한 내용이나 미리 짐작할 수 있는 내용으로 출판 시장에 도전해서는 백전백패하기 때문이다.

책이 '독창적'이라고 하는 의미는 아래 세 가지 경우를 포함하고 있어야 한다.

첫째, 소재가 독창적이어야 한다. 소재란 글감을 얘기한다. 남들이 다 아는 글감은 과감히 피하고 참신한 글감을 가지고 책을 써야 한다. 뻔히 알고 있는 내용인데 비용을 지불하면서까지 책으로 만나고 싶어 하는 독자는 이 세상에 없기 때문이다. 대신 자신이 모르고 있거나 재미있고 유익한 이야기는 줄을 서서라도 구매해서 꼭 읽어보려는 게 인간의 심리다. 원래 인간은 지루함을 극도로 싫어한다. 이외수 작가는 가끔씩 다른 작가들이 사용하지 않는 '눈곱' '코딱지' '배꼽' '혓바닥'이라는 단어를 글감으로 쓰기 때문에 인기가 있는지도 모르겠다.

둘째, 시각이 독창적이어야 한다. 최근에 유행하는 인문학 강의에서 통찰력(Insight)을 강조하고 있는데 이 능력이 높을수록 시각의 수준 또한 높아지고 다채로워진다고 믿는다. 독창적인 소재를 찾고 새로운 글감을 찾기 위해 수많은 노력을 해봐도 뾰족한 방법이 없다면 이를 바라보는 시각을 달리 가져가면 된다. 동일한 글감에서 전혀 다른 시각을 뽑아낼 수 있는 능력을 키우면 된다는 얘기다. 많은 사람이 '당연히 그럴 것이다'라는 예측을 정반대로 뒤집어 아무도 예기치 않은 결론을 만들어내면 된다. 높은 시청률을 기록한 대부분의 드라마가 극적인 반전을 가져오면서 히트(Hit)를 치는 경우가 이에 해당된다.

셋째, 표현이 독창적이어야 한다. 관습적이고 전통적인 표현으로부터 과감히 벗어나 참신하고 개성적인 표현을 사용해야 독자들의 흥미를 끌 수 있다. 경쟁 도서에서 단순 서술 형식으로 표현하고 있다면 이를 소설 형식으로 과감히 바꿔서 출간해보는 것은 어떨까? 산문으로 표현된 작품을 시의 형태로 변형을 주어 표현해보면 어떨까? 당연히 소재와 시각이 독창적이라면 표현도 독창적일 수밖에 없겠지만 글감도 시각도 평이하다면 최대한 창의적인 표현에 시간을 더 많이 투자해야 한다.

하지만, 아무리 독창성이 중요하다고 해서 무조건 새롭고 참신한 것만을 추구해서는 안 된다. 어떤 글이든 독자가 읽어야 의미가 있다. 기존에 없는 내용이고 소재가 특별하다고 해서 독자의 공감대를 반드시 이끌어낼 수 있는 것은 아니기 때문이다. 이런 측면에서 보자면 책의 독창성이란 대중의 보편성과 적절하게 조화를 이룰 때에만 그 진가를 발휘한다 할 수 있겠다.

'독창성'이란 강렬한 색을 띤 동그란 구슬과도 같다. 그 동그란 구슬을 평평한 마루 위에 떨어트려 놓으면 어디로 구를지 아무도 예상할 수가 없다. 새빨갛고 파랗고 노란 예쁜 구슬들. 하지만 이런 많은 구슬들이 마루 위 여기저기를 데구루루 구른다고 상상을 해보면, 제각기 독창적이어서 흥미진진이야 하겠지만 한편으로는 정신 사납고 혼란해지는 건 어쩔 수가 없다. 이럴 때는 이 구슬들을 '보편성'이라는 실로 꿰어 아름답고 안정감 있는 장식으로 만들어보는 기지를 발휘해보자. 그 장식이 목걸이든 팔찌든 상관없다. 이렇게 소비자들에게 팔 수 있는 상품이 될 때야 비로소 사람들은 그 아름다움에 반해 손을 내밀 것이다.

기초를 무시하지 마라!

글을 잘 쓰는 비결이란 게 있을까? 글을 많이 쓰다보면 글쓰기에 대한 두려움이 줄어들까?

일반인이 쉽게 품는 의문일 것이다. 결론부터 얘기하자면 글을 잘 쓰는 비결이란 없다. 글을 많이 써봐도 두려움은 항상 존재한다. 많이 쓰다보면 요령이 생겨 자연스럽게 논리가 구성되고 문장이 간결해져 좀 더 나은 글쓰기를 할 수 있는 것뿐이다. 두려움 또한 마찬가지다. 글쓰기에 대한 두려움은 인간이기 때문에 느낄 수밖에 없는 자연스러운 감정이며 어느 누구도 예외일 수 없다. 단지, 이를 극복하기 위해 견디고 인내하는 시간만이 존재할 뿐이다.

그리고 그 시간과의 싸움에서 '승리하느냐, 굴복하느냐' 하는 문제의 열쇠는 냉정히 말해 글쓴이가 처한 상황의 긴박함과 절박함의 정도에 달려 있다.

화려한 미사여구가 사용된 긴 문장으로 독자를 설득해도 좋고, 투박하지만 짧은 문장으로 독자를 설득해도 좋다. 방법은 다르지만 책을 쓰는 목적은 결국 독자를 설득해서 저자가 의도한 방향대로 움직이게 하는 것이기 때문이다. 최종적으로 독자를 설득할 수 있는 글쓰기라면 성공한 글쓰기라 말할 수 있다. 하지만, 여기서 짚고 넘어가야 할 문제가 하나 있다. 평범한 일반인에게 있어 다양한 어휘와 화려한 미사여구를 사용하여 다채롭게 표현하는 문장 기술을 익히는 게 쉽지 않다는 점이다. 따라서 필자는 책을 쓰려는 직장인에게 화려한 미사여구를 활용한 장문의 글쓰기를 권하고 싶지 않다. 쉽게 배우기도 어려울 뿐더러 요즘 출판 시장의 트렌드하고도 맞지 않다. 이에 반해 짧은 단문으로 간결하게 써 내려가는 방법을 권하고 싶다. 주어와 서술어가 한 문장에 하나씩 들어가 있는 문장이 그 좋은 예이다. 모든 문장을 단문으로만 써 내려갈 수는 없지만 가급적 단문으로 짧게 끊어서 간결하게 기술한다면 독자도 쉽게 읽을 수 있고 저자 본인 또한 말하고자 하는 의도를 독자에게 명확히 전달할 수 있다.

또한 글쓰기의 기초를 무시해서는 안 된다. 어떻게 쓰든 독자의 마음을 움직이는 게 저자의 최종 목표라고 해서 글쓰기의 기초를 무시하면 예기치 않은 낭패를 볼 수 있다. 내용은 명확하게 전달되면서도 저자의 글솜씨에 의구심을 가지게 돼 결국 책의 신뢰성에 금이 가기 때문이다. 책 쓰기도 그렇다. 콘텐츠가 좋다고 해서 글쓰기의 기초를 무시하고 써 내려간 책은 독자의 확실한 신뢰를 얻기 힘들다. 배우기 힘들더라도 글쓰기의 기초를 지속해서 습득해야 하고, 실수하면 수정하고 고쳐 써야 한다. 중요한 점은 학(學)에 그치지 말고 습(習)해야 한다는 것이다. 수영하는 법을 비디오로 배웠다고 해서 바로 물에 뛰어들면 익사하기 십상이다. 배운다는 것과 현실에서 익히는 것은 엄연히 다르기 때문이다. 그래서 학(學)은 이론이고, 습(習)은 실습이라고 하는 이유도 여기에 있다. 반드시 글쓰기의 기초를 익히고 실습해야 완성도 높은 책을 만들 수 있다.

작가(作家)라는 말을 한자 그대로 풀어 쓰면 집을 짓는다는 뜻이다. 주제와 소재라는 자재로 집을 지으려면 기둥을 세우고 시멘트를 바르고 인테리어를 해야 한다. 집 짓는 데 그 어느 것 하나 중요치 않은 과정이 없다. 하지만 절대로 기초를 무시해서는 안 된다. 아무리 인테리어를 어떻게 하느냐에 따라 집값과 주거 여부가 결정되는 시대라고 해서 인테리어를 기둥보다 우선시해서는 안 된다는 말이다. 기초를 무시한 채 멋진 표현과 좋은 콘텐츠로만 치장한다고 해서 결코 훌륭한 베스트셀러가 될 수는 없다. 기둥이 부실한 집이 오래가지 못하는 것처럼 기초가 부실하면 결국 책의 완성도에 금이 가 독자들로부터 외면을 받기 때문이다. 이런 이유로 글을 쓰는 기초 비법에 대해서 알려드리고자 한다.

1) '에게'와 '에'를 혼동하지 말자.

(1) 한국을 화이트리스트 대상에서 제외한 일본의 이번 조치에 한국 정부는 일본에게 강력히 항의했다.
(2) 나는 아침마다 해바라기에게 물을 준다.
(3) 저녁에 토끼에 먹이를 주니 너무 흐뭇하다.

위 세 가지 밑줄 친 표현은 모두 잘못됐다. 왜냐하면 '~에게'는 사람이나 동물처럼 살아있는 생물에 사용하고, '~에'는 무생물이나 식물처럼 움직일 수 없는 대상에 사용해야 하기 때문이다. '일본에게'는 '일본에'로, '해바라기에게'는 '해바라기에'로, '토끼에'는 '토끼에게'로 고쳐 써야 한다.

2) 인용 조사를 바르게 쓰자.

(1) 한 부장은 "그래도 이번 회식은 진행한다"고 말했다.
(2) 한 부장은 그래도 이번 회식은 진행한다라고 말했다.

위 두 가지 표현 모두 틀렸다. '~고'는 따옴표를 쓰지 않는 간접 인용에, '~라고'는 따옴표를 쓰는 직접 인용에 쓰이기 때문이다. 따라서 아래와 같이 고쳐 써야 올바른 문장이 된다.

(1) 한 부장은 "그래도 이번 회식은 진행한다"라고 말했다.

(2) 한 부장은 그래도 이번 회식은 진행한다고 말했다.

3) 존경어 표현에 유의하자.

(1) 이번 기획안은 전우치 부장님의 보고서를 참고하는 것이 좋다.
(2) 김유신 장군께서는 문무를 겸비한 훌륭한 인물이셨다.

문장을 읽다보면 어떤 사람이나 특정 위인을 언급할 때 존대를 나타내는 표현을 자주 볼 수 있다. 예를 들면 '님', '께서', '그분' 등과 같은 존칭 접미사와 존칭 지시어가 그렇다. 물론 주관적이고 문학적인 글쓰기에서는 이러한 존경어 표현을 사용할 수 있지만, 객관적이고 실용적인 성격이 강한 글쓰기에는 자제해야 한다. 글쓴이가 존경한다고 해서 모든 독자가 그를 존경해야 할 이유가 없기 때문이다. 이런 존칭어가 많이 사용된 실용적인 책은 다시 한 번 수정을 거쳐야 한다. 위 표현도 아래와 같이 고쳐 써야 기초가 튼튼한 문장이 된다.

(1) 이번 기획안은 전우치 부장의 보고서를 참고하는 것이 좋다.
(2) 김유신 장군은 문무를 겸비한 훌륭한 인물이었다.

4) '~로써'와 '~로서'를 적절하게 쓰자.

(1) 전우치 장군은 죽음으로서 일본군을 막아냈다.
(2) 장군으로써 해서는 안 되는 일을 하고 후회했다.

'~로써'는 수단이나 방법을 나타내는 조사이며, '~로서'는 자격이나 신분을 나타내는 조사이다. 따라서 위 두 문장 모두 틀렸다. 다음과 같이 고쳐 써야 한다.

(1) 전우치 장군은 죽음으로써 일본군을 막아냈다.
(2) 장군으로서 해서는 안 되는 일을 하고 후회했다.

5) '~에'로 발음이 난다고 해서 소리 나는 대로 쓰면 안 된다.

일반인이 흔히 틀리는 표현이다. '~의'를 써야 할 자리에 '~에'로 발음이 난다고 해서 그대로 '~에'를 사용하는 경우가 있는데 잘못된 표현이다.

예시) 전우치는 가난한 어부에 아들로 태어나서 회장의 자리까지 올랐다.
수정) 전우치는 가난한 어부의 아들로 태어나서 회장의 자리까지 올랐다.

6) 자동사인지 타동사인지 구별해서 사용하라.

예시) 김부장에게 저 좀 소개시켜주세요.
전우치는 회사의 이념을 실현시키기 위해 노력하고 있다.
영등포역에 전철이 도착되고 있다.

홍길동은 당황된 표정을 지으며 책 쓰기 비법이 담긴 책을 감췄다.

아래와 같이 고쳐 써야 올바른 표현이다.

수정) 김부장에게 저 좀 소개해주세요.
전우치는 회사의 이념을 실현하기 위해 노력하고 있다.
영등포역에 전철이 도착하고 있다.
홍길동은 당황한 표정을 지으며 책 쓰기 비법이 담긴 책을 감췄다.

7) 구어적 표현을 삼가라.

말과 글은 엄연히 다르다. 말을 글처럼 구사할 때 부자연스러워지고, 글을 말처럼 사용할 때 어색해진다. 말은 말답게, 글은 글답게 써야 한다. 대화할 때나 쓰이는 표현을 글쓰기에 사용하면 안 된다. 이 또한 시와 소설 그리고 희극과 같은 문학적 글쓰기에서는 허용되는 표현이지만 실용적인 글쓰기에서는 삼가해야 한다. 예를 들면 아래와 같은 표현이다.

예시) 지금 우리 회사가 돌아가는 꼴을 보면 뭐랄까 망하기 일보 직전이라고 해야 하나.
그렇게 생각하는 방식은 그러니까 되도록 빨리 사라져야 하는 그런 거야.

8) 주어와 서술어를 일치시켜라.

책을 읽다보면 주어와 서술어가 따로국밥처럼 노는 경우가 있다. 직장에서 기획안이나 보고서 또는 협조전이나 품의서에서도 자주 찾아볼 수 있는 오류이다. 문장을 시작할 때 주어가 무엇인지 명확히 한 다음 주어에 맞게 서술어를 사용해야 하는데 집중력이 떨어지거나 긴장감이 떨어져 이를 놓치기 때문이다. 또는 문장이 단문으로 끝나지 않고 장문으로 길어지게 되거나 중간에 다른 말을 많이 넣다보니 실수를 저지르는 경우가 대부분이다.

(1) 김 팀장의 올해 도전 과제는 영업 1팀에서 가장 높은 영업 실적을 올려야 한다.

(2) 우리 회사에서 가장 중요하게 고려돼야 할 것은 자동차 판매와 할부 이용 고객에 대한 맞춤서비스를 확대해야 한다.

(1)에서 주어인 '도전 과제는'과 서술어인 '올려야 한다'가 일치하지 않고 있다.

(2)에서 주어인 '고려돼야 할 것은'과 '확대해야 한다'는 서술어가 일치하지 않아 자연스럽지 않다.

쉼표도 경제성의 원리를 적용하라!

인류가 진화를 거듭하면서 많은 유산들이 만들어지고 유지되고 때로는 역사 속으로 사라졌다. 그 많은 유산들 중에 지금까지 살아남아 인류에게 강력한 동기 부여를 하는 시스템이 하나 있다. 바로 자본주의다. 자본주의 시스템은 무엇으로 작동되는가? 바로 경제성의 원리다. 경제성이란 최소한의 투자로 최대의 효과를 거두는 것을 의미한다.

책 쓰기 또한 마찬가지다. 경제성의 원리가 책 쓰기에도 적용된다. 긴 문장은 가급적 짧게 끊어 쓰고, 중복되거나 불필요한 문장은 제거하고 간결하게 써야 경제적이고 경쟁력 있는 글이 된다. 이런 글은 독자들의 이해를 빠르게 하고 시간을 절약하게 하여 신속한 의사결정을 하는 데 도움을 준다. 쉼표의 사용이 대표적이다. 사실 쉼표를 사용하는 목적은 명쾌하다. 문장이 길어지고 의미가 모호해지니 단락을 구분지어 문장의 가독성을 높이기 위함이다. 쉼표는 말 그대로 이쯤해서 쉬어가라는 얘기지만 쉬지 않아도 될 때 너무 많이 쉬게 하여 글 읽기를 방해하는 경우가 많다. 대부분 주어와 동사가 한 문장 안에 몇 개씩 들어가 있는 경우가 그렇다. 과거에는 쉼표를 문장 중간 중간 활용하는 것이 모범적인 글쓰기에 해당됐지만 더 이상 이 시대가 허용하지 않는 추세다. 그렇다고 쉼표를 아예 쓰지 말라는 얘기는 아니다. 줄일 수 있는 한 최대로 줄여야 한다는 말이다. 꼭 필요한 곳에만 쉼표를 사용하고 그렇지 않은 곳은 좀 모호하더라도 과감하게 지나쳐야 한다.

쉼표를 사용하는 경우는 구절을 대등하게 나열하거나 문장이 지나치게 길어 한두 번 끊어줄 필요가 있는 경우다. 그 외에는 과감하게 생략하자! 쉼표가 많이 쓰인 문장을 읽다보면 숨이 차서 제대로 읽을 수가 없다. 쉬라고 배려하는데 쉴 수가 없는 해프닝이 벌어진다. 차라리 단문으로 정리하고 마침표를 찍어 독자를 쉬게 하자. 더불어 대등한 단어 나열에는 가운뎃점이 쉼표보다 유용하고 깔끔하다. '인천, 부천, 부평, 순천, 여수'에서처럼 대등한 단어를 나열할 경우 너무 많은 쉼표가 들어가니 지저분하기만 하다. 이럴 때는 인천 • 부천 • 부평 • 순천 • 여수와 같이 가운뎃점을 사용하면 훨씬 깔끔해진다. (키보드에는 가운뎃점이 없어 특수 문자를 사용해야 하는 번거로움이 있다. 한 가지 Tip을 드리면 한컴오피스 한글 프로그램에서는 키보드의 'Ctrl'키를 누른 채 키보드 상단에 있는 F10을 동시에 눌러주면 문자표가 나오고 거기서 가운뎃점을 선택하면 된다. MS오피스(Word, Excel)의 경우는 'Alt'키를 누른 채 0183을 차례로 눌러주면 된다.)

쉼표 또한 외래어의 영향을 받은 유산이다. 한국어에 비해 쉼표가 많이 쓰이는 일본어나, 쉼표를 정확하게 쓰지 않으면 문장의 의미 자체가 달라져 이해하기 어려운 영어의 영향으로 이러한 번역본들이 국내에서 유통되다보니 이런 현상이 발생했다. 아주 간단한 예를 들어보자.

한국어

- 직장인생활5년이넘으면필수로책을써야한다고이모씨는주장했다.

영어

- MrLeeinsiststhattheworkerswhohavebeenworkingformorethanfiveyearsshouldwriteabook.

이제 이해가 되는가? 한국어는 쉼표도 없고 띄어쓰기가 없어도 가독성이 쉬운 글이지만 영어는 전혀 그렇지 않다. 혼란에 빠진다. 그렇기 때문에 쉼표를 써야 하고 띄어쓰기가 필요하다. 아래 한국어 표현 또한 마찬가지다. 국어책에서 띄어쓰기를 강조하면서 단골처럼 나오는 식상한 표현인데 솔직히 '아버지 가방으로 들어가신다'라고 이해하는 한국인은 없다. 띄어쓰기가 되어 있지 않더라도 한국인이라면 누구나 '아버지가 방으로 들어가신다'라고 이해한다.

아버지가방으로들어가신다.

추가로 불필요한 쉼표가 너무 많이 들어간 문장을 간결하게 수정해보자. 여러분의 책 쓰기에 도움이 될 것이다.

예시) 인터넷 환경에서는 쉼표가 들어갈 자리에, 마침표가 들어가 있는 경우가 많다. 대개 맞춤법이 익숙하지 않거나, 지킬 생각을 하지 않는다는 점이 원인이나, 쉼표가 마침표와 형태상 확연하게 다른 부분이 적다는 점도 원인 중 하나로 보인다. 이와 마찬가지로, 마침표가 들어갈 자리에, 쉼표가 잘못 들어가 있는 경우도 종종 보인다.

위 문장을 아래와 같이 수정하면 한결 세련돼 보인다.

수정) 인터넷 환경에서는 쉼표가 들어갈 자리에 마침표가 들어가 있는 경우가 많다. 대개 맞춤법이 익숙하지 않거나 지킬 생각을 하지 않는다는 점이 원인이나, 쉼표가 마침표와 형태상 확연하게 다른 부분이 적다는 점도 원인 중

하나로 보인다. 이와 마찬가지로 마침표가 들어갈 자리에 쉼표가 잘못 들어가 있는 경우도 종종 보인다.

불필요한 수식어를 줄여라!

단어를 강조하고 의미를 부각시키기 위해 사용하는 수식어 중에 '과연' '아주' '상당히' '수많은' 등의 부사가 있다. 이런 강조 수식어들이 사용되면 문장이 간결해지지 않고 늘어지고 축 처져 가독성이 떨어진다. 또한 이런 수식어를 과하게 사용하면 문장이 산만해져 도대체 무슨 말을 하는지 문맥을 놓쳐버리기 일쑤다. 명료성을 떨어뜨리고 객관성을 저해한다. 문학적 글쓰기가 아닌 이상 실용적 글쓰기에는 주관적이고 과장된 수식어는 유익하지 못하다. 결국 이 또한 경제성의 원리에 위배되어 좋은 글쓰기가 되지 못한다. 아래 문장을 한번 살펴보자.

예시) 미중 무역 갈등이 아주 격화되고 있는 이 시점에 일본이 한국을 화이트리스트 대상에서 아예 제외한다는 사실은 한국인들을 분노하게 만들었다. 우리 모든 대한민국 국민은 이런 일본의 상당히 불합리한 조치가 왜 발생했는지 반드시 따져봐야 한다.

이런 글은 아래와 같이 수정해주면 깔끔해지고 동시에 가독성이 높은 글이 된다.

수정) 미중 무역 갈등이 격화되고 있는 이 시점에 일본이 한국을 화이트리스트 대상에서 제외한다는 사실은 한국인을 분노하게 만들었다. 대한민국 국민은 이런 일본의 불합리한 조치가 왜 발생했는지 따져봐야 한다.

복수를 나타내는 '들'을 제거하라!

영어는 단수와 복수가 명확히 구분되는 언어다. 그렇기 때문에 앞에서 복수를 나타내는 형용사가 나오면 그 다음에 나오는 명사는 반드시 복수를 사용해야 한다. 표현은 명사 뒤에 '~s'나 '~es'를 붙여서 사용한다. 예를 들면 다음과 같다.

I have many friends.

굳이 해석하자면 '난 친구들이 많아' 정도다. 'friend' 앞에 'many'라는 복수를 나타내는 형용사가 왔으므로 이때는 반드시 'friends'를 써야지 단수인 'friend'를 쓰면 틀린 표현이 된다. 하지만 우리말은 다르다. 문맥으로 봐서 앞뒤 흐름으로 복수임을 짐작케 할 수 있는 꾸미는 어휘가 나오면 명사에 '들'을 붙이지 않는다. 이 또한 경제성의 원리가 적용되는 이치다. 독자들이 읽는 데 큰 어려움이 없다면 군더더기는 제거하고 간결하게 표현해야 한다. 이런 글이 깔끔한 글이고 세련된 글이다. 특히 영어를 잘하는 사람이 쉽게 범할 수 있는 오류이니 영어를 좀 한다는 회사원은 특별히 주의해야 한다.

예) 우리 회사 앞에는 식당들이 늘어서 있어, 점심시간마다 많은 직장인들이 몰리고 있다.

이 문장에서 '늘어서 있어'와 '많은'이라는 표현에 이미 복수의 의미를 내포하고 있으므로 그 앞이나 뒤의 명사는 단수로 깔끔하게 처리하는 게 좋다.

수정) 우리 회사 앞에는 식당이 늘어서 있어, 점심시간마다 많은 직장인이 몰리고 있다.

한 가지 예를 더 들어보자.

예) 명예퇴직을 신청하는 직장인들이 늘어나 자녀들의 대학 등록금을 대주지 못하는 상황까지 발생했다.

이 문장 또한 '늘어나'라는 표현이 복수의 의미를 이미 가지고 있으므로 그 앞뒤 복수의 표현은 단수로 과감히 바꿔준다.

수정) 명예퇴직을 신청하는 직장인이 늘어나 자녀의 대학 등록금을 대주지 못하는 상황까지 발생했다.

훨씬 간결해지고 가독성까지 좋아졌다. 독자들 또한 단수로 표현되어 있다 하더라도 앞뒤 문맥에 따라 복수임을 간파해내고 이해하는 데 아무런 지장을 느끼지 못한다. 다만 앞뒤 문맥에 복수를 나타내는 표현이 없을 때는 명사에 '들'을 삽입해줘야 한다는 점은 유의하자.

'~의'를 함부로 쓰지 마라!

앞서 영어식 표현이 우리말에 미친 영향처럼 일본어도 우리말에 일정 부분 영향을 끼쳤다. 일본어에는 명사를 나열할 때 '노(の)'를 집어넣는 경향이 많다. 우리말로 치면 '~의'라는 뜻이다. 예를 들면 이런 표현이다.

'사무실이 있는지의 여부'

우리말에서는 자연스럽지 못한 표현이다. '~의'가 불필요한데 사용됐기 때문이다. 간단히 '사무실이 있는지 여부'로 나타내면 된다. 굳이 없어도 되는 것을 사용하는 것은 경제성의 원리에 위배되며 이 또한 간결한 문장이 되지 못한다. 명사와 명사를 연결할 때 '~의'란 표현이 나오면 과감히 제거하든지 다른 표현으로 바꿔주는 방법이 바람직하다.

예) 여러 가지 대안들을 마련해 다른 회사들과의 경쟁에서 상대적 우위를 점해야 한다.

읽기에 어색하지 않다고 느낄 수도 있지만 우리가 이미 이러한 일본식 표현에 익숙해져서 그렇다. 위 표현은 아래와 같이 바꿔주는 것이 우리말다운 표현이다.

수정) 여러 가지 대안을 마련해 다른 회사들과 벌이는 경쟁에서 상대적 우위를 점해야 한다.

몇 가지 예를 더 들어보자.

예) 대안이 있는지의 여부 → 대안이 있는지 여부
나의 살던 고향은 → 내가 살던 고향은
직장에서의 스트레스는 운동으로 해결하자 → 직장에서 받는 스트레스는 운동으로 해결하자

'~에 대하여'와 '~에 관하여'도 일본식 표현이다

앞서 살펴본 '~의'란 표현과 더불어 일반인들이 자주 사용하는 표현 중에 '~에 대하여'와 '~에 관하여'라는 표현이 있다. 이 또한 일본식 표현이다. 일본말 '對して'와 '付'가 '~에 대하여'로 번역되어 쓰이고 있고, '~에 대한'은 일본어를 직역한 표현이기 때문이다. 우리말 표현이 아니므로 우리말로 바꿔서 사용해야 한다. 강조 용법으로 어쩔 수 없이 사용해야 할 때도 있겠지만 그런 경우가 아니라면 가급적 자제해야 한다.

예) 저 멍청한 과장에 대해 어떻게 생각해?

이 표현은 일본식 표현이기에 아래와 같이 바꿔주면 우리말다워진다. 또한 간결해지고 전달하고자 하는 의미도 명확해진다.

수정) 저 멍청한 과장을 어떻게 생각해?

한 가지 예를 더 들어보자.

예) 팀장 전원에 대하여 일괄 사표를 받고 재신임 여부를 결정하도록 하겠습니다. 이의 있습니까?

수정) 모든 팀장에게 일괄 사표를 받고 재신임 여부를 결정하도록 하겠습니다. 이의 있습니까?

'~것이다'를 남발하지 말자!

책을 읽다보면 '~것이다'로 끝나는 표현을 자주 볼 수 있다. 물론 이 표현이 무조건 잘못됐다는 얘기는 아니다. 꼭 써야 할 때는 써야 한다. 하지만 글의 말미마다 너무 자주 사용하게 되면 글을 읽는 맛을 확실히 떨어뜨린다. 몇몇 저자는 습관적으로 자주 쓰거나 어떤 이들은 전문가의 식견으로 그 내용이 사실이라는 점을 강조하기 위해 반복하여 사용하기도 한다. 하지만, 이런 표현 또한 정확히 써야 할 곳이 아니면 과감히 경제성 원리를 적용해 줄여 써야 한다. '~것이다'라는 3음절보다 '~한다', '~된다' 등의 2음절로 압축해서 사용하면 훨씬 간결한 문장이 되고 글 또한 가벼워진다. 무거운 문장보다는 가벼운 문장이 잘 읽히는 것은 자연스러운 이치다. 예를 들어보자.

예) 서하진은 중학교 때 수학 기초가 부족하다고 해서 고등학교 때 수학을 포기해서는 안 될 것이다. 미리 준비하고 예습을 철저히 한다면 이에 대한 대비를 할 수 있을 것이다.

위 문장 속에 자주 사용되는 '~것이다'라는 표현은 읽는 맛을 현저히 떨어뜨린다. 문장도 간결하지 않다. 따라서 아래와 같이 변화를 주면 문장이 간결해지고 가독성도 높아진다.

수정) 서하진은 중학교 때 수학 기초가 부족하다고 해서 고등학교에 올라가 수학을 포기해서는 안 된다. 미리 준비하고 예습을 철저히 한다면 이를 대비할 수 있다.

짧은 예를 하나 더 들어보자.

예) 서하연은 꿈을 위해 글쓰기를 택한 것이다. 운명이었던 것이다.

수정) 서하연은 꿈을 위해 글쓰기를 택했다. 운명이었다.

어떤가? 문장이 간결하면서도 명료하지 않은가? 전달하고자 하는 메시지도 명확해진다. 길고 무거운 문장보다는 상대적으로 가벼운 문장을 만들고자 노력해야 한다. 글을 잘 쓰는 비법은 다름 아닌 이런 노력들의 결과물일 뿐이다.

내용의 중복을 없애라!

시와 소설 그리고 희극과 같은 문학적 글쓰기에는 중복이 그 나름의 유용한 효과가 있다. 아래 시를 살펴보자.

풀이 눕는다.
비를 몰아오는 동풍에 나부껴
풀은 눕고
드디어 울었다.
날이 흐려서 더 울다가
다시 누웠다

풀이 눕는다.
바람보다도 더 빨리 눕는다.
바람보다도 더 빨리 울고
바람보다도 먼저 일어난다.

날이 흐리고 풀이 눕는다.
발목까지
발밑까지 눕는다.
바람보다도 늦게 누워도
바람보다도 먼저 일어나고
바람보다도 늦게 울어도
바람보다도 먼저 웃는다.

날이 흐리고 풀뿌리가 눕는다.

- 김수영, 「풀」 전문

이 시에서 '풀'은 억압받는 민중을 상징하며 '바람'은 민중을 억압하는 상대를 지칭한다. 바람에 끊임없이 시달리면서도 강인한 생명력을 바탕으로 먼저 일어나고 먼저 웃는 것처럼 우리의 정서를 자극하며 일어나 저항하게 만든다. 감동을 주고 감흥을 일으키기 때문이다. 여기서 자주 사용된 '풀이 눕는다'와 '바람보다도' 그리고 '먼저'와 '늦게'의 반복적 표현은 별다른 수사나 기교를 사용하지 않고도 민중에게 감동을 준다. 바로 반복과 중복이 가져다주는 효과를 사용했기 때문이다.

하지만 실용적인 글쓰기에서 '반복과 중복'은 오히려 제거해야 할 대상이다. 그래서 문학적 글쓰기와 실용적 글쓰기는 크게 다르다고 말하는 것이다. 물론 문학적 글쓰기와 실용적 글쓰기 모두 엄밀히 말하면 읽는 독자를 감동시켜 특정한 방향으로 움직이게 한다는 점에서는 다르지 않지만 표현에 있어서만큼은 큰 차이가 난다. 문학적 글쓰기에는 경제성의 원리가 배제되지만 실용적 글쓰기에서는 마치 공식처럼 활용돼야 한다. 특히 특정 콘텐츠를 내용으로 일반인이 쓰는 에세이라면 이 공식을 반드시 적용해야 한다. 그렇지 않으면 좋은 내용의 책일지라도 읽는 맛이 현저히 떨어지고 지루하게 느껴져 독자들의 평가에서 결코 좋은 점수를 얻을 수 없다. 술에 취한 사람하고 같이 있을 때 제일 곤욕스러운 일이 무엇이겠는가? 했던 말을 또 하고, 했던 말을 또 하기 때문에 언제 끝날지 모르는 반복적인 말을 계속 들어줘야 하는 일이다. 취한 사람이 타인이라면 무시하고 그냥 혼자서 택시 타고 집에 들어가면 될 일이지만 가족이라면 마지막까지 남아 그를 집까지 부축해줘야 한다. 반복되는 주정을 받아주면서 말이다. 책도 마찬가지다. 실용적인 책이 반복과 중복의 표현을 거듭 사용하게 되면 술에 흠뻑 빠진 책이 돼버리고 만다. 그런 책은 다시 보기가 싫어진다. 이제부터 중복해서 쓰인 표현을 찾아보고 수정해보도록 하자.

예시) 이경아 팀장은 회식 자리에서 "이번 프로젝트는 무슨 일이 있어도 반드시 달성해야 한다"라고 거듭 강조했다. 예상치 못한 갑작스러운 팀장의 말에 우리는 맥주만 계속해서 연거푸 마셔대며 눈을 흘겼다.

이 문장에서 '무슨 일이 있어도'와 '반드시'는 중복이다. 또한 '예상치 못한'이라는 표현과 '갑작스러운'도 중복된 표현이다. 뒤에 나오는 '계속해서'와 '연거푸'도 취사선택해야 한다. 따라서 아래와 같이 고쳐주면 보다 좋은 문장이 된다. 문장이 간결해지는 건 덤이다.

수정) 이경아 팀장은 회식 자리에서 "이번 프로젝트는 반드시 달성해야 한다"라고 거듭 강조했다. 갑작스러운 팀장의 말에 우리는 맥주만 계속해서 마셔대며 눈을 흘겼다.

아래는 다른 성격의 중복이다.

(1) 대한민국 국민은 TV 생중계를 통해 북한의 야구 경기를 관전했다.
(2) A기업의 회장은 과반수를 넘는 노조원들의 찬성으로 인해 연임됐다.

(3) 대략 50여 명가량의 위원들이 투표를 하여 노조 위원장을 몰아냈다.

첫 번째 문장에서 쓰인 '관전'이라는 뜻에 이미 '경기를 보다'라는 뜻이 내포되어 있다. 두 번째 문장에서 사용된 '과반수'라는 개념에 이미 '반수를 넘는다'라는 뜻이 포함되어 있어 중복이다. 세 번째 문장에서는 '대략'이라는 단어와 '여'라는 뜻이 각각 '약'이라는 표현을 의미하므로 중복이다. 따라서 아래와 같이 바꿔 써주면 중복 없는 깔끔한 문장이 된다.

(1) 대한민국 국민은 TV 생중계를 통해 북한의 야구 경기를 보았다.
(2) A기업의 회장은 노조원의 과반수 찬성으로 연임됐다.
(3) 대략 50명의 위원들이 투표하여 노조 위원장을 몰아냈다.

이렇게 중복을 제거하면 간결하고 가독성이 좋은 글쓰기가 되고 이런 글쓰기가 모여 훌륭한 책이 된다. 실용적인 책은 간결함이 생명이다!

접속어도 가급적 생략하라!

초등학교 아이들이 쓴 일기장을 보면 유독 접속어가 많다. '그리고' '그런데' '그래서' '하지만' 등의 접속어가 특히 많다. 신기한 것은 글쓰기 훈련이 제대로 돼 있지 않은 사람에게서도 동일한 현상을 찾아볼 수 있다는 점이다.

접속어도 경제성의 원리를 비켜갈 수 없다. 사실 접속어는 줄이면 줄일수록 좋다. 접속어를 사용하지 않으면 앞뒤 문장의 흐름이 부자연스럽고 문맥 전환이 잘 안 될 것으로 생각하는데 잘못된 생각이다. 글쓰기 고수는 접속어를 정말 필요한 부분 아니면 사용하지 않는다. 베스트셀러 책을 몇 권 읽어보면 바로 알 수 있다.

물론 말을 할 때는 완곡하게 표현하고 싶어서, 때론 강조하고 싶어서 빈번하게 사용할 수도 있지만 글을 쓰고 책을 쓸 때는 달라야 한다. 단락과 단락 사이에 접속어를 사용하지 않고도 충분히 자연스런 문맥으로 이어지게 하거나 반전을 꾀할 수 있다. 그래서 글쓰기 연습이 필요하다. 글쓰기 연습이 충분히 되어 있는 사람은 접속어에 연연하지 않는다. 다양한 문장 표현과 적절한 어휘 선택으로 접속어 없이도 자유자재로 독자를 이끌고 다니기 때문이다. 더불어 글의 읽는 맛을 떨어뜨리지 않고 간결함까지 유지한다. 연습하면 충분히 할 수 있다.

재차 강조하지만 중복되는 어휘, 반복되는 표현 그리고 접속어는 경제성의 원리에 위배된다. 문장이 길어지면 장황해지고 읽는 맛이 떨어지기 때문에 과감히 삭제하거나 제거해야 한다. 직장인이 책을 쓸 때 놓치기 쉬운 부분이다. 이 부분을 명심하자!

예시) 장 대리는 기획팀에서 영업팀으로 발령이 났다. 그리고 일주일 뒤 신 대리도 영업팀으로 발령이 났다. 장 대리와 신 대리는 입사 동기인 동시에 선의의 경쟁자이기도 하다. 따라서 장 대리는 자신이 성장하려면 신 대리보다 더 많은 업무를 해야 한다고 생각해서 야근을 밥 먹듯이 했다.

수정) 장 대리는 기획팀에서 영업팀으로 발령이 났다. 일주일 뒤 신 대리도 영업팀으로 발령이 났다. 장 대리와 신 대리는 입사 동기인 동시에 선의의 경쟁자이기도 하다. 장 대리는 자신이 성장하려면 신 대리보다 더 많은 업무를 해야 한다는 생각에 야근을 밥 먹듯이 했다.

영어식 시제 표현에서 탈피하라!

영어는 시제를 과거 • 과거완료 • 현재 • 현재완료 • 미래 • 미래완료 등으로 세분화하고 있다. 영어를 잘해야 성공한다는 인식이 한국 사회에 만연하다보니 한국인의 대다수는 어린 나이부터 영어식 표현에 굉장히 익숙해져 있다. 우리말을 사용할 때도 시제를 엄격히 지키려는 성향을 보인다. 특히 영어를 잘하는 사람일수록 더욱 그렇다. 하지만 우리말에서는 과거 • 현재 • 미래의 기본 세 가지 시제만으로 충분한 표현이 가능하다. 문맥을 이해하는 데 전혀 지장이 없다. 오히려 영어의 완료형 표현을 사용하면 부자연스러운 문장이 된다. 영어식 시제 표현에서 과감히 탈피하자!

예시) 김 과장은 5년 전에 법인카드를 사적으로 이용했었는데 이번 감사팀 감사에서 적발됐다.
수정) 김 과장은 5년 전에 법인카드를 사적으로 이용했는데 이번 감사팀 감사에서 적발됐다.

과거보다 이전에 발생된 일이라고 해서 과거완료형 표현을 쓰는 건 영어식 표현이다. 간단히 과거 시제로 표현해도 문맥이 통한다. 문장도 더 간결해진다.

예시) 카자흐스탄에서 온 고객은 한국 방문이 이번이 처음이 아니고 과거에도 이곳에 두 번 왔었던 적이 있다고 했다.
수정) 카자흐스탄에서 온 고객은 한국 방문이 이번이 처음이 아니고 과거에도 이곳에 두 번 온 적이 있다고 했다.

방문을 한 경험이 있다는 과거완료형 표현은 간단히 '온 적이 있다'로 표현하면 된다.

예시) 내가 방문을 열었을 때 선생님은 피아노를 치고 계셨었다.
수정) 내가 방문을 열었을 때 선생님은 피아노를 치고 계셨다.

영어의 과거완료형 표현은 영어 문장을 쓸 때 사용하고, 한국어는 한국어답게 사용하자!

잘 틀리기 쉬운 표현

* '흠짓'과 '흠칫' 중에 어느 것이 맞을까? '흠칫'이 맞다.

* '뙤악볕'과 '뙤약볕' 중 어떤 단어를 사용하는 게 맞을까? '뙤약볕'이 맞다.

* '바랬다'와 '바랐다' 중 무엇이 맞을까? '바랐다'가 맞다. 이 표현은 대한민국 국민 99%가 틀리는 표현이다.

- 바라다 : 생각이나 바람대로 어떤 일이나 상태가 이루어지거나 그렇게 되었으면 하고 생각하다.
- 바래다 : 볕이나 습기를 받아 색이 변하다.

예시) 난 삼촌이 꼭 성공하기를 바랜다. (x)
수정) 난 삼촌이 꼭 성공하기를 바란다. (o)

* '왠만한'이라고 쓰는 사람이 대부분이다. 틀렸다. '웬만한'이 맞다.

* '반증'이란 반대되는 증거이며, '방증'은 주변 상황을 밝힘으로써 간접적으로 증명되는 증거다. 둘을 혼동하여 사용하지 말자. 간단히 '반증'은 '반대되는 증거', '방증'은 '간접 증거'라고 보면 된다.

예시) 경아 씨를 계속 귀찮게 하는 건 경아 씨를 좋아하고 있다는 '반증'이다.
예시) 경아 씨에게만 꽃을 줬다고 하니 경아 씨를 좋아하고 있다는 '방증'이구나.

* '곤욕'은 심한 모욕을 의미하며, '곤혹'은 곤란한 일을 당해 어찌할 바를 모르는 것을 의미한다. 둘을 헷갈리지 말자.

예시) 서 부장의 밀어붙이기식 업무처리 방식은 공 대리를 곤욕스럽게 했다. (x)
수정) 서 부장의 밀어붙이기식 업무처리 방식은 공 대리를 곤혹스럽게 했다. (o)

* '가르치다'는 지식이나 정보를 깨닫게 할 때, '가리키다'는 손가락 등으로 사물이나 방향을 나타내 보일 때 사용한다.

예시) 김 팀장은 우 대리에게 보고서 작성법을 가리키고 있다.(x)
수정) 김 팀장은 우 대리에게 보고서 작성법을 가르치고 있다.(o)

* 시간은 '떼우는 것'이 아니라 '때우는 것'이다. 대한민국 국민 80%가 틀린다.

* 눈살은 '찌뿌리는 것'이 아니라 '찌푸리는 것'이다. 이 표현도 많이 틀린다.

출판 기획안을 작성하는 방법

원고를 모두 작성했다면 다음으로 출판사에 투고하는 방법을 살펴보자. 여기서 '투고'라 함은 '의뢰를 받지 아니한 사람이 신문이나 잡지 따위에 실어달라고 원고를 써서 보냄'을 의미한다. 출판사에 원고를 보내 책을 내달라는 요청도 이 개념에 속한다.

대중적인 작가나 권위 있는 저자가 아닌, 일반 직장인이 쓴 원고를 읽어보고 선뜻 책을 내보자고 하는 출판사가 과연 얼마나 될까? 아마도 그 숫자는 상당히 적을 것이다. 그래서 투고할 때도 나름의 전략이 필요하다. 이때 중요한 포인트는 투고하려는 출판사의 수를 최대한 많이 늘리는 데 있다. 일단 대형 서점을 방문해서 본인의 콘텐츠와 유사한 책이 있는 코너로 가자! 그리고 그곳에 비치돼 있는 수십 권의 책을 펼쳐 출판사의 이메일 주소를 메모지에 최대한 많이 옮겨 적는다. 책마다 다르겠지만 어떤 책은 출판사의 이메일 주소가 기재되어 있는가 하면 어떤 책은 찾아보기 힘들 것이다. 일단 찾을 수 있는 이메일 주소를 모두 기재해서 집으로 돌아오자! 그리고 집에서도 인터넷 검색을 통해 서점에서 본 책들과 겹치지 않는 선에서 다른 출판사의 이메일도 추가로 확보해야 한다. 이 두 가지 방법을 합쳐 최소 200군데 이상이면 좋겠다. 여하튼 많으면 많을수록 좋다. 그리고 이제부터 본격적으로 투고를 시작해야 한다. 적어도 책을 처음 내는 예비 저자라면 이 정도 노력은 감수해야 한다.

투고할 때 초보 저자들이 저지르는 실수가 있다. 바로 불특정 출판사에 원고 전체를 송부하는 우(愚)를 범하는 것이다. 이렇게 되면 아래와 같은 두 가지 상황이 발생한다.

첫째, 출판사에서 해당 원고에 대해 오히려 무관심해진다. 출판사는 바쁘다. 하루에도 수십, 수백 통의 메일과 씨름하느라 정신이 없다. 기존에 계약한 저자들의 책을 검토하기에 바쁘고 편집하기도 바쁜 터에 예비 저자로부터 온 이메일을 열어보고 원고를 처음부터 끝까지 읽어줄 출판사는 대한민국 그 어디에도 없다. 그럴 시간도 허락되지 않는다. 따라서 원고 전체를 보내면 다 읽어보고 그 재미와 매력에 푹 빠져 연락이 올 거라는 생각은 정말 순진한 생각이며 여러분의 짝사랑일 뿐이다. 전체를 보내야 다 읽어볼 것 같은데 오히려 그 반대의 효과를 불러온다.

둘째, 출판사에 아이디어(Idea)를 온전히 뺏길 수 있다. 출판사는 책을 만들어내는 곳이고 그렇기 때문에 베스트셀러를 자체적으로 많이 출간할 수 있을 것처럼 보이지만 실제로는 그렇지 못하다. 종이를 인쇄하고 책을 만들고 서점에 유통시키는 프로세스는 잘 갖춰져 있다 하더라도 베스트셀러를 낼 수 있는 콘텐츠에 대한 아이디어는 늘 부족하기 때문이다. 그리고 항상 수익에 목말라 있다. 사기업이라서 어쩔 수 없는 부분이다. 이런 상황에서 한때 받아놓았던 무명작가의 원고를 몇 년이 지나 읽어봤는데 그 콘텐츠가 마음에 들었다면? 콘텐츠의 내용을 수정하고 보완해서 자체 출판해서 대박이 났다면? 원저자에 대한 피해는 누가 보상해줄 수 있을까? 생각만 해도 아찔하지만 나중에 시시비비를 가리는 것 자체만으로도 원저자에게는 큰 스트레스가 아닐 수 없다. 물론 이렇게 비도덕적인 출판사는 없겠지만 그 원고가 나중에 어떻게 쓰일지 아무도 확신할 수 없다는 건 부인할 수 없는 사실이다.

바로 이런 점을 해결하기 위해 저자나 출판사 모두 윈-윈(Win-win)할 수 있는 방법이 있다. 바로 출판 기획안이다. 저자는 원고 전체를 투고할 필요가 없어 원본의 손실에 대한 불안감을 해소할 수 있고, 출판사 입장에서는 원고 전체를 읽어볼 시간을 아낄 수 있어서 좋다. 또한 저자는 필요한 내용만 요약해서 알릴 수 있어 좋고, 출판사는 빠른 시간 안에 출판 여부를 결정할 수 있어서 좋다. 상호 이익이다.

출판 기획안은 쉽게 말해서 이 책은 이러하다고 알리는 내용으로 구직자가 회사와 면접을 보기 전에 제출하는 이력서와 같다. 구직자 입장에서는 면접을 보러 가려면 정장도 사서 입어야 하고, 회사까지 대중교통을 이용하거나 차를 몰고 가야 하기에 시간도 걸린다. 회사 입장에서도 면접 장소를 준비해야 하고 바쁜 스케줄을 쪼개 면접도 봐야 하니 여간 복잡한 게 아니다. 이럴 때 간단히 이력서만으로 회사가 구직자에 대해 사전 파악이 가능하고 채용까지 한다면 서로가 효율적이지 않겠는가!

출판 기획안은 아래와 같은 내용을 포함하고 있다. 일반적으로 범용되는 양식이 있지만, 자유롭게 이와 비슷한 양식을 만들어 사용해도 무방하다.

- 제목(가제)
- 저자명
- 저자 소개
- 기획 의도
- 대상 독자층
- 유사 도서와의 차별성
- 목차
- 내용
- 원고 분량
- 원고 샘플

앞서 말한 것처럼 출판 기획안은 출판사에 보내는 이력서다.

일단 면접을 보기 위해서는 양질의 내용을 이력서에 담아 출판사의 호감을 이끌어내야만 한다. 제목은 책의 내용을 함축적으로 잘 표현할 수 있어야 하고 목차는 출판사의 흥미를 끌어낼 수 있어야 한다. 제일 중요한 부분은 유사 도서와의 차별성이다. 기존 시중에 나와 있는 도서와 비교해서 어떤 점이 차별화되어 강점을 지니고 있는지가 출판사에 잘 어필이 된다면 책 출간은 이제 시간문제일 뿐이다. 마지막으로 강조하고 싶은 부분은 저자 소개 부분이다. 쉽게 지나칠 수 있는 부분이지만 책의 신뢰도를 높이는 중요한 역할을 하기 때문에 강조하지 않을 수 없다. 저자를 소개하는 표현 방식은 시대의 흐름에 따라 달라지고 있고 세련되어지고 있다. 변화된 트렌드에 맞도록 표현 방식을 달리 가져가야 하고 구시대적 표현에서 과감히 탈피해야 한다. 예를 들면 아래와 같다.

저자소개.

저자 홍길동은 1976년에 경기도 의정부에서 태어나 서울대학교를 졸업했다. 대학교에서 경영학을 전공하였으며, 동대학원에서 석사 과정과 박사 과정을 마쳤다. 현재 고려대학교에서 교수를 역임하고 있으며….

어떤가? 결론부터 말하자면 이런 식의 저자 소개는 요즘 트렌드에 맞지 않다. 출판 기획안에 이런 표현 방식으로 저자 소개를 한다면 출판사에서는 별 흥미를 갖지 못하고 원고를 채택하지 않을 가능성이 높다. 출판사는 지자가 몇 년 생인지, 어디 태생인지, 어느 대학교를 졸업했는지 별 관심이 없다. 이제 더 이상 유명 대학교나 유명 대학원을 언급하며 저자를 소개하는 방식은 통하지 않는다. 대신 책을 집필할 만큼의 스토리가 있는 저자인지를 알려주는 게 무엇보다 중요해졌다. 저자 소개 부분도 요즘 시중에서 팔리는 베스트셀러를 펼쳐서 해당 부분을 살펴보면 큰 도움이 된다. 아래는 최근 트렌드를 반영한 저자 소개이니 참고하길 바란다.

대학에서는 경제학을 공부했다. 그렇지만 사는 것은 전공과 별 상관이 없었다. 출판사 편집사원, 신문사 해외 통신원, 공공기관 직원, 신문 칼럼니스트, 방송 토론 진행자, 국회의원, 장관 등 여러 직업을 거쳤다. 지금은 역사와 문화 관련 에세이를 쓰는 작가로 활동하고 있다. 예전에는 5년 넘게 같은 일을 한 적이 없었다. 하지만 앞으로 작가 말고 다른 직업을 가지지 않을 것이다. 훌륭한 사람이 되기보다 쓸모 있는 사람이 되기를 원하며, 누군가에게 쓸모 있는 사람이 되고 싶어서 이 책을 썼다. 누군가 글쓰기와 관련된 고민을 털어놓는다면 그런 분들에게도 쓸모 있는 사람이 되려고 한다. 저서로는 『어떻게 살 것인가』 『청춘의 독서』 『후불제 민주주의』 『국가란 무엇인가』 『나의 한국 현대사』 등이 있다.

바로 『유시민의 글쓰기 특강』이라는 책에 나온 저자 소개다. 이런 저자 소개 방식이 요즘 트렌드다. 유시민 작가는 서울대학교를 졸업하고 해외 대학에서 석사 과정까지 밟았지만 저자 소개 그 어디에도 이런 내용이 없다. 대신 여러 직업을 거쳤으며 그 직업 중에 글쓰기와 관련된 직업이 많았다는 내용을 담아 독자들의 신뢰를 이끌어냈다. 마지막에는 과거에 출간했던 여러 권의 책을 언급함으로써 작가로서의 내공을 담백하게 보여준다. 물론 이미 유명한 사람이라 세부적인 사항을 기술하지 않아도 되는 것 아니냐는 반론을 제기할 수도 있겠지만 시중에 나와 있는 다른 베스트셀러를 펼쳐 봐도 이와 큰 차이가 없다. 특정 대학이나 출신을 언급하기보다는 몇만 명의 구독자를 가지고 있는 유튜버라거나, 수많은 팬덤층을 가진 파워 블로거임을 언급하며 책에 대한 신뢰성과 실용성을 강조하고 있다. 이게 최근 트렌드다.

출판 기획안의 나머지 부분에 대해서는 특별히 다루지 않아도 대부분 아는 내용일 거라 생각된다. 마지막으로 출판 기획안에 담아야 할 중요 사항으로 이 책이 몇 권정도 팔릴 수 있는지를 객관화시켜 보여주는 내용을 추가하면 더욱 좋다. '직장인으로서 네이버에 독서 카페를 운영하고 있는데 구독자 수가 3천 명이기에 약 20%만 어림잡아도 600권은 판매가 될 것이다'라는 식이거나, '전국에 강의를 부지런히 다니고 있는데 1년에 평균적으로 기업체 10곳을 돌며 강의를 하고 있고 청중이 3,000명 정도 되니 그곳에서 책 광고를 하면 약 1,000권은 판매가 될 것이다'라는 정도의 내용이면 좋다. 또는 이 책은 직장인을 대상으로 한 자기 계발서이기 때문에 대한민국 직장인이 약 2,055만 명이므로 약 1%만 읽어도 약 2만 명이 넘을 거라는 식의 구체화도 좋다.

그리고 원고의 앞부분 10장 정도나, 흥미로운 부분만 발췌하여 몇 장 정도로 간추린 후 출판 기획안과 함께 보내면 끝난다. 마지막으로 원고를 모두 마무리한 자신에게 대견하다고 칭찬 한번 해주자. 이제 출판사에서 연락 오기만을 기다리면 된다.

4장. 책 한권 쓰고 1억 원을 번 공대리

필명을 사용하라!

“본명을 써야 할지, 필명을 써야 할지 판단이 서는 순간이었다.”

『책 쓰기 비법서』까지 탐독한 공 대리는 본격적으로 6개월간의 책 쓰기 작업에 돌입했다. 말 그대로 돌부처가 됐다. 팀 회식 자리를 빼놓고는 사적인 술자리는 적절한 이유를 들어 빠졌고, 평일에는 하루 세 시간씩, 주말에는 거의 온종일을 투자해 원고를 써 내려갔다. 동기인 남성우 대리가 금요일 저녁마다 시원한 맥주를 한잔하자고 유혹해도, 불알친구인 만중이가 장사가 잘돼 2호점을 냈다며 개업식에 오라고 했을 때도, 딱 이번 6개월만 참자며 눈물을 머금고 본의 아니게 거절했던 공 대리였다.

그렇게 원고를 쓰기 시작하여 5개월이 지났다. 무더웠던 여름도 지나가고 두터운 목도리로 시린 목을 빈틈없이 감싸고 옷깃을 세운 채 몸을 웅크리게 만드는 한겨울이 됐다. 창밖으로 흰 눈이 꽃잎처럼 소리 없이 내리는 일요일 아침, 공 대리는 신 도사를 만나기 위해 두툼한 외투를 걸치고 남수로 향했다. 원고가 거의 마무리 단계에 이르렀지만 스멀스멀 피어오르는 걱정거리가 하나 있어 잠 못 이루는 날이 요즘 들어 많아졌기 때문이었다. 자문을 구하고 싶었다.

"도사님. 잘 계셨어요? 책 쓴다는 핑계로 연락을 못 드린 지도 몇 개월이 지났네요."

방으로 들어온 공 대리는 한 손으로 뒷머리를 만지며 머쓱해했다.

"그래. 알긴 아는구먼. 아주 모르는 건 아니었어."

신 도사는 공 대리의 인사말에 핀잔을 주며 미소를 지었다. 몇 마디를 나누고는 주방으로 들어가 뭔가를 끓이는가 싶더니 이내 청자로 만든 주전자와 아담한 찻잔을 가지고 나왔다. 신 도사는 자리에 앉자마자 고개를 빤히 들어 공 대리의 얼굴을 구석구석 살폈다.

"자, 한잔 들어. 이렇게 추운 겨울에는 따뜻한 보이차가 제격이지. 그런데 왜 이리 얼굴이 맛이 갔어? 피부도 푸석푸석해지고 말이야."

"예. 요즘 고민이 있어서요."

"그러니 날 찾아왔겠지. 무슨 고민인데?"

"일단 원고는 거의 마무리 단계이고 출판사에 투고해서 받아들여진다면 제 이름을 달고 첫 책이 나올 텐데요. 아무리 생각해봐도 회사에서 알게 되고 제 주변에서도 알게 된다는 게 정말 부담이 됩니다. 솔직히 제가 그걸 감내할 수 있을지도 모르겠고요."

공 대리는 기어들어가는 목소리로 말끝을 흐리고는 찻잔을 들어 보이차를 한 모금 홀짝거렸다. 신 도사는 아무런 말을 하지 않고 흰 수염을 쓸어내리고는 공 대리를 보며 너털웃음을 지었다.

"어때? 보이차 향기가 그윽하지?"

공 대리 질문에 즉답을 하지 않고 찻잔을 들어 향기를 맡고는 차를 한 모금 마시는 신 도사.

"예전에 나도 그런 경험을 했지. 한두 번은 내 이름으로 냈는데 회사 여기저기서 하도 말들이 많아서 내 딴에는 정말 괴로웠다네. 부담도 됐고 말이야."

"그래서요?"

공 대리는 자신의 고민을 신 도사도 해봤다는 게 놀라웠는지 눈이 휘둥그레졌다.

"이봐! 공 대리, 그럴 때는 필명을 써봐!"

"필명이요?"

"그래. 필명 말이야! 한 번도 안 들어봤어?"

"예. 금시초문입니다."

이번에도 목소리가 기어들어가는 공 대리. 신 도사는 이런 공 대리의 모습에 혀를 끌끌 차며 말을 이어갔다.

"예전에도 그렇고 지금도 몇몇 작가들은 필명을 사용한다네. 재미있는 얘기를 하나 들려줄게. 2013년에 어느 신인 작가가 탐정 스릴러 소설을 한 권 출간했는데 각종 언론에서 대대적인 호평을 하며 화제를 불러일으켰어. 제목이 '쿠쿠스 콜링'이었는데, 이 소설은 '거의 죽은 것이나 다름없었던 장르를 되살린 놀라운 미스터리 소설'이라는 허핑턴 포스트의 극찬을 받게 된다네. 그 신인 작가의 천재성을 높이 사면서 말이야. 그러던 참에 한 영국 일간지 기자가 집요하게 취재를 하기 시작하면서 이 책을 쓴 저자가 누구인지 진짜 정체가 밝혀졌어. 그 작가가 바로 『해리포터 시리즈』를 낸 J.K. 롤링이었다네. 그 이후 『쿠쿠스 콜링』은 더 많은 인기를 누리며 백만 부 이상을 돌파했고, 아마존 베스트셀러 1위를 차지했지. 놀랍지 않은가?"

공 대리는 새로운 사실에 넋을 잃다가 선뜻 이해가 되지 않는 듯 반문했다.

"그런데 왜 그랬던 걸까요? 본인이 유명한 작가라면 본명으로 낸 책이 더 많이 팔릴 테고 그렇게 되면 작가나 출판사 모두에게 이득이었을 텐데, 왜 굳이 본명을 숨기고 필명을 사용했던 거죠?"

신 도사는 눈웃음을 지으며 말을 이었다.

"초심으로 돌아가 글을 쓰고 싶었던 거야. J.K. 롤링이라는 이름이 주는 후광 효과와 막대한 광고비 없이 순전히 글로써만 평가받고 싶었던 거지. 유명한 작가라면 한 번쯤은 이런 생각을 하지 않을까? 하지만 대부분은 이런 생각에서 멈추고 실행에 옮기지는 못 하지. 사실 냉정한 평가가 상당히 두렵거든. 자칫 잘못하다가는 망신을 당할 수 있고 그동안 어렵게 쌓아왔던 자신의 평판이 한순간에 무너질 수도 있으니까 말이야."

"아. 그럴 수도 있겠군요."

신 도사는 방바닥에 한 손을 짚고는 천천히 몸을 일으키더니 옆에 놓인 1인용 의자에 가 조심스레 앉았다.

"아이고~ 허리야. 방바닥에 이렇게 오래 앉아 있으면 허리가 결려서 말이야. 겨울이라 더 그런 건지 이거야 원. 여하튼 필명에 관한 재미있는 이야기 하나 더 들려줄게. 『미들마치』의 작가 조지 엘리엇을 아나? 그 작가는 여성 작가들을 제대로 평가해주지 않는 당시의 시대상을 우려해 남자 이름으로 필명을 썼어. 그 당시는 남성 우월주의가 상당히 강한 시대였거든. 그녀의 본명은 메리 앤 어반스였지. 하지만 메리 앤 어반스라는 본명을 버리고 조지 엘리엇이라는 필명을 택한 거야. 또, 션 토마스라는 작가가 있어. 그 작가는 이미 출간한 경험이 많았지만 그렇게 성공적이라고 할 만한 책은 없었지. 열등감도 좀 있었고 말이야. 그래서 다빈치 코드류 스릴러인 『창세기 비밀』이라는 새로운 책을 쓸 때는 본인의 기존 이미지가 도움이 되지 않을 거라는 생각에 '톰 녹스'라는 새로운 이름을 지어 필명으로 사용했다네. 그러고 나서는 어떻게 됐을까? 맞아! 책 판매량이 급증했지. 기존의 낡고 고정된 이미지를 벗어던지고 새로운 자아로 승부를 걸어 당당히 승리했던 거야. 멋지지 않은가?"

신 도사는 목에 사래가 걸렸는지 헛기침을 하고는 다시 말을 이었다.

"멀리서 찾지 말고 우리나라에서도 한번 찾아보자고! 『아가미와 위저드』라는 소설을 쓴 구병모라는 작가가 있어. 들어봤는지 모르겠지만 이 작가가 20대일 때 그렇게도 공모전에 뽑히고 싶어 수없이 공모했는데 그게 잘 안 되는 거야. 하루는 어느 선생님이 그 옆을 지나가면서 '요즘 한국 문학에서 소위 잘 나간다는 작가들은 온통 여성 작가야. 성 평등 시대인데 여성 작가들은 이제 좀 그만 나와도 되지 않을까?'라고 냉소 섞인 말을 하는 걸 듣게 되지. 이 말을 들은 그녀는 본인이 왜 뽑히지 못했는지 힌트를 얻었고 구병모라는 남성 이름을 필명으로 사용하기 시작했어. 그러고는 당당히 한국 문학에서 본인의 입지를 확고히 다졌지. 어때? 이만하면 필명에 대해 자세한 설명이 좀 되지 않았을까?"

공 대리는 신 도사의 유창한 설명에 입을 다물지 못하면서도 머릿속이 깔끔하게 정리되는 기분이 들었다. 본명을 써야 할지, 필명을 써야 할지 판단이 서는 순간이었다.

출판 시기도 중요하다

> “이렇듯 출판 시기와 시대는 굉장히 중요하다네. 자네도 지금 쓰고 있는 책이 언제 출간돼야 독자들의 사랑을 듬뿍 받을 수 있을지 고민을 깊이 해봐! 그러면 답이 보일 테니까.”

신 도사는 필명에 대한 얘기를 끝내고는 공 대리를 보며 흐뭇한 미소를 지었다. 이런 수준의 질문은 일정한 단계를 넘어서야 나올 수 있는 질문이었기에 공 대리의 성장에 신 도사는 마치 본인이 성장한 것처럼 기뻤던 것이다.

“어때? 이제 고민이 좀 풀렸나?”

“예. 도사님. 필명에 대해서는 정말 문외한이었는데요. 이렇게 설명을 듣고 나니 오늘 밤부터는 다리 쭉 펴고 잘 수 있을 것 같습니다. 책을 출간한 이후에 주변에서 바라볼 시선이 여간 부담되는 게 아니었거든요. 역시 도사님은 기대 이상이네요. 하하하.”

공 대리는 신 도사를 보며 함박웃음을 지었다.

“그래. 도움이 됐다니 다행이야. 아참, 원고가 거의 마무리 단계라고 하니 중요한 얘기를 하나 더 해줄게. 이것도 도움이 될 거야."

"중요한 얘기요?"

"그래. 사람이란 자고로 공부를 해야 할 때가 있고, 사회로 나가야 할 때가 있고, 식솔들을 건사해야 할 때가 있다네. 봄에는 씨를 뿌리고 가을에는 수확을 해야 하듯이 세상 모든 일에는 그에 맞는 때와 시기가 있어. 만약 이런 시기와 때를 놓치게 되면 아무리 일을 완벽하게 했다 하더라도 만족스런 결과를 얻을 수가 없네."

"혹시, 때를 말씀하시는 걸 보면 출판 시기를 말씀하시는 건가요?"

"허허허, 이제 공 대리도 제법인걸. 맞아. 출판 시기 말이야. 의도가 아무리 좋아도 적절한 시기와 맞물리지 못하면 나쁜 결과를 얻을 수 있는 것처럼 아무리 콘텐츠가 좋은 책이라도 때를 놓쳐 출간하면 그 책의 진가는 어둠 속에 묻히고 만다네."

"그럼, 도사님. 책마다 출판해야 하는 시기가 따로 정해져 있다는 말씀인가요?"

"좋은 질문이야. 내 주변에서도 책은 정말 좋은데 출간을 너무 빨리 서두르거나 반대로 너무 늦게 해서 낭패를 본 경우가 허다했지. 내가 질문 하나 해볼까?"

"질문이요?"

"그래. 예를 들어 공 대리가 다이어트와 관련된 책을 낸다고 가정해보자고. 그럼 이 책은 언제쯤 출간하면 좋을까?"

"음, 아무래도 새해가 좋지 않을까요?"

"그래. 맞아. 새해가 시작되는 봄이라네. 뚱뚱한 사람들, 특히 과체중인 사람들이 작년에 실패한 다이어트를 올해는 기필코 성공해보겠다고 마음을 먹을 때 출간을 해야 해. 다이어트를 새해 버킷 리스트에 담을 때, 바로 그때 출간해야 된다는 말일세. 바로 그 시점이 다이어트가 필요한 독자들의 관심도가 최고조에 다다를 때니까. 혹시 불가피하게 그 시기를 놓쳤다면 늦어도 여름이 오기 전까지는 출간을 서둘러야 해. 노출이 심한 여름이 다가오기 전에 관심도가 한 번 더 증폭되니까 말이야. 그런데 만약, 같은 내용의 책이 가을이나 겨울에 출간된다면 어떻게 될까? 그래. 십중팔구 망할 수밖에 없네. 내용이 아무리 좋아도 누가 사줘야 말이지. 이렇듯 출판 시기는 굉장히 중요하다네. 하지만 초보 작가들은 이 점을 간과하기 쉬워. 경험이 충분치 않아서 그런 거야. 자네도 출판 시기에 대해서는 고민을 깊이 안 해봤지?"

"예. 맞습니다. 도사님이 말씀하기 전까지 딱히 생각해보지 않았어요. 어떻게든 원고를 빨리 끝내야겠다는 생각만 했습니다. 5개월에 접어드니 마왕이 수많은 군대를 보내서 저를 괴롭히고 있거든요. 정말 책을 쓴다는 게 보통 일이 아닌 것 같아요."

공 대리는 머리를 만지작거리며 힘든 내색을 보였다.

"그래. 고민이 있다고 여기까지 급히 달려와서는 필명에 대한 얘기만 듣고는 다른 얘기는 일절 꺼내질 않기에 내 그럴 줄 알았지. 허허허."

신 도사는 힘들어하는 공 대리를 바라보며 걱정 말라는 듯 연신 너털웃음을 지었다.

"자! 그럼, 지금 내가 말하는 책들은 어느 시기에 출판하면 좋을지 생각해봐! 『공무원시험은 내게 맡겨라』 『개념원리 중학수학』 『몸만들기 프로젝트』 『여행의 이유』, 이제 좀 감이 잡히나?"

"예. 도사님이 무슨 말씀을 하시려는지 알 것 같습니다. 책 제목을 들으니 그에 걸맞는 시기가 떠오르네요."

"그래. 여기서 한 가지 더 깊이 생각해야 할 게 있어. 단기적인 시간이나 계절적 시기도 물론 중요하지만 독자의 관심도가 증폭되는 시대에 어떤 책이 출간되는지도 매우 중요하다네. 시기와 때를 넘어선 시대(時代)말이야. 사람사는세상 노무현재단 이사장을 맡고 있는 유시민 작가가 쓴 『국가란 무엇인가』의 출판 시기가 언제였는지 알아? 바로 2017년 1월 23일이었다네. 그때 어떤 일이 있었을까?"

"온 국민이 촛불 시위를 했을 때 아닌가요?"

"맞아. 박근혜 정부의 무능함을 개탄하면서 수많은 국민이 광화문 광장으로 쏟아져 나왔던 시기라네. 광화문을 비롯해 각 지방 시청과 도청 앞 등 전국 방방곡곡에서 촛불 집회와 시위가 이어졌을 때지. 국민이라면 누구나 '국가는 국민에게 무엇일까?' '국가는 국민에게 어떻게 해야 하는가?'에 대해 깊이 생각해보고 고민해봤을 때였다네. 바로 그때 이 책이 나왔어. 그리고 베스트셀러가 됐지. 책의 내용이나 문장 표현의 탁월함, 전달력과 호소력은 둘째 치고서라도 출판 시기 자체만으로도 이미 성공한 것이나 다름없었어."

"아, 그때가 바로 그 시기였군요."

"그래. 맞아! 더불어 이때는 최순실이라는 비선 실세가 등장해서 정상적으로 돌아가야 할 정부 시스템의 톱니바퀴에 '부도덕함'과 '정의롭지 못함'이라는 쐐기를 박아 정상적인 정부의 운영을 중지시켰고 국민들을 분노케 했지. 고등학교와 대학교 등 정규 과정을 착실하게 밟은 후 회사에 들어가 내부 경쟁을 뚫고 고위 임원이 된 사람부터, 공무원 시험을 보고 열심히 일해서 고위 직급에 올라간 정부의 공직자까지도 비선 실세 아래 머리를 조아리는 이런 어처구니없는 사태가 발생했던 거야. 사람들은 저마다 '정의'라는 개념에 대해서 다시 한 번 고민하게 됐지. 이 시기에 국민들의 관심을 받으며 사랑을 받았던 책이 있었어. 무슨 책이었는지 감이 와? 바로 마이클 샌델 교수가 펴낸 『정의란 무엇인가』였다네. 이 책은 2014년 11월 20일에 출간됐고 꾸준히 사랑을 받아오다가 이 시대에 이르러 꽃을 활짝 피웠지. 확고한 베스트셀러로 자리매김하면서 말이야. 이렇듯 출판 시기와 시대는 굉장히 중요하다네. 자네도 지금 쓰고 있는 책이 언제 출간돼야 독자들의 사랑을 듬뿍 받을 수 있을지 고민을 깊이 해봐! 그러면 답이 보일 테니까."

미래 직업과 연관 지어라!

> 책을 쓰고 나면 여러 가지 직업을 갖게 되면서 크게 성장한 자네 모습이 보일 걸세. 언젠가는 자네도 깨닫게 되겠지만, '성공'보다는 '성장'하는 삶을 살고, '목표'가 있는 삶 보다는 '목적'이 있는 삶을 살게. 그게 한 차원 더 높은 시선으로 세상을 바라보는 안목이니까.

"그리고 공 대리, 이왕 말이 나온 김에 초보 저자들이 놓치기 쉬운 부분을 한 가지 더 얘기 해줄게."

공 대리는 몸에 지니고 다니는 검은 수첩을 얼른 꺼내 들고는 신 도사의 입을 바라봤다. 메모하는 습관이 책을 만든다는 김 선생의 말이 떠올랐기 때문이다. 그러고 보니 공 대리는 요즘 어딜 가나 이 작은 수첩을 몸에 지니고 다니는 습관이 생겼고, 이렇게 빼곡한 메모로 완성된 수첩이 벌써 세 권이나 됐다. 처음엔 귀찮고 번거로웠지만 메모의 효과를 경험한 어느 순간부터는 누가 시키지 않아도 외출할 때면 항상 몸에 지니고 다녔다. 그러고는 자연스럽게 몸에 배어 습관이 된 것이다.

"책은 책으로만 끝나서는 안 돼. 그 책이 출간돼서 미래의 직업으로 연줄을 놔줄 수 있는 징검다리가 돼야 해. 징검다리 말이야."

공 대리는 선뜻 이해가 되지 않는다는 듯 고개를 갸웃거렸다. 신 도사는 그런 공 대리의 모습이 당연하다는 듯 별다른 내색 없이 말을 이어나갔다.

"일반적으로 초보 저자들은 과거에 본인이 힘들었던 경험을 책으로 출간하고 싶어 한다네. 특히 어려서부터 힘든 성장 시기를 보냈거나, 경제적으로 궁핍했던 시기를 겪고 난 후에 큰 성공을 이룬 사람들이 대부분 그렇지. 가슴에 품은 한을 풀어내고 싶기도 하고 그 소중한 경험을 인생 후배들에게 들려주고 싶어서 말이야. 이런 책들을 읽다보면 돈으로는 살 수 없는 소중한 교훈을 얻을 수 있다네. 밤하늘의 북극성처럼 인생이라는 망망대해에서 올바른 길을 찾을 수 있는 기준점도 발견할 수 있고 말이야. 그런데 이런 종류의 책들은 한 가지 큰 한계점을 가지고 있어. 어떤 측면에서 보자면 말이지."

"어떤 면에서 말씀인가요?"

"내가 지금 말하고 싶은 '징검다리 측면' 말이지. 책을 쓴다는 건 그 책이 출간된 이후에 책의 콘텐츠가 징검다리가 돼서 저자를 또 다른 직업의 길로 인도해줄 수 있어야 해. 요즘처럼 사회가 불안정하고 소득이 불안정한 시대에는 직장보다는 직업에 초점을 맞춰야 하거든. 그래서 책을 쓸 때는 책이 출간되고 나면 내 직업이 어떻게 바뀔 수 있을지, 혹은 어떤 직업이 추가될 수 있을지를 고민해봐야 해. 하지만 자서전적 에세이는 그런 측면에서 분명한 한계를 보인다네. 물론, 다른 직업을 가질 필요가 없는 저자라면 상관은 없겠지만 말이야. 사실 자서전적 에세이는 현실적인 얘기지만 대부분 책으로만 끝나게 돼 있어. 불편한 진실 중 하나지. 대부분은 다른 사람의 인생살이에 그다지 관심이 없거든. 세간의 화제가 된 인물이 아니고서는 말이야. 공 대리, 박막례 할머니라고 들어봤어?"

"예. 잘 알죠. 엊그제 그분이 펴낸 『박막례, 이대로 죽을 순 없다』라는 책도 사서 봤는걸요."

"그래. 잘 알고 있군. 그분이 47년생이니 나이도 꽤 있으신 데도 불구하고 요즘 젊은이들에게 인생에 도움이 될 만한 큰 교훈을 주고 있지. 거기다 재미와 감동까지 덤으로 주고 있고 말이야. 박막례 할머니는 언니들이 치매로 고생하는 걸 보고 본인도 그럴 수 있겠다는 두려움 때문에 오랫동안 고통스러워했어. 그 힘든 시기를 보내고 있을 때쯤 할머니의 손녀딸이 치매 예방에 도움이 될까 해서 휴대폰 게임을 할머니에게 가르쳐줬지. 하지만 이내 싫증을 내는 바람에 허사가 되었다고 해. 손녀딸은 평소에 할머니를 생각하는 마음이 깊었기에 여기서 그치지 않고 또 다른 방법을 찾으려고 노력했지. 관련된 여러 신문 기사와 논문도 찾아 읽고 하던 중에 여행이 치매 예방에 좋다는 걸 발견한 거야. 그리고 이 손녀딸은 직장에 과감히 사표를 던지고는 박막례 할머니와 자유롭게 여행을 다니기 시작했고 이 영상들을 유튜브로 제작해 올렸는데 소위 말하는 대박이 났지. 지금은 유튜브 채널 구독자 수만 100만 명이 넘으니 더 이상 무슨 설명이 필요하겠어. 말이 약간 옆으로 샜지만 내가 말하고 싶은 건 이 정도로 유명한 분이라면 그 자서전적 에세이가 또 다른 직업의 길로 인도해줄 수 있을지는 몰라도 일반적인 경우에는 그렇지 못하다는 거야."

"그렇다면 도사님. 직업의 징검다리가 된다는 말씀은 출간된 책 한 권이 저자를 구체적으로 어디로 인도해줄 수 있다는 건가요?"

"음, 여러 경로가 있을 수 있어. 예를 들면, 어떤 저자가 특정 전문 분야에 관해 책을 썼다고 가정해보면 분명히 그 전문 분야에 종사하거나 관심이 많은 사람들이 있을 거야. 그 분야에 있는 사람들이 독자가 될 거고, 책에서 말하는 내용이 유익하다고 판단이 서면 그 사람들이 저자를 초대해 강의를 들으려고 할 걸세. 많든 적든 강의료도 주면서 말이야. 그러면 어떻게 되겠어? 그래. 맞아. 청중들 앞에서 강의할 수 있는 기회를 얻게 된다네. 강의료를 받으면서 말이야. 그게 공중파가 될 수 있고 케이블 TV도 될 수 있어. 관공서에서 초빙하거나 대기업이나 중소기업 같은 사기업에서 초빙할 수도 있어. 자연스럽게 책 쓰기를 통해 특정 분야의 강사로 직업이 바뀌거나 추가되는 경우라 할 수 있지. 또는 대중 매체를 통해 알려지게 된다면 신문사나 잡지사로부터 해당 분야의 칼럼을 청탁받을 수도 있어. 칼럼니스트가 될 수 있다는 말이지. 어디 그것뿐이야! 원고 작성에서부터 책 출판까지 전 과정을 경험했기에 1인 출판사를 차려 독립출판사 사장으로 탈바꿈할 수도 있지. 또, 책을 여러 권 쓰다보면 책을 쓰는 노하우가 생길 테고 이 경험을 살려 일반인들에게 책 쓰기와 관련한 강의를 하거나 도움을 줄 수 있는 '책 쓰기 연구소' 소장이 될 수도 있어. 물론 1인 유튜버로 본인의 TV 채널을 운영하면서 수익도 낼 수 있고 말이야."

"듣고 보니 할 수 있는 게 상당히 많네요."

"당연하지. 주변을 둘러봐봐! 복지회관이나 문화센터마다 다양한 강의 프로그램을 시민들에게 제공한다네. 여러 강사를 모시고 말이야. 공 대리가 그 강사 중 한 명이 되지 말라는 법이 없지 않은가! 더불어 요즘에는 소도시마다 북 콘서트가 열리고 있어. 일정한 인적 네트워크만 연결된다면 그런 콘서트에 초대받아 유익한 강의도 할 수 있다네. 자신 스스로 북 콘서트를 기획해서 강의를 해도 되고 말이야. 방법은 무궁무진하지."

"아~ 무슨 말씀인지 이제 이해가 되네요. 기존에는 전혀 생각지 못했습니다. 또 한 수 배우네요. 도사님."

"비단 자네뿐만이 아니야. 책을 쓰려는 예비 저자들의 공통적인 한계지. 과거에 나 자신도 그랬고 말이야. 이것도 실패를 경험해봤기에 들려줄 수 있는 쓰라림의 노하우라네."

"제2의 인생으로 초대할 수 있는 마중물의 역할. 그런 역할의 책이 되면 더 좋지 않겠냐는 말씀이군요."

공 대리는 혼잣말을 하고는 모나미 펜을 꾹꾹 눌러 핵심 내용을 수첩에 적었다.

"바로 그거야! 마중물의 역할. 공 대리가 원고를 쓰다보니 남이 말하는 내용을 한 문장으로 요약해서 결론까지 낼 수 있는 능력이 제법 생겼네. 허허허. 많이 발전했어. 뭐든지 그래. 어떤 내용이든지 한 문장으로 요약해서 결론을 낼 수 있다는 건 큰 능력이라네. 이런 능력 또한 책을 쓰다보면 계발이 가능한 영역이지. 책을 쓴다는 건 결국 본인이 가지고 있는 콘텐츠를 깊은 사유를 통해 논리적으로 풀어나가는 일인데, 이런 일을 반복하게 되면 논리적인 사고력이 점점 더 발달되게 돼 있어. 그렇게 되면 지금의 자네처럼 아무리 어렵고 복잡한 내용도 간단하고 쉬운 문장 하나로 요약할 수 있는 능력이 생기고 말이야."

신 도사는 공 대리를 기특해하며 한쪽 눈을 감아 윙크를 했다. 어느 일정 경지에 올랐다는 메시지를 주는 것처럼 보였다.

"공 대리! 이제 막바지야. 원고가 거의 마무리됐으니 집중력 잃지 말고 끝까지 밀어붙여봐. 책 쓰기가 책 쓰기로만 끝나지 않고 미래의 직업으로 자연스럽게 연결될 수 있도록 고려도 하고 말이지. 단기적인 관점에서만 책을 쓰지 말고, 중장기적인 계획을 가지고 책을 쓰는 통찰력을 발휘해야 해. 이미 수많은 저자들이 책 쓰기를 통해 제2, 제3의 인생을 살고 있거든. 아참, 그리고 책이 완성되면 그때부터는 마케팅으로 승부수를 띄워야 해. 출판 마케팅이라면 국내에 김 사장, 아니 김 선생을 따라올 사람이 없으니 가서 꼭 조언을 받도록 하고."

"예. 명심하겠습니다. 도사님!"

"그리고 책을 쓰고 나면 여러 가지 직업을 갖게 되면서 크게 성장한 자네 모습이 보일 걸세. 언젠가는 자네도 깨닫게 되겠지만, '성공'보다는 '성장'하는 삶을 살고, '목표'가 있는 삶 보다는 '목적'이 있는 삶을 살게. 그게 한 차원 더 높은 시선으로 세상을 바라보는 안목이니까."

마케팅하라! 이제부터 시작이다!

> 책이 누워 있든, 세워져 있든 상관없어. 무조건 매대에 진열돼 있어야 하네. 서점 내에서 매대가 아닌 책장에 꽂히는 순간 팔리는 책이 아닌 사장되는 책이 돼버리고 말거든.

신 도사를 만나고 한 달 후, 드디어 공 대리의 원고가 완성됐다. 원고를 처음 쓸 때만 해도 일단 써 내려가라는 조언대로 투박하지만 거친 생각들을 두서없이 써 내려가다보니 진도도 빠르고 재미도 있었지만 막상 초고가 완성되고 난 이후부터는 글의 내용을 보완하고 보충하고 수정하는 데 예상외로 상당한 시간이 소요돼 미칠 것만 같았다. 때로는 원고 한 페이지를 수정하는 데 반나절이 걸릴 때도 있었고, 새로운 아이디어가 떠오르지 않아 머리만 부여잡고는 그저 멍하니 책상에 앉아 있는 시간이 30분을 넘어설 때도 있었다. 기필코 출간을 해야겠다는 강한 의지가 없었다면 중도에 열 번은 포기하고도 남을 만큼 괴롭고 힘든 시간이었다. 그래도 6개월 안에는 반드시 원고를 탈고해야 한다는 김 선생의 가르침을 매일 되새겼고, 책상 앞에 붙여놓았던 마감 시한이 적힌 노란 스티커가 심리적으로 압박도 되면서 동시에 큰 도움을 주었다.

'아! 드디어 완성했구나. 6개월 안에 끝냈어!'

공 대리는 집 앞 공원으로 나와 푸른 하늘을 올려다보며 활처럼 크게 기지개를 폈다. 그동안 묵혔던 체증이 온몸을 돌아 공 대리가 밟고 있는 땅 이곳저곳으로 퍼져 나가는 것만 같았다. 정말이지 속이 후련했다. 그러기를 얼마 지나지 않아 신 도사의 말이 문득 떠올랐다. 원고가 완성되고 나면 그때부터는 마케팅이 중요하다는 말. 공 대리는 주머니에서 핸드폰을 꺼내 김 선생에게 전화를 걸었다.

"뭐? 원고를 완성했다고? 벌써 시간이 그렇게 흘렀나? 애들 기말고사 준비하느라 요즘 정신이 없었는데…. 그럼, 6개월이라는 시한은 지킨 거네?"

"예. 선생님 덕분입니다."

"내가 뭘. 정말 장해! 공 대리. 쉽지 않았을 텐데 말이야."

"아닙니다. 도사님과 선생님이 아니었다면 생각지도 못했을 거예요. 정말 많은 도움이 됐습니다."

"허허. 겸손하기는…. 아~ 이럴 때가 아니지. 원고가 완성됐으면 출판사 선정과 마케팅이 무엇보다도 중요해. 그런 얘기를 여기 이 비좁은 강의실에서 하자고 오라고 할 수는 없고, 어때? 공 대리! 오후에 시간 돼?"
"예? 어디 가시려고요?"
"그래. 원고가 완성됐다면 뭔가 엄숙하고 숙연하게 출간을 준비해야 할 장소가 필요하거든. 마음을 가라앉히는 장소 말이야. 지금이 오전 11시니까 한 시간 뒤면 강의가 끝나는데. 이따 오후 3시까지 강화도 전등사로 올 수 있어?"
"강화도 전등사요?"
"그래. 저번에 도사님과 마니산에 갔다면서? 거기서 멀지 않은 곳이야."
"아. 네. 알겠습니다. 그때 거기서 뵐게요."

공 대리는 전화를 끊고는 집으로 들어가 샤워를 하고 최근에 동네 가게에서 새로 구입한 옷으로 갈아입었다. 원고를 쓰느라 퇴근 후에는 집에만 틀어박혀 늘 펑퍼짐한 츄리닝 바람이었는데 원고 탈고와 함께 누추했던 옷을 벗고 새 옷으로 갈아입으니 기분마저 날아갈 것 같았다. 마치 번데기가 허물을 벗고 나비가 된 느낌이랄까! 아직까지 원고를 완성했다는 게 꿈인지 생시인지 몰라 중국의 장자 이야기에 나오는 나비가 된 기분이었다. 꿈과 현실 속을 날아다닌다는 그 나비.

오후 3시. 김 선생이 차에서 내리더니 기다리고 있던 공 대리의 어깨를 다독이며 전등사로 발길을 이끌었다.
"어때? 많이 힘들었지?"

"아닙니다."

공 대리는 쑥스러운 듯 고개를 숙이고는 김 선생이 걷는 속도에 보조를 맞췄다.

"내가 써봐서 알아. 결코 만만한 게 아니야. 희생이 필요하지. 시간과 노력의 희생 말이야. 그러고 보면 뭔가 희생하지 않고서는 이 세상에서 얻을 수 있는 건 없는 거 같아. 그렇지 않아?"

"예. 정말 중간에 포기하고 싶을 때가 여러 번 있었습니다. 그래도 선생님이 그 과정을 미리 모두 설명해주셨기에 견딜 수 있었어요. 다시 하라면 못 할 것 같습니다."

"허허허. 지금에야 그렇지. 일정한 시간이 지나고 아이디어들이 채워지면 또 다른 한 권을 낼 수 있다네. 그건 그렇고 여기 전등사는 처음이지?"

"예. 이 절에는 자주 오시나요?"

"자주 오는 건 아니고. 뭔가 특별하거나 기리고 싶은 일이 있을 때 찾아오지. 주변이 참 조용하고 고요하거든. 내가 좋아하는 까마귀도 많고 말이야. 허허허. 그래도 나를 위해서가 아니라 이렇게 남을 위해서 온 건 처음이라네. 공 대리 자네를 위해서 말이야."

"저를 위해서요?"

"그래. 책을 낸다는 건 인생에서 중요한 전환점이 될 수 있는 일이거든. 책 그 자체만으로 끝나지 않고 지금까지 보냈던 그 6개월의 고통과 시련이 사람을 한층 더 성장시켜주기 때문이지. 회사에 다니는 자네로서는 회사를 바라보는 시각도 달라지고 업무를 하면서도 좀 더 진정성을 가지고 노력하려고 할 걸세. 이런 중요한 전환점에 서 있는 자네에게 이 전등사가 딱 어울리는 장소라는 생각이 들었어."

김 선생의 말이 끝나기가 무섭게 하늘 저편에서 까마귀 세 마리가 날아와 공 대리 머리 위를 빙빙 돌면서 까악 까악 울더니 이내 시야에서 사라졌다. 이를 본 김 선생은 공 대리를 바라보며 눈웃음을 지었다.

"까마귀가 저리 크게 우는 걸 보니 공 대리 책이 잘되겠어. 그것도 저렇게 세 마리가 동시에 날아와서는 울면서 날아가니 말이야. 허허허."

길을 따라 산 위로 조금 더 올라가니 왼쪽 길모퉁이에 두터운 잠바를 입은 할머니들이 밤을 팔고 있었다. 공 대리는 얼굴이 몹시 여윈 어느 할머니에게 다가가 주머니에서 꼬깃꼬깃한 천 원짜리 몇 장을 꺼내 건네고는 밤 두 봉지를 샀다. 그리고 두 봉지 중 한 봉지를 김 선생에게 건넸다. 김 선생은 그런 돈은 왜 쓰냐며 거절을 하다가 마지못해 한 봉지를 받아 들었다. 그러고는 공 대리의 마음 씀씀이가 고마웠던지 바로 앞 매표소로 뛰어가 전등사 입장권을 사서는 다시 돌아와 공 대리 손에 쥐어주었다.

바람이 차고 쌀쌀했다. 입에서 나온 입김은 순식간에 허공으로 사라져버렸고 밤 봉지에서 묻어나오는 따뜻한 온기만이 부르튼 손을 감싸주었다.

"공 대리, 할 수만 있다면 소형 출판사보다는 대형 출판사와 계약하는 편이 더 나아. 왜 그런지 알아? 마케팅에서 차이가 나기 때문이야. 1인 출판사나 소형 출판사에 비해 대형 출판사는 광고나 마케팅에서 비교 우위를 가지고 있거든. 마치 대학교를 졸업한 학생이 능력만 된다면 중소기업보다는 대기업에 들어가고 싶은 이유와 비슷하다고 할 수 있어. 아무리 좋은 제품을 중소기업에서 내놨다 하더라도 마케팅 능력이 받쳐주지 못하기 때문에 고객 입장에서는 해당 제품이 존재하는지조차 모르는 경우가 허다하거든. 어쩔 수 없는 현실이야. 하지만 대기업은 판매 채널이 정말 많아. 거기다 자본이 받쳐주기 때문에 조금이라도 상품성이 있어 보인다 싶으면 확실하게 밀어서 매출을 상당 폭 끌어 올려주거든. 그렇기 때문에 책 출판도 가급적 1인 출판사나 소형 출판사보다는 대형 출판사에서 해보라고 권유하는 거라네."

"그런데, 선생님. 요즘은 『꿈꾸는 다락방』을 쓴 이지성 작가를 포함해서 유명 작가들이 소형 출판사와 일부러 계약을 하는 경우도 있던데요?"

"맞아. 많이 알고 있군. 작은 출판사도 어떤 면에서는 경쟁력을 가질 수 있다는 점은 나도 인정해. 대형 출판사들이 아무래도 기득권을 가지고 있다보니 작가들이 원하는 방향으로 가기보다는 출판사 위주로 끌고 가려는 경향이 있거든. 작가에 대한 관심도도 분산되고 말이야. 유명 작가들은 그런 게 싫은 거야. 단지 난 평범한 일반 저자들이 성공할 수 있는 방법을 확률이 높은 쪽에서 얘기하고 싶을 뿐이라네."

"아. 그렇군요."

"그래. 그리고 가치관의 차이가 출판사를 결정하는 데 중요한 역할을 하지. 작가들이 가지고 있는 가치관에 부합하는 출판사가 따로 있거든. 그런 경우라면 1인 출판사든 소형 출판사든 상관없겠지만, 그게 아니라면 이왕이면 대형 출판사를 선택해야 베스트셀러에 도전해볼 수 있다는 얘기야. 그리고 마케팅에 대해서도 최근 변화된 추이를 알아야 해. 예전에는 출판사에서 특정 작가와 기획 출판을 계약하고 나면 그 작가가 쓴 책이 나오기가 무섭게 출판사에서 큰 비용을 들여 마케팅에 전력을 쏟았어. 특히 권위 있는 저자나 유명 작가에게는 더더욱 그랬지. 마케팅을 잘해야 책이 더 잘 팔리고, 책이 잘 팔려야 출판사와 저자가 가지고 가는 이익이 더 커지는 구조였기 때문에 출판사에서는 기를 쓰고 마케팅에 심혈을 기울였어. 하지만 시대가 변했다네. 요즘은 그렇게 하지 않아. 출판사에서는 책이 출간되자마자 온 힘을 실어 마케팅에 투자하는 대신 한 달 내지 두 달 정도는 아주 기본적인 힘만 쓰면서 가만히 지켜보지. 마치 강가에 던져놓은 낚싯대에 물고기가 입질을 할 때까지 조용히 기다리는 것처럼 말이야. 그리고 입질이 왔다 싶으면 온 힘을 실어 잽싸게 물고기를 낚아 올리는 것처럼 초판의 판매 속도가 빨라지고 일정 기준 이상의 판매 부수가 올라갈 때면 그때서야 출판사는 마케팅에 온 힘을 싣기 시작해. 그런 힘으로 판매 가속도를 높여 결국은 베스트셀러를 만들어내는 거라네. 출판사도 그렇지만 이제는 저자도 마케팅에 합류를 해야 해. 뒷짐만 지고 있으면 안 된다는 말이야. 아니 어쩌면 출판사보다 먼저, 더 열심히 마케팅에 전력을 쏟아야 하는 시대가 왔는지도 몰라. 페이스북이나 인스타그램, 트위터 등 각종 SNS를 통해서 저자 스스로가 마케팅하고 블로그 관리도 해나가야 하는 시대 말이야. 그래야 책이 뜰 수 있어. 그저 뒷짐만 지고 콘텐츠가 좋으니 독자들이 알아서 사줄 거라는 생각은 구태의연한 생각에 불과하단 얘기지. 콘텐츠도 중요하지만, 판매 채널과 마케팅도 그 못지않게 중요하거든."

"직장인이 책을 출간하는 경우도 마찬가지인가요?"

"당연하지. 회사원이 책을 쓰는 경우도 마찬가지야. 일단 직장인이 책을 쓰는 경우는 내가 말하는 다음 세 가지 중에 한 가지로 압축될 수 있어. 어느 경우에 해당되는지를 눈여겨보고 행동으로 옮겨야 하네."

공 대리는 칼바람이 부는데도 미리 챙겨 온 작은 수첩과 볼펜을 점퍼에서 꺼내 들었다. 김 선생은 그렇게까지 할 필요 없다는 얼굴빛을 지으면서도 참 열심히 한다는 생각에 흐뭇한 미소를 지으며 말을 이어나갔다.

"첫째, 특정 업무나 기술 등 전문 분야를 기술한 책이 아니고, 저자 스스로의 인생 경험이나 과거를 회상하고 싶어 책을 썼다면 마케팅에는 그렇게 큰 노력을 기울일 필요가 없어. 이는 어디까지나 저자 스스로에 대한 자애적(自愛的) 차원에서의 책 쓰기고 주변 몇몇 사람에게만 알리고 싶은 이야기일 수 있기 때문이네. 인생에 있어 하나의 큰 과업으로 생각하고 그리고 반드시 달성해야 할 인생의 미션(Mission)으로 생각해서 자서전적 에세이를 썼다면 그것 자체만으로도 큰 영광이 아닐 수 없거든. 실제 제일 쓰기 어려운 책은 자서전적 에세이라네. 한 인간의 일생을 시간의 흐름에 맞게 구성하고 문학적 표현을 가미해 250페이지 넘게 써낸다는 것 자체만으로도 정말 어려운 일이 아닐 수 없어. 특정 영역의 책 쓰기는 여러 책을 참고해서 소위 말하는 짜깁기를 해서라도 책을 낼 수야 있다지만 이런 자서전적 에세이는 참고할 수 있는 책이 없기 때문에 쓰기가 굉장히 어렵다는 얘기야. 그렇기에 이런 종류의 책을 쓰고 싶은 직장인이라면 마케팅보다는 자기 인생의 편린(片鱗)을 타인이 볼 만하게 재구성하고 문학적 표현을 어떻게 가미할지에 무게 중심을 더 두어야 하네. 이런 자서전적 에세이를 책으로 낼 경우에는 자연스럽게 가족이나 지인, 동료들에게 읽히게 되고 사랑받게 되지. 읽히는 영역이 그렇게 넓을 필요도 없고 그렇게 되지도 않아. 따라서 출간된 이후에 책 판매 부수가 생각만큼 늘어나지 않더라도 결코 실망하지 말아야 해. 자연스런 현상이거든. 출판사에서도 이런 점을 익히 잘 알고 있기 때문에 마케팅에 주력하지 않아. 시중에 나와 있는 책, 다시 말해 그 분야의 경쟁 도서가 없는 책이라면 판매 관점에서 보면 시장성이 없다는 뜻과 일치하거든. 그런 이유로 이미 시장에 나와 팔리고 있는 유사한 콘텐츠가 아니고 세상에서 유일무이할 정도로 독자적인 내용이라면 저자 생각과는 반대로 출판사에서는 마케팅에 힘을 쓰지 않는다는 얘기지. '쓰고 싶은 책을 쓰는 게 아니라, 독자들이 읽고 싶어 하는 책을 쓰라'는 이야기도 이런 마케팅적인 관점에서 했던 얘기라네. 내가 예전 수업 시간에 말한 적이 있을 걸세. 결론적으로 이렇게 과거의 인생 스토리를 담아 자서전적 에세이를 펴내고 싶은 직장인이라면 출판사에서 마케팅에 소홀하더라도 실망하지 말라는 얘기야. 각고의 노력과 산통의 과정을 겪고난 후에 본인만의 이야기가 책으로 출간되는 것 그 자체만으로도 그 사람은 정말 불가능한 일을 해낸 사람이기 때문에 그 정도의 의의를 가지는 데 만족해도 충분하다네. 사실 마케팅 관점이 아닌 순수하게 책 쓰기 관점에서 보면 이런 직장인이 더 대단하고 훌륭하다는 점은 부인할 수가 없거든."

"결론적으로 자서전적 에세이를 쓰고 싶은 직장인이라면 마케팅에 그렇게 많은 무게 중심을 두지는 말라는 말씀이네요?"

"그래. 맞아. 두 번째로 자신의 특정 업무 분야에 대해 전문적으로 책을 내고 싶은 직장인이라면 그 분야에 있어 일정 기간 동안 업력을 쌓아야 해. 그게 필수야. 일정 기간이라 함은 10년 이상을 말하는 거라네. 물론 일반적인 에세이나 업무와 상관없는 콘텐츠라면 회사 생활 이후 5년이면 책을 쓸 수 있는 기간은 된다고 생각해. 하지만 이렇게 전문적인 분야를 쓸 때는 업력이 최소 10년 이상은 돼야 독자들이 믿고 읽어주거든. 10년이면 강산도 바뀐다는 말이 그냥 나온 말이 아니야. 일반적으로 사람들 뇌리 속에는 10년이라는 기간은 무시할 수 없는 기간이라고 프로그래밍 되어 있기 때문이거든. 물론 업력이 10년 미만이라고 해도 해당 분야에서 타인이 인정해줄 만한 기술이나 자격증이 있거나 수상 이력이 있는 등 탁월한 성과를 냈다면 책을 내기에 충분하지. 이런 경우라면 반드시 필명이 아닌 본인 이름을 저자명으로 올리고 출간해야 한다는 점을 잊지 말아야 해. 이런 종류의 책을 출간하면 그 분야에서 일하는 많은 사람이 독자가 되고 팬덤층이 형성돼서 그 분야에 있어 전문가로 우뚝 설 수 있거든. 전문가에게 필명이란 어울리지가 않아."

"예. 필명에 대해서는 도사님께 들어서 익히 잘 알고 있습니다."

"그래. 그런 경우라면 저자 자신의 이름을 걸고 책이 출간돼야 직업적 관점에서 커리어 패스(Career path)에 이롭고 직장 내에서도 인정받을 수 있어. 더불어 회사 임원이나 인사팀에서 책을 읽어보고 콘텐츠가 마음에 들었다면 사내에서 강의할 수 있는 기회도 만들어줄 수 있지. 무엇보다도 회사 내에서도 단단한 입지를 굳힐 수 있고 사내 전문가로 인정받을 수 있어서 승진에서도 유리해. 그 이유는 말하지 않아도 어찌 보면 당연하지 않아? 어느 곳이든 특정 분야에서 일하는 직장인이야 많겠지만, 해당 분야의 업무를 콘텐츠로 만들어 책을 낼 생각을 하는 직장인은 드물고 또 그 생각을 실천으로 옮기는 직장인은 더 드물기 때문이라네. 이런 직장인이라면 남들 쉬는 시간에 원고를 쓰고 비지땀을 흘렸을 테니 그 노력은 당연히 보상해줘야 하지 않겠어? 말이 길어졌지만 이렇게 전문적인 분야의 책을 내고 싶은 직장인이라면 본인이 쓴 콘텐츠와 궁합이 잘 맞는 출판사를 선택해야 해. 운동선수라고 해도 모든 운동에서 뛰어난 게 아니라 특정 운동에서만 비상한 자질을 가지고 있듯이 출판사도 마찬가지라네. 출판사라고 해서 모두 같은 출판사가 아니야. 특정 분야, 특화된 분야의 콘텐츠를 출판하는 출판사가 따로 존재하지. 이를 확인할 수 있는 방법은 규모가 어느 정도 큰 서점에 가서 해당 콘텐츠가 있는 매대에 진열된 책을 보고 출판사가 어딘지 확인을 하면 돼. 몇 권을 확인하다보면 특정 출판사로 귀결될 거고 그중에서도 어느 출판사가 강점을 보이는지 확연히 알 수 있다네. 만약에 발품을 팔 시간도 없다면 인터넷 검색을 통해서 해당 콘텐츠를 많이 출판했던 업체를 살펴보고 그곳을 고르면 되지. 이런 노력을 통해서 궁합이 잘 맞는 출판사를 만나 책을 출간하고 마케팅에 힘을 쏟는다면 기대치 않았던 대박을 칠 수도 있어. 출판사 입장에서는 기존에 했던 광고나 마케팅과 별다를 바 없기에 번거롭지도 않고 저자와 얘기할 때도 공통 관심사이기 때문에 물 흘러가듯 막히지 않고 대화를 이끌어갈 수 있다는 장점이 있네. 이런 곳에서 마케팅을 해주면 효율성이 극대화되지 않을까? 저자 본인도 마케팅에 주력해야 해. 예를 들면, 주말이나 퇴근 시간을 이용해서 해당 분야에 대한 지식과 정보를 듣고 싶어 하는 독자들과 만나서 적극적으로 교류를 하는 거지. SNS와 블로그 등 상황에 맞는 채널을 활용해서 적극적으로 마케팅하는 건 기본이고 말이야. 마케팅에 전념할수록 저자의 퍼스널 브랜딩 가치가 올라가거든."

"그럼, 마지막 세 번째는 어떤 경우인가요?"

"마지막으로 시나 소설, 희극과 같은 문학적인 책 쓰기를 하고 싶어 하는 직장인이지. 마케팅적인 관점에서 보면 이런 분야의 책을 출간할 때도 책의 특성과 잘 맞는 출판사를 선택해야 해. 출판사를 잘 선택해야 한다는 점에서는 앞서 얘기한 경우와 같지만 더 치밀하게 살펴봐야 한다는 점에서 좀 더 구체적이지. 이런 경우라면 폭을 넓혀 1인 출판사나 소형 출판사를 통해 출간하는 방법도 적극적으로 고려해봐야 해. 실제로 유명 작가가 아닌 일반 직장인이 문학적인 내용을 투고해서 선택받을 수 있는 확률은 실용적인 책에 비해 극히 낮거든. 이런 경우에는 선택받지 않더라도 절대 의기소침하거나 실망하지 말아야 해. 내용은 훌륭하지만 출판계의 판매 생리상 잘 팔릴지 확신이 없어서 선택되지 못한 것일 뿐이니까. 그 이상도 그 이하도 아니라는 말이야. 하지만 1인 출판사나 소형 출판사라면 저자와 함께 공격적으로 도전해볼 수 있거든. 몸집이 작으니 운용에 대한 집중력도 강하고 의사 결정 라인이 간단해서 성과가 있겠다 싶으면 빠른 의사 결정과 실행력으로 과감히 도전하는 출판사가 그런 곳이니까. 이렇게 문학적인 책을 쓰는 경우라면 회사에는 책을 쓰고 있다는 사실은 숨길 수 있으면 확실히 숨겨야 해. 첫 번째와 두 번째 경우처럼 인간 스스로에 대한 자아 확립이나 특정 업무 분야에 대한 책 쓰기는 회사의 인지도에도 도움이 되기 때문에 회사에서도 적극 권장하고 태클을 걸지 않겠지만, 시나 소설과 같은 문학적인 글쓰기는 회사에 전혀 도움이 안 된다고 믿기 때문이라네. 그래서 이런 경우는 필명을 사용하라고 적극 권하고 싶어. 필명을 사용해서 적극적으로 마케팅하고 출판사에서도 힘을 실어줘서 회사 모르게 저자가 큰 성장을 하게 되면 상황이 180도 바뀌게 돼 있거든. 만약에 베스트셀러 작가로 등극하게 된다면 이런 인재를 특정 회사에서 보유하고 있다는 것 자체만으로도 회사가 얻게 되는 광고 효과는 상당히 크기 때문이라네. 돈으로 환산할 수 없는 상징적인 차원에서도 저자와 회사 모두 성장하게 되지."

"선생님 말씀을 듣고 보니 출판업계에서도 마케팅이 정말 중요하네요. 어느 출판사를 선택해야 할지도 저자 입장에서 중요하고요."

"그래. 맞아. 출판 시장도 엄연한 자본주의 속에서 살아 움직이는 유기물이라네. 그런 시장에서 자신의 책이 살아남으려면 온라인상에서 상위 20위권 이내에 들거나, 오프라인에서는 보이는 매대에 반드시 진열돼야 해. 책이 누워 있든, 세워져 있든 상관없어. 무조건 매대에 진열돼 있어야 하네. 서점 내에서 매대가 아닌 책장에 꽂히는 순간 팔리는 책이 아닌 사장되는 책이 돼버리고 말거든."

책을 쓰고 나면 반드시 기회가 찾아온다

> “기회라는 운명이 반드시 찾아올 거네. 그 기회를 십분 활용해야 해. 책을 쓴 직장인이라면 누구든지 그 조명 아래 설 수 있다는 점도 잊지 말아야 하고 말이야. 그 기회를 통해 인생에서 승리하고 성장하는 직장인이 될 수 있다네.”

담소를 나누며 걷다보니 어느새 전등사 대웅전 앞마당에 이르렀다. 김 선생의 말처럼 주변이 한적하고 조용해 공 대리의 마음이 차분해졌다. 머릿속도 한결 정리되는 기분이었다.

“공 대리, 저 마루에 좀 앉지.”

김 선생은 손을 들어 대웅전 오른쪽에 있는 도량을 가리켰다. 마루 위에는 ‘강설당(講說堂)’이라고 적힌 낡고 오래된 나무 현판이 걸려 있었다.

“선생님. 여기 대웅전까지 올라오셨는데 절이나 기도는 하지 않으시나요?”

“허허허, 오해하지 마. 난 불자가 아니라네. 한때 불교와 기독교에 심취해서 공부만 했을 뿐이지. 난 단지 절에서 느껴지는 이런 고요한 분위기가 좋을 뿐이야.”

"아! 그러세요? 전 당연히 불교를 믿으시는 줄 알았거든요."

"그렇게 보였어? 난 사실 불교와 기독교 모두를 믿지만 반대로 모두를 믿지 않기도 해."

"그게 무슨 말씀인가요? 믿지만 믿지 않는다니요?"

"공 대리! 몸에 제일 좋은 음식이 뭔지 알아? 사람의 손이 최대한 덜 간 음식이라네. 식재료를 가공하는 단계가 많으면 많아질수록 사람의 몸에는 좋지 않은 법이거든. 그래서 난 가공식품을 별로 좋아하지 않아. 가공이 되면 될수록 자연에서 점점 더 멀어지니까 말이야. 내가 생각하는 종교도 마찬가지라네. 사람의 손이 많이 가고 조직적으로 비대해진 종교 단체는 인간에게 이롭지 않다고 생각해. 대신 예수 그리스도의 마음을 그리고 부처님의 마음을 온전히 느끼려고 노력할 뿐이지. 사람의 때가 묻지 않은 그 순수한 마음 말일세. 사람들을 나누거나 구분 짓지 않고 자신을 희생하고 갖가지 핍박을 받으면서도 모두를 하나 되게 하려고 끝까지 노력하셨던 그 참마음 말이야."

"참 심오한 말씀이네요."

"허허, 그러고 보니 내가 종교 얘기를 하려고 했던 건 아닌데 말이야. 공 대리, 자네가 이제 책을 내고 나면 기회라는 게 찾아올 거야. 그 기회를 잘 활용해야 해. 그 기회는 약이 될 수도 있고, 반대로 독이 될 수도 있어. 특히 자네는 직장인이기 때문에 전업 작가보다는 더 많은 기회가 찾아올 수 있다네. 사실 대한민국에서 전업 작가로 살아간다는 건 정말 힘들고 어려운 일이야. 그렇기 때문에 대한민국에서 전업 작가로 활동하는 사람이 500

명이 채 되지 않아. 제일 큰 부분이 아무래도 수익적인 부분이라네. 전업 작가로 책을 쓰고 출간해서 연간 1억 원을 벌기란 결코 쉽지 않은 일이거든. 거의 불가능에 가깝지. 그렇게 버는 작가는 실제 몇 사람밖에 되지 않아. 그것도 원고를 쓴 기간이 1년이라면 연봉 1억이라고 말할 수 있겠지만, 2년이라면 연봉이 5천만 원에 지나지 않아. 만약 3년이라면 또 어떨까? 그렇다면 1년에 서너 권을 쓰면 되지 않겠냐고 혹자는 반문할 수도 있겠지만 그렇게 쓴 모든 책이 다 잘 팔릴 수는 없거든. 그렇게 보면 전업 작가는 돈이 아닌 사명으로 그리고 운명으로 책을 쓰는 사람이라네. 전업 작가보다 책을 쓴 직장인에게 오히려 기회가 더 많다고 하는 이유가 바로 여기에 있어. 전업 작가가 벌지 못하는 수입을 직장인이라면 책 쓰기를 통해서 충분히 벌 수 있거든. 10억은 벌지 못하지만 1억은 쉽게 벌 수 있다네. 직장에 있기 때문에 가능한 일이고 책을 쓰고 나면 반드시 기회가 찾아오기 때문이지. 그 기회를 잘 잡아야 해."

"그 기회라는 것이 약이 될 수도 있고, 독이 될 수도 있다는 말씀이죠?"

"그래. 맞네. 지금까지 책은 누구나 쓸 수 있고 마음만 먹으면 가능하다고 내가 말했던 것은 방편(方便)에 불과했어. 마치 부처님이 궁극의 경인 법화경을 설하기 전에 불자들의 기근(機根)이 두텁지 못함을 깨달으시고 화엄, 아함, 반야 그리고 방등경을 설하셨던 이치와도 같지."

"그런데 선생님, 기근이라는 의미가 뭐죠?"

"중생의 마음 가운데 갖추어져 있어서 부처님의 가르침에 응하는 힘이라는 뜻이지."

"아, 네."

"예수님도 교인들에게 말씀하시길 심판의 날은 반드시 오리니, 그때야 비로소 하나님을 믿고 따랐던 신자들은 하나님의 심판을 받아 천국에 갈 것이요, 그렇지 않은 사람은 지옥에 갈 것이라고 설하셨지만 이것 또한 방편에 불과하다네. 도마 복음서 훈언 3장에서 예수님은 분명히 말씀하고 계시거든.

예수께서 말씀하시길, '만약 너희를 현혹하는 자들이 말하길, 보라! 천국이 하늘에 있다면 하늘의 새들이 너희보다 앞서갈 것이요. 만약 그들이 그것은 바닷속에 있다 한다면 물고기들이 너희보다 앞서갈 것이다. 그러나 천국은 네 안과 밖에 있느니라. 너희가 너희 자신을 스스로 알 때 비로소 참된 자신을 알게 되며, 너희가 살아 있는 아버지의 자식임을 알게 될지니라. 그러나 만약 너희 자신 스스로를 알지 못한다면 너희는 궁핍에 있음이요. 너희가 궁핍이다.'라고 말이야.

즉, 예수님은 천국은 멀리 있거나 죽어야 가는 곳이 아닌 지금 살아가는 이곳에 있고 동시에 교인들 마음속에 있다고 분명히 말씀하셨어. 심판의 날이 온다고 하면 그리고 죽어서 천국에 간다고 하면 사람들은 그것이 두려워 살아 있을 때 하나님의 말씀을 철저히 따르고 선행을 베풀 거라 생각하셨던 거야. 이웃을 사랑하라고 말씀하신 이유가 바로 여기에 있었던 거지. 이곳이 바로 천국이니까. 천국이 여기 바로 이곳임을 깨닫고 매 순간 기뻐

하고 이웃들과 행복하라는 메시지를 예수님께서는 주시고 싶었던 거야. 이웃을 사랑해야 하나가 될 수 있거든. 직장인이라면 반드시 책을 쓰라고 내가 말한 것도 사실 예수님 말씀처럼 방편에 불과하네. 진실은 그 방편 너머에 있지. 책을 쓰고 난 다음 말일세. 책을 쓰고 나면 이목이 집중되는 무대에 올라 조명을 받게 되고 기회를 얻게 되지. 그 기회가 내가 말하고 싶은 핵심이야. 그 핵심이 바로 방편을 넘어서면 만나게 될 진리라네. 책을 쓰지 않으면 기회가 오지 않고, 책을 쓰면 반드시 기회가 와. 난 그렇게 생각해. 하지만 여기서 명심해야 할 점은 그 기회는 약이 될 수도 있고 반대로 독이 될 수도 있다는 거야. 자네가 이해하기 쉽게 신도사님 얘기를 해주지."

"도사님의 과거 말씀인가요?"

"그래. 사실 도사님도 나와 어느 정도 친분이 두터워졌을 때야 비로소 자신의 과거에 대해 털어놓으셨어. 처음 책을 내고자 마음먹고 원고를 썼을 때만 해도 별다른 생각하지 않고 그저 순수한 마음에서 쓰셨다고 말이야. 그러고 나서 책이 나오고 주변에서 알게 되고 회사에서도 알게 되니 자연스레 스포트라이트를 받게 되셨다고 해. 회사에서는 책을 쓴 사람이라고 대단하게 여기고 남들과는 다른 특별한 능력이 있는 사람처럼 생각하게 되더라는 거지. 점점 더 그게 큰 부담이 되셨대. 행동거지 하나하나가 신경 쓰이면서 말이야. 잠을 못 이루고 설치는 날도 많아졌고 말이지. 그러고 몇 달 지나지 않아 회사는 회사의 운명이 걸린 큰 프로젝트를 도사님께 맡겼는데, 그때가 도사님이 막 과장이 되고 난 후였다는 거야. 뭔가 이 사람은 해낼 거라는 생각을 회사에서 했던 거지. 도사님은 그때 본인이 프로젝트를 맡겠다거나, 하지 않겠다고 의사 결정을 할 수 있는 위치도 아니었고 무조건 맡아야 하는 상황이었기 때문에 그 부담은 백배 천배로 다가왔다고 해. 그 프로젝트는 1년이나 지속됐고 도사님은 그 1년 동안 사활을 걸고 덤벼들었다네. 주변에서 바라보는 수많은 시선과 회사의 운명이 걸린 프로젝트라는 의식 때문에 잠 못 이루는 날이 점점 잦아졌고 밤마다 술로 지새우는 날도 많아지셨지. 급기야 어느 날은 화장실에서 소변을 보는데 피가 섞인 오줌이 나오더래. 그때야 비로소 모든 걸 내려놓자는 심정이 드셨다는군. 그런데 마침 그때 행운의 여신이 도사님의 손을 붙잡았지. 맡았던 프로젝트가 대성공을 거두면서 도사님의 주가는 급속도로 치솟았고 바로 차장과 부장으로 조기 승진하면서 연봉이 세 배까지 올랐다는 거야. 거기다 그 당시만 해도 책을 쓴 직장인이 흔치 않았던 시기였기에 전국 여러 곳에서 강의 요청도 쇄도하고 인기가 절정에 치닫게 됐지. 그 이후로도 몇 권의 책을 출간하셨고 내는 책마다 베스트셀러가 되면서 수억 원의 돈을 버셨다는 거야."

"그런 과거가 있으셨군요."

"그래. 맞아. 도사님도 회사에 몸담고 계셨기에 그런 기회를 잡을 수가 있었어. 수억 원의 돈도 버셨고 말이야. 그런데 그때 그 프로젝트가 실패했다면 어떻게 됐을까? 도사님도 지금 그때를 생각하면 정말 아찔하다는 거야. 책을 쓰고 나서 후련하다 싶었는데 진짜 본 게임은 그 뒤부터 시작됐다는 거지. 공 대리도 이제 책을 출간하고 나면 스포트라이트를 받으며 무대 중심에 서게 될 거야. 그리고 기회라는 운명이 반드시 찾아올 거네. 그 기회를 십분 활용해야 해. 책을 쓴 직장인이라면 누구든지 그 조명 아래 설 수 있다는 점도 잊지 말아야 하고 말이야. 그 기회를 통해 인생에서 승리하고 성장하는 직장인이 될 수 있다네."

공 대리, 책 한 권 쓰고 1억 원을 벌다

> 이 친구 책 한 권 쓰더니 1억 원을 벌었구먼. 1억을 벌었어. 그러면 이러고 있을 때가 아니지. 어서 일어나 이 친구야. 날씨도 후텁지근한데 탁주 한잔 제대로 쏴야지 않겠어! 안 그런가?

책을 내고 1년 7개월이라는 시간이 지났다. 겨울은 어느새 한 해를 넘어 무더운 여름으로 바뀌었고 하늘의 태양은 쨍쨍 내리 쬐며 큰 소리로 울어대는 매미들과 함께 조화로운 궁합을 맞추고 있었다. 공 대리는 그동안 바쁘다는 핑계로 찾아뵙지 못한 신 도사를 만나기 위해 남수를 찾았다. 참 오래간만이었다.

신 도사는 마당에 쭈그리고 앉아 낡고 둥근 소쿠리에 담긴 빨간 고추를 넓은 돗자리에 투박하게 뿌렸다. 그리고 하늘을 한번 쳐다봤다.

"고추 한번 잘 마르겠네. 이런 날씨가 고추 말리기에 제격이지."

신 도사는 쭈그렸던 무릎을 힘들게 펴고는 손을 허리에 가져다 댔다.

"아이고. 이놈의 허리야. 이제 다 됐구나. 다 됐어."

허리 통증이 심한 듯 눈을 찡그리고는 고개를 돌려 마루에 앉아 있는 공 대리를 바라봤다. 그러고는 손을 씻으러 수돗가로 서서히 걸어가면서 말문을 열었다.

"어때? 책을 내고 유명 인사가 되니 삶이 좀 나아졌어?"

1년 7개월이라는 시간을 사이에 두고 다시 만난 공 대리에게 묻는 첫 질문이었다. 신 도사는 수도꼭지를 돌려 콸콸 쏟아지는 물에 손을 씻으면서 다시 한 번 공 대리를 힐긋 쳐다봤다. 물이 아까울 새라 얼른 수도꼭지를 잠그며 구두쇠 근성을 발휘했다. 공 대리는 어떻게 답을 해야 할지 몰라 오른손으로 뒷목을 쓰다듬고는 멋쩍게 웃으며 대답 대신 마루에 놓인 노란 수건을 냉큼 집어 들고는 일어서서 신 도사에게 건넸다. 신 도사는 수건은 필요 없다는 듯 물에 젖은 양손을 바지에 대충 문질러 털어내고는 마루에 가서 앉았다.

"좀 나아졌냐고? 왜 말이 없어? 필명을 사용하니 아예 못 알아보던가?"

공 대리도 신 도사 옆에 다가와 앉고는 오른발로 조그마한 돌을 툭 차며 입을 열었다. 마당에서 몸을 돌돌 말아 낮잠을 청하던 누렁이가 옆으로 스치는 돌 소리를 들었는지 흠칫 놀라며 머리를 이리저리 돌려댔다.

"필명으로 내니 처음에는 정말 못 알아보더라고요. 그렇게 계속 갔어야 했는데…. 제가 그만 직원들하고 회식을 하다가 술김에 실토를 해버렸지 뭐예요. 괜찮은 후배 녀석이 있는데 그 녀석한테 조언 아닌 조언 좀 한다면서 이 말 저 말 내뱉다보니…. 정말 발 없는 말이 천리를 간다고 소문이 삽시간에 회사 내에 퍼지더라고요. 책을 냈다고 동료들도 대단하다고 하고 회사에서도 좀 다르게 봐주는 것 같았습니다. 그래도 한편으론 부담이 되는 것도 있었고요. 그러고 나서 얼마 지나지 않아 과장으로 승진을 했고 본사 영업팀에서 지점으로 발령이 났습니다. 그리고 바로 지점장이 됐고요. 보직자가 되어 직원들을 관리하게 됐으니 제 주제에 이만하면 성공한 거죠."

공 대리는 머쓱해하며 담장 너머 먼 곳을 응시했다.

"오~ 이제 공 지점장이라고 불러야겠네. 허허허. 그나저나 돈은 좀 벌었어? 형편은 좀 나아졌냐는 말이야?"

신 도사는 한쪽 손을 공 대리 어깨에 가져다 대며 대견하다는 듯 쓰다듬었다.

"인세로는 얼마 벌지 못했어요. 정말 김 선생님 말처럼 인세는 얼마 되지 않더라고요. 대신에 책을 내기 전과는 다른 큰 것을 얻었습니다."

"그게 뭐라고 생각해?"

"책을 내기 전에는 제 행동 하나하나가 단순히 저만을 위한 이기적인 행동이었다면, 책을 내고 나서는 그런 행동들이 서서히 바뀌기 시작했어요."

"어떻게 말인가?"

"뭐랄까? 정확히 말할 수는 없지만 좀 더 수준 높게 고민하고 행동하려고 제 스스로가 자신을 제어하고 있다고 해야 할까요?

제 스스로를 경계하면서 더 나은 사람이 되려고 애를 쓰는 것 같아요. 사람이 책을 만들고 책은 사람을 만든다는 말처럼 제가 쓴 책이 저를 만들어간다는 느낌을 받습니다. 참 이상한 일이죠. 그런 생각으로 하루하루를 보내고 직원들과 소통하고 같이 호흡하다보니 작년에는 전국 4등을 하면서 고과도 잘 받았어요."

"원래는 몇 등 하던 지점이었는데?"

"제가 가기 전에는 22등 정도 하는 지점이었습니다."

"자네는 비결이 뭐였다고 생각하나?"

공 대리는 뭔가를 골똘히 생각하더니 조심스레 입을 열었다.

"직원들이 저를 신뢰했기 때문이라고 생각합니다. '저 사람은 그래도 책을 쓴 사람인데 내게 거짓말은 하지 않겠지. 책을 쓴다는 게 쉬운 일은 아닌데 그런 과정을 겪고 넘었으니 자신만을 위해서 이기적으로 살아가지는 않겠지' 하는 직원들의 생각 말입니다."

"그래. 자네 말이 맞네. 성과를 내는 조직에서 제일 중요한 건 신뢰라네. 신뢰가 있고 그 다음이 있는 거지. 아무리 계획을 잘 수립하고 전략을 잘 짜도 막상 직원들의 신뢰를 얻지 못하면 모든 게 수포로 돌아가고 마는 법일세. 가끔씩 주변을 돌아보면 말과 행동이 다른 팀장이나 지점장들이 많아. 특히나 그런 조직장에게는 참모 중에 누가 나서서 충언을 해주지 못하니 나중에 큰 사건이 터진 다음에야 본인의 잘못을 뉘우치게 되지. 회사에도 해가 되고 말이야. 그나마 본인의 잘못을 깨우치면 다행이게. 그렇지 못한 리더들도 많으니, 쯧쯧쯧."

신 도사는 목이 마른지 한쪽이 움푹 파인 누런 주전자를 집어 들고는 주둥이를 입에 가져다 대며 벌컥벌컥 물을 마셨다.

"아참, 고과를 잘 받았다고 했지. 그러면 연봉이 얼마나 오른 거야?"

"아, 네. 그게 저…."

"말을 왜 머뭇거려. 시원하게 말 좀 해봐!"

"약 1억 원이 올랐습니다."

"뭐? 1억 원. 허! 이 친구 책 한 권 쓰더니 1억 원을 벌었구먼. 1억을 벌었어. 그러면 이러고 있을 때가 아니지. 어서 일어나 이 친구야. 날씨도 후텁지근한데 탁주 한잔 제대로 쏴야지 않겠어! 안 그런가?"

시기와 질투를 인정하라

> 마치 한쪽 문이 닫히면 다른 한쪽 문이 열리는 이치처럼 인생은 원래 그렇게 생겨 먹은 거라네. 그리고 마지막으로 이것만은 꼭 기억하게! 중요한 것은 승리하는 인생을 사는 것이지 남의 눈치나 보면서 사는 것이 아니란 걸 말이야. 시기와 질투를 인정하고 거기서 무엇을 깨닫고 배워나갈 지를 생각해! 그게 책을 쓴 우리 직장인의 숙명인 게야. 숙명.

신 도사가 살고 있는 남수에서 언덕배기를 향해 큰길로 5분 정도 걸어 올라가니 마을로 들어가는 왼쪽 오솔길 입구에 대폿집이 보였다. 붉은 자주색 문창살에 투명한 유리가 제대로 맞지 않아 나무젓가락만 한 틈이 유독 눈에 띄었다. 신 도사를 따라 입구로 다가가니 '잿등 대포집'이라고 적힌 허름한 간판이 걸려 있었다. 그야말로 시골 동네 선술집이었다. 잘 열리지도 않는 문을 힘주어 열어젖히니 왁자지껄한 손님들 소리가 밖으로 한꺼번에 쏟아져 나왔다. 밖은 어느덧 해가 저물어 어두컴컴한데 대폿집 안은 여기저기 주렁주렁 걸려 있는 오렌짓빛 백열전구 때문인지 온 사방이 훤하기만 했다. 날이 저무는지 해가 뜨는지 안에서는 도통 모를 일이었다. 신 도사는 저만치 떨어져 있는 철제 의자를 오른발 끝으로 슬쩍 걸어서 당겨 앉고는 아주머니를 연신 불러댔다.

"이모! 여기 막걸리 두 병 주소."

공 대리도 의자에 앉으며 주변을 찬찬히 두리번거렸다. 손님들을 보아하니 거친 말투에서부터 검게 그을린 얼굴과 피부까지 모두가 뙤약볕 아래에서 막일을 하고 살아가는 인부들로 보였다. 마치 대낮에 구슬땀을 흘리며 한 푼 두 푼 모으려고 발버둥 쳤던 노고를 시원한 막걸리 한사발로 툭 털어내려는 듯 연거푸 건배를 하며 탁주를 들이마시는 거친 중년의 사내들이었다.

"힘들지?"

신 도사는 아직 술도 나오지 않았는데 파릇한 청양고추 하나를 냉큼 집어 들어 된장에 푹 찍고는 말문을 열었다.

"힘들다니요? 무슨 말씀이신지?"

"다 알고 있네. 무작정 탁주 한 사발이나 하자고 자네를 여기로 데려왔겠는가? 많이 벌었으니까 얻어먹으려고? 전혀 아니야. 사실은 자네를 위로하고 싶었어. 나도 겪어봤기에 자네 고충을 이해할 수가 있지."

공 대리는 허를 찔린 듯 입을 다물지 못하고 아무런 말도 잇지 못했다. 이윽고 아주머니가 널따란 쟁반에 막걸리와 안주를 내오며 한마디 건넸다.

"아이고, 우리 도사님 오셨네요. 귀한 분이 어인 발걸음이실까? 돈도 많으신 분이 이런 누추한 곳만 찾으시고…. 그러고 보니 오늘은 혼자가 아니네요?"

"그래. 그렇게 됐네. 나라고 매번 혼자만 와서 마시라는 법이 있는가! 짓궂기는….”

“그렇죠. 우리 도사님도 친구가 좀 있어야 해요. 허구한 날 책 쓰신다고 혼자 다니시고 혼자 생활하시니 산속에 기거하는 스님과 다를 바 없죠. 안 그래요?”

아주머니는 눈웃음을 지으며 막걸리를 신 도사 앞에 대충 내려놓고는 다른 테이블로 돌아섰다.

“자, 막걸리가 나왔으니 한잔해야지.”

신 도사는 새끼손가락으로 막걸리를 휘휘 내젓더니 벌컥벌컥 단숨에 들이켰다.

“꺼억~ 캬~ 좋다. 이 맛이야! 이 맛! 이 맛에 온갖 시름 다 잊는다니까. 안 그래? 공 대리, 공 대리도 어여 한잔 쭈욱 들이키라고.”

“아, 네.”

그렇게 한 병, 두 병을 넘어 세 병, 네 병. 기분 좋게 몇 잔을 주고받고 담소를 나누다보니 빈 막걸리 통이 어느새 열두 병을 훌쩍 넘어서고 있었다. 공 대리의 양볼은 발갛게 달아올라 취기가 만연했다. 그동안 쌓였던 긴장이 풀리며 무장 해제되는 공 대리. 신 도사는 공 대리 앞에 놓인 빈 사발에 막걸리를 가득 따르며 위로를 했다.

“내게는 다 말해도 돼. 책을 쓰고 난 뒤에 느꼈던 생각과 감정들, 모두 말이야. 자네는 직장인이야! 직장인! 직장인이 책을 쓰고 나면 어떤 일이 벌어지는지 알아? 처음 몇 달은 책을 냈다는 기쁨에 잠이 오지 않았을 거야. 인생에 있어 큰일을 한 것 같고, 남들이 못 하는 일을 해낸 것 같기도 하고 말이지. 그런 단계를 당연히 거쳤겠지. 자! 그 다음은 뭘까? 그 다음은 내가 방금 말했던 것과는 정반대의 생각들이었을 거야. 왜 굳이 책을 내서 스스로에게 부담을 지웠는지! 예수님도 아니면서 스스로에게 십자가는 왜 지웠는지 말일세. 책을 썼다는 이유로 스스로가 세운 도덕적 양심이라는 테두리 안에서 행동도 함부로 못 했겠지. 그렇다고 자네 상관들은 편했겠는가? 책을 쓴 아랫사람을 다루기가 쉬웠겠냐는 말이야! 또 주변 동료들은 어떻고? 자네를 실수도 찾아보기 어렵고 늘 완벽만을 추구하는 인간상으로 여겼을 걸세. 사람 냄새 나지 않는 뭐, 그따위 사람 말이야."

공 대리는 힘없이 풀려버린 두 눈을 겨우 치켜뜨고는 신 도사를 정면으로 응시했다. 이렇게 정면으로 신 도사를 바라보기는 처음이었다. 그리고 무겁게 말문을 열었다.

"사실 원고가 거의 마무리됐던 시점에 김 선생님으로부터 도사님이 겪으셨다는 지난 얘기를 들었던 적이 있습니다. 힘드셨다고요. 하지만 이렇게 힘들 줄은 정말 몰랐어요. 도사님은 이런 사실을 왜 이제 와서야…."

"왜 이런 말을 이제야 하냐고? 이 모든 것을 구차하게 미리 말해줬다면 자네가 책을 쓸 수 있었겠는가? 난 아니라고 보네. 또 주변의 시기와 질투는 어떻고. 직장 생활이라는 게 마치 정글과도 같아. 자기보다 낫다고 여겨지면 그 사람을 증오하고 미워하게 되지. 자네가 유리한 고지에 오르면 상대방은 어떤 마음이겠는가? 괜한 잘못도 없는데 평가에서 밀릴 수 있다고 생각할 테고, 또 그게 아주 터무니없는 생각만은 아니지 않는가? 또 윗사람은 어떻고? 자네가 승승장구하고 올라오는데 모든 상사들이 마냥 축하만 해줄 입장은 아니잖나? 이런 게 어쩔 수 없는 조직의 생리라네, 생리 말이야."

공 대리는 넋을 잃고 신 도사를 쳐다봤다. 신 도사는 취기를 빌려 작심을 했는지 목소리 톤을 한층 더 높이며 말을 이어나갔다. 평소에는 어떤 상황에서도 근엄하고 낮은 중저음을 유지하는 신 도사였지만 평소와는 너무도 다른 모습에 공 대리는 흠칫 놀란 눈치였다.

"그래도 공 대리! 사람이 성장하려면 이 모든 것을 감내해야만 하네. 그게 성장인 거야. 회사에서 승진을 계속해서 높은 자리에 올라간다고 그게 진정한 승리일까? 자네가 많은 직원을 거느린다고 그 삶이 진정 승리하는 삶인가 말일세. 난 단연코 아니라고 보네. 진정한 승리는 인생 전체를 통해서 이기는 삶을 사는 거라네. 회사를 벗어나 인생이라는 무대에서 승리하는 것, 다른 사람이 아닌 자기 자신의 나태함이나 게으름과 맞서 싸워서 이기는 것, 시련과 고통을 참아내고 앞으로 전진해나가며 얻어내는 승리, 바로 그것 말이야! 사람이 평지에 있으면 바람이 불지 않지. 그렇지? 그런데 산 정상을 목표로 설정하고 한 걸음 한 걸음 올라가다 보면 어떻게 되나? 맞아! 바람이 불기 시작해. 처음에는 바람이 약하겠지만 높은 곳으로 올라갈수록 점점 더 바람이 거세진다네. 자네가 높이 올라가고 성장할수록 시기와 질투 그리고 비난이라는 바람이 더 세게 분다는 말이야. 이걸 견뎌낼 수 있어야 해. 그래야 정상에 설 수 있는 거야. 자! 이번엔 반대로 말해 보자고. 자네에게 악평도 없고 비난이라는 바람도 불지 않는다면 지금 자네가 서 있는 위치는 어디쯤일까? 그래! 보나마나 평지 그곳일 테지. 마냥 사람 좋다는 소리만 듣고 칭찬 일색인 그곳 말일세. 그저 평온하게 보이고 안락하게만 보이는 그곳, 바람이 불지 않는 그곳 말이야. 바로 안정된 곳이지. 자네도 잘 알지 않는가? 안정이란 행복의 요람인 동시에 용기의 무덤이라는 것을 말이야."

신 도사는 마지막 남은 막걸리 잔을 걸쭉하게 비우며 입가에 흘러내리는 막걸리 줄기를 맨손으로 슥 닦았다. 그러고는 눈가에 힘을 주며 공 대리를 따뜻하지만 냉철하게 노려봤다.

"난 자네가 성장하길 바랐네. 평지에 머물지 않고 산을 오르길 바랐어. 요즘 젊은이들은 도전을 하지 않아. 미리 겁내고 두려워하고 안정만을 취하려고 하지. 일단 혹평과 비판을 싫어하는 건 당연지사고 언제든 신사만 되려고 하네. 화를 내면 몰상식한 사람으로 보일까봐 화를 내야 할 때 화를 내지도 않고, 들이받아야 할 때 오히려 몸을 움츠리려고만 하지. 안정과 평화라는 방패막이에 숨어서 말이야. 그러면서도 성장을 원하지. 참 아이러니하지 않은가? 전쟁에 나갈 마음은 없으면서 승리는 하고 싶고, 돈은 많이 벌고 싶으면서 그만큼의 스트레스는 견뎌내기 싫은 심보 말일세. 인생에서 승리하려면 싸워야 하네. 맞서 싸워야 해. 전사가 돼야 한다는 말이야. 어찌 거센 맞바람을 맞지 않고 정상에 오를 수 있겠냐는 말이야!"

신 도사는 비틀거리는 몸을 일으키려다 크게 한 번 휘청거렸다. 술김이지만 양팔을 재빨리 벌려 테이블을 움켜쥐고는 다시 꼿꼿하게 일어섰다.

"난 공 대리 자네를 제대로 봤다고 생각하네. 그러니 이렇게 책을 출간하고 여기까지 왔지 않은가. 난 오늘 기분이 너무 좋네. 허허. 너무 좋아. 그래서 이렇게 많이 마신 거야. 시기와 질투를 인정하고 받아들이게. 설령 회사에서 잘되지 않는다고 해도 너무 상심하지 말란 말이야. 그냥 내려놓고 비우게. 비울 수 있을 때까지 비우란 말이야. 그래야 새로운 충만함이 가득 찰 걸세. 그 충만함이 뭔지는 서서히 깨닫게 되겠지만 말이야. 마치 한쪽 문이 닫히면 다른 한쪽 문이 열리는 이치처럼 인생은 원래 그렇게 생겨 먹은 거라네. 그리고 마지막으로 이것만은 꼭 기억하게! 중요한 것은 승리하는 인생을 사는 것이지 남의 눈치나 보면서 사는 것이 아니란 걸 말이야. 시기와 질투를 인정하고 거기서 무엇을 깨닫고 배워나갈 지를 생각해! 그게 책을 쓴 우리 직장인의 숙명인 게야. 숙명."

공 대리의 성장을 축하하는 파티를 열다

> 공 대리는 책 쓰기를 통해 성장한 스스로를 되돌아보며 신 도사와 김 선생처럼 자신도 언젠가는 누군가의 성장을 위해 꼭 도움을 주는 사람이 되겠다는 다짐을 했다. 고개를 들어 올려다본 밤하늘의 별이 그렇게 눈부실 수가 없었다. 무척이나 아름다운 밤이었다.

경쾌한 핸드폰 벨소리가 울렸다. 만중이었다.

"야, 공석철! 너 이 자식, 책 냈다고 이제 불알친구도 안 만나주기냐!"

"아, 미안해. 미안하다고. 성격 급하기는. 어쩐 일이야?"

"어쩐 일? 허, 이거 봐라. 야! 우리가 못 만난 지도 벌써 2년이나 흘렀어. 2년! 뭐에 홀리면 시간 가는 줄 모른다더니. 책 쓰는 게 그렇게도 좋았냐!"

"2년? 정말? 벌써 그렇게 됐어?"

"야! 2호점 개업식 때도 원고 쓴다는 핑계로 못 와서 미안하다더니, 이번에 3호점 내는데, 이번에도 못 온다고 하는 건 아니겠지?"

"3호점? 만중이 너 정말 잘나가는구나! 장사가 어렵다느니 회사에 붙어 있으라느니 별의별 소리를 다 해놓고선 말이야."

"웃기는 소리하네! 야! 장사가 어렵지, 안 어렵냐! 요즘같이 경기가 안 좋은데 말이야. 그래도 장사하는 사람 중에 10%는 성공을 한대잖아. 그게 나야 나. 하하하!"

"어이구~ 혼자서 장구 치고 북 치고 다 해라, 다 해! 그나저나 3호점까지 냈으면 너 갑부 아니냐? 이제 최 대표님이라고 불러야 하는 거 아니야?"

"야! 네가 지점장이 됐으니 난 대표 정도는 해야지. 안 그래? 아무나 나처럼 되지는 못하지. 수완이 좋아야 해. 수완이. 하하하."

"역시 못 말리는 놈이라니까. 그나저나 3호점 오픈식이 언젠데?"

"응. 일주일 뒤야. 이번에는 좀 더 큰 곳에서 오픈하는 거니까 네가 데리고 오고 싶은 사람 모두 데리고 와도 좋아. 내가 크게 쏠 테니까!"

"야. 오픈식인데 네가 쏘면 되겠냐! 아참, 만중아! 부탁 하나만 들어주라."

"부탁? 뭔데?"

"내가 생각만 하고 있던 건데. 이번에 책을 내면서 도움을 주셨던 분들하고 내 회사 동료 모두 불러서 파티를 할까 하는데 말이야. 네 말대로 장소가 넓다면 이번 오픈식 때 한쪽 모퉁이를 좀 빌려주면 안 될까? 비용은 내가 지불할 테니 말이야."

"좀 빌려주면 안 될까가 뭐냐! 친구 사이에! 당연히 해줘야지.

내가 알아서 잘 준비해놓을 테니 시간에 늦지 않게 와. 장소와 시간은 내가 카톡으로 보낼게. 아참! 이번에 3호점을 내고 체인점도 내면서 가게 이름을 바꿨으니 찾는 데 참고하고."

"이름을 바꿨어? 뭔데?"

"응. 홍익돈가스."

공 대리는 남은 일주일 동안 떡과 소소한 선물을 준비하면서 그동안 고마웠던 사람들을 생각했다. '책을 쓰는 데 있어 처음부터 끝까지 정신적 지주가 돼주셨던 신근태 도사님, 정말 그분이 아니었다면 시도조차 하지 못했을 일이었다. 그리고 글을 쓰는 방법부터 세부적인 과정까지 열정을 가지고 아낌없이 알려주셨던 김광일 선생님. 신세를 너무 많이 졌다. 더불어 신 도사님의 정보를 어렵게 구해서 다리를 놓아줬던 영업팀 직속 선배, 호탕한 김지연 과장. 지금은 과장에서 차장으로 진급을 했다. 또 누가 있을까? 그래! 이호현 부장님. 이번에 본부장이 사장이 되면서 본부장 자리에는 장 실장님이 올라갔고 그 실장 자리에는 이 부장님이 올라갔다. 매번 회사에서 올라갈 데까지는 올라갔다고 마음을 비웠다고 푸념만 하시더니 참 잘된 일이었다. 그리고 직장 선배로서 내가 힘들 때마다 위로해주고 따뜻한 격려의 말을 아끼지 않았던 유성식 차장님. 지금은 이 부장님으로부터 팀장 자리를 물려받고 유 팀장이 되면서 동시에 부장으로 진급까지 했다. 그리고 마지막으로 내 동기 남성우 대리. 아차! 지금은 대리가 아니지! 회사를 그만두고 아버지가 경영하던 렉싱턴호텔을

물려받아 지금은 어엿한 호텔 CEO가 됐다.'

드디어 일주일 뒤. 홍익돈가스 간판이 걸려 있는 가게에 도착한 공 대리는 그만 넋을 잃고 말았다. 가게 안에는 손님들로 가득 차 북적거렸고 가게 밖에서는 돈가스를 먹겠다며 대기표를 받아 들고 기다랗게 줄을 서 있는 사람들로 인산인해를 이뤘다. 때마침 밖에서 손님을 맞고 있던 만중이가 공 대리를 보고는 손짓하는 모습이 보였다. 공 대리는 만중이에게 다가가며 놀란 표정을 지었다.

"야! 이렇게 잘됐어? 장난 아니네. 자리도 없는데 내가 괜히 여기서 파티를 하자고 한 건 아니지? 불알친구니까 매출 좀 올려줘야겠다는 생각을 했는데, 굳이 내가 아니어도 매상이 넘쳐났겠다야."

"자리라면 걱정 말아. 지금이야 점심때니까 몰리는 거지, 조금 있으면 좀 한산해지거든. 내가 한두 번 오픈해보냐! 어서 들어가! 벌써 몇 분이 널 찾으시고는 가게 안으로 들어가셨어."

"아, 그래?"

공 대리가 가게로 들어가려고 발을 떼는 순간, 저 멀리서 굉음을 울리며 빨간색 람보르기니 한 대가 미끄러지듯 다가왔다. 번쩍거리는 광택에 멋진 튜닝까지 평소에는 보기 힘든 고급 세단(Sedan)이었다. 길게 늘어서 대기하고 있던 사람들도 일제히 람보르기니에 시선을 빼앗겼다. 문이 위로 열리더니 차에서 남성우가 내렸다.

"오, 석철아! 잘 지냈어? 네가 부르니까 바쁜 스케줄 모두 마다하고 이렇게 달려왔다. 잘했지?"

성우는 손가락으로 V자를 만들고는 함박웃음을 지어보였다. 머리부터 발끝까지 푸른빛 정장으로 쫙 빼입은 녀석의 모습이 근사해 보였다.

"그래. 너 정말 멋있어졌구나!"

"멋은 무슨, 자! 어서 들어가자! 다들 기다릴 텐데. 자세한 얘기는 들어가서 하자고."

홀로 들어서니 저편 왼쪽 모퉁이에서 빨리 오라는 듯 손을 힘차게 흔드는 김지연 차장이 보였다. 그 옆으로 신근태 도사부터 김광일 선생, 이호현 실장 그리고 유성식 부장까지 모두가 흐뭇한 얼굴로 공 대리를 반갑게 맞아주었다. 벌써부터 무르익은 분위기를 보아하니 서로 간에 통성명은 이미 끝난 듯했다.

"자! 오늘의 주인공, 우리 공 대리가 왔습니다. 아니 공 지점장이 왔습니다!"

이호현 실장의 우렁찬 목소리와 함께 여기저기서 폭죽을 터뜨리며 환호성을 질렀다. 주변에서 식사를 하고 있던 다른 손님들도 무슨 일인가 싶어 공 대리 쪽을 바라봤다. 공 대리는 쑥스럽기도 하고 민망하기도 해서 연신 고개를 숙이며 인사를 하고는 말문을 열었다.

"모두들 와주셔서 정말 감사합니다. 그저 간단히 다 함께 모시고 점심 한 끼 대접해드리고 싶었을 뿐인데요. 이렇게 깜짝 축하까지 해주시고…. 저보고 1시까지는 늦지 않게 오라고 했던 이유가 다 있으셨군요."

"오~ 공 지점장. 오해하지 말라고. 다들 자네 보러 온 거 아니야. 여기 돈가스가 정말 맛있다고 해서 온 거지. 안 그래요? 여러분! 하하하."

구석에 앉아 있는 유성식 부장이 공 대리에게 윙크를 하면서 농담을 건네고는 분위기를 한층 띄웠다.

"따르릉~ 따르릉~ 비키세요. 비켜. 우리 공 지점장을 위한 케이크가 나갑니다!"

저만치서 만중이가 3단 케이크를 얹은 이동식 트레이를 신나게 밀고 오는 게 보였고 공 대리는 다시 한 번 쑥스러워 어쩔 줄 몰라 했다.

"어이구~ 사람들하고는 참…."

모두들 공 대리의 성장을 진심으로 축하해주었다. 케이크를 자르고 인사를 하는 공 대리를 향해 있는 힘껏 박수를 치며 샴페인을 터뜨리는 회사 동료들. 수차례 엄지를 추켜올리며 그동안 수고했다는 메시지를 보내주는 신 도사와 김 선생. 그렇게 웃음꽃은 오후 내내 그치지 않았고 저녁 늦게까지 이어졌다. 여기저기서 나누는 담소엔 즐거움이 묻어났고 저마다 집으로 돌아가는 손에는 공 대리가 준비한 떡 상자와 선물꾸러미들이 들려 있었다. 공 대리는 책 쓰기를 통해 성장한 스스로를 되돌아보며 신 도사와 김 선생처럼 자신도 언젠가는 누군가의 성장을 위해 꼭 도움을 주는 사람이 되겠다는 다짐을 했다. 고개를 들어 올려다본 밤하늘의 별이 그렇게 눈부실 수가 없었다. 무척이나 아름다운 밤이었다.

에필로그

글을 쓰고 책을 출간한다는 것은 나무를 조각하는 일과도 같다. 어떤 모양으로 조각해야겠다는 밑그림이 머릿속에 그려졌다면 일단 큰 조각칼로 대충 깎기 시작해야 한다. 처음에는 투박하더라도 정말이지 대충 깎아야 한다. 이런 생각이 없으면 시작조차 못 한다. 대부분의 사람들이 그렇다. 완성도를 생각해서 시작조차 못 한다. 그렇기에 성의 없게 들릴 수도 있겠지만 일단 대충 시작해야 한다. 어쩌면 답은 대충에 있는지도 모르겠다.

그렇게 시간과 노력을 들여 희미하기는 하지만 윤곽이 드러난다 싶을 때쯤이면 중간 정도 크기의 조각칼을 집어 들어 홈을 파고 귀퉁이를 자르고 필요 없는 부분을 깎아내야 한다. 이때쯤이면 처음에 대충 깎았던 일이 정말 중요한 일이었구나 하는 사실을 새삼 깨닫게 될 것이다. 힘들겠지만 계속해서 멈추지 말고 파고 자르고 썰고 깎아야 한다. 이 정도 진도가 나갔다면 그동안의 노력과 시간이 아까워서라도 포기가 안 될 것이다.

이제 제법 조각상다운 모습이 드러났다면 아주 작은 조각칼을 집어 들어 좀 더 또렷하고 세밀한 무늬를 새기고 다듬어야 한다. 오히려 이 부분에서 상당한 시간이 소요된다. 그래도 여기까지 올 수 있었던 것은 처음의 대충 덕분이었다는 점을 상기하고 고되고 반복되는 작업이더라도 멈추지 말아야 한다. 그리고 최종적으로 마음속으로 생각했던 나만의 조각상이 드디어 완성되고 나면 비록 완성도에 대한 아쉬움이 남더라도 스스로를 격려하며 갈무리를 하면 된다. 바로 여기까지가 투박한 통나무를 예쁜 조각상으로 탈바꿈시키는 전 과정이다.

저자 본인은 여기 『퇴사하기 전에 나도 책 한 권 써볼까?』의 주인공인 공석철 대리를 통해 일반 회사원이 책을 기획하고 출간하기까지 무엇을 준비하고 어떤 과정을 거쳐야 하는지 쉽고 자세하게 설명하고자 노력했다. 물론, 앞서 말한 것처럼 원고를 검수할 때마다 부족한 점이 눈에 띄어 아쉬움이 모두 사라진 것은 아니었지만, 이쯤에서 조각칼을 내려놓고 갈무리를 하는 것이 이치에 맞는 것 같다는 생각이 든다.

화사첨족(畵蛇添足)이라는 말이 있다. 줄여서 사족(蛇足)이라 부른다. 중국 초나라 때 일이다. 제사를 지내는 구두쇠 주인이 고생한 하인들을 챙긴답시고 술을 마시라고 주었는데 그 술이 딱 한 사람이 마실 정도였다. 하인들은 고민 끝에 뱀 그리기 내기를 하여 먼저 그림을 완성하는 사람이 술을 차지하기로 했다. 그중에 한 사람이 뱀을 먼저 그렸는데 다 그리고 나서 보니 뭔가 빠진 것 같아 발을 추가로 그려 넣었다. 그러나 그가 뱀의 발을 그리는 동안 다른 한 사람이 뱀 그림을 완성하여 술을 차지하게 되었다. 술을 차지하게 된 이가 뱀의 발을 그린 이에게 말하기를 "하하하, 본래 있지도 않은 뱀의 발을 그리느라고 술을 뺏기다니, 이렇게 어리석은 사람이 어디 있나!" 하고 비웃었다는 데서 유래된 말이다. 이처럼 조금 더 완벽하게 책을 완성하겠다는 욕심에 원고를 더 부여잡다 보면 나조차도 처음에 생각했던 조각상에 뱀의 발을 그려 넣는 우(愚)를 범하게 될 것 같아 이쯤해서 원고를 마무리하고자 한다.

시간을 내어 이 책을 읽어주신 모든 독자 여러분께 진심으로 감사드리며, 저마다 가슴 한편에 간직하고 있는 여러분만의 콘텐츠를 꺼내어 책으로 출간해보라는 말씀을 감히 드린다.

***

[참고 서적]

『일반인을 위한 글쓰기 정석』 배상복 지음, 경향미디어

『글쓰기를 두려워 말라』 박동규 지음, 문학사상사

『유시민의 글쓰기 특강』 유시민 지음, 생각의 길

지은이_ 서태공

회사에 다니면서 두 권의 책을 냈다. 이 책까지 포함하면 세 권은 되는 셈이다. 서른여덟 살에 『세상은 불공평하다』를 출간했고, 4년 후에는 개정판 『홀로서기』를 탈고했다. 두 번째 도서는 'CBS 세상을 바꾸는 시간' 양정숙 강사로부터 추천을 받았다. 두 권을 출간하면서 갖은 시행착오를 겪었고, 그때마다 책을 출간하고 싶은 직장인을 위해 책 쓰기를 주제로 한 도서가 있으면 좋겠다는 생각을 했다. 글쓰기 코칭센터나 전업 작가가 펴낸 책 쓰기 관련 서적은 많지만 책을 직접 써본 회사원이 출간한 책은 거의 없다는 점에 착안해 이 책을 집필하게 됐다. 평범한 직장인의 아바타인 공 대리를 주인공으로 일반 회사원이 원고를 작성하고 편집한 후 책을 출간하기까지의 전 과정을 소설의 형식을 빌려 독자들에게 쉽고 자세하게 보여주고 싶었다. 지은이 서태공은 실용적인 글쓰기에 순수 문학적 표현이라는 옷을 입히기를 좋아하며 대한민국 젊은이들의 자기 계발과 홀로서기에 상당히 관심이 많다. 직장인들에게 부동산이나 주식 같은 실물경제를 통한 재테크도 좋지만, 이에 못지않게 훌륭한 책 한 권을 출간하는 방법도 경제적인 측면에서 또 다른 성공의 열쇠가 될 수 있다는 믿음을 보여주고 싶은 친구다. 첫 책을 출간하고 얼마 지나지 않아 최연소 지점장이 됐으며, 책을 쓰기 전보다 연봉이 1억 원 가량이 올라 직장인 연봉 기준 대한민국 상위 1%에 속하게 되어 그 바라던 믿음을 실천으로 옮겼다. 『퇴사하기 전에 나도 책 한 권 써볼까?』의 주인공인 공석철 대리의 실존 인물로 고난과 역경에 맞서는 인간의 본성과 사물의 본질에 대해 상당한 관심을 가지고 있다. 최근 소년소녀가장연합회에 재능 기부를 하고 있으며, 조손 가정에 이름 없는 키다리 아저씨로 활동하고 있다. 현재 금융기관에서 회사원으로 근무 중이며 자신만의 책 쓰기 노하우와 비법을 이 책에 모두 실었다. 젊었을 때 열심히 일하고 나이 들어서는 놀고 여행하며 가끔씩 책도 쓰면서, 그렇게 한량인 강태공처럼 살아가고 싶은 친구다. 글을 재료로 비벼 먹고 볶아 먹고 데쳐 먹고 그래서 건강한 삶을 꾸리고 싶은 직장인이라면 한 번쯤 과감히 책 쓰기에 도전해보라고 말하고 싶다. 그리고 성장했으면 한다.

이메일 : james-bryan623@naver.com

블로그 : https://blog.naver.com/james-bryan623

페이스북 : www.facebook.com/jamesbryan623

소설로 쓴 직장인의 책 쓰기 비법서

퇴사하기 전에 나도 책 한 권 써볼까

1판 1쇄 인쇄　2020년 3월 1일
1판 1쇄 발행　2020년 3월 10일

지은이　서태공
발행인　윤미소
발행처　(주)달아실출판사

편 집　박제영
디자인　전형근
마케팅　배상휘
법률자문　김용진

주소　강원도 춘천시 춘천로17번길 37, 1층
전화　033-241-7661
팩스　033-241-7662
이메일　dalasilmoongo@naver.com
출판등록　2016년 12월 30일 제494호

ISBN 979-11-88710-63-8

* 이 도서의 국립중앙도서관 출판예정도서목록(CIP)은 서지정보유통지원시스템 홈페이지 (http://seoji.nl.go.kr)와 국가자료공동목록시스템(http://www.nl.go.kr/kolisnet)에서 이용하실 수 있습니다.(CIP제어번호 : CIP2020006978)
* 잘못된 책은 구입한 곳에서 바꿔드립니다.
* 책값은 뒤표지에 표시되어 있습니다.